아빠!
얼마 벌어?

아빠! 얼마 벌어?

1판 1쇄 찍음 | 2014년 3월 10일
1판 1쇄 펴냄 | 2014년 3월 15일
지은이 | 김대영
펴낸이 | 김한준
펴낸곳 | 엘컴퍼니
책임편집 | 나혜영
디자인 | 디자인 붐
주소 | 서울시 강남구 논현동 31-10
전화 | 02-549-2376
팩스 | 02-541-2377
출판등록 | 2007년 3월 18일(제2007-000071호)

ISBN 979-11-85408-01-9 03320
* 잘못 만들어진 책은 바꾸어 드립니다.

「이 도서의 국립중앙도서관 출판시도서목록(CIP)은 서지정보유통지원시스템 홈페이지
(http://seoji.nl.go.kr)와 국가자료공동목록시스템(http://www.nl.go.kr/kolisnet)에서 이
용하실 수 있습니다. (CIP제어번호: CIP2014002434)」

부자 아빠를 위한 행복 로드맵

아빠!
얼마 벌어?

· 김대영 지음 ·

$$\$ = \text{🏠} + \text{👗} + \text{🎮}$$

Ⓛ compony

돈을 경영하라

이 책은 큰돈을 벌 수 있는 대단하고 심오한 기법을 가르쳐주는 책이 아닙니다. 수익률 몇백, 몇천 퍼센트로 대박을 치라는 둥, 부자로 가는 추월선을 타라는 둥, 남보다 속도를 높이라는 둥, 직장을 때려치고 트렌드를 선도하는 사업을 시작하라는 둥 그런 소리는 일절 취급하지 않습니다. 그리고 사실 그런 류의 책들이 말하는 내용이 그다지 현실적이지도 않습니다. 안정된 직장 멀쩡하게 잘 다니고 있는데, 헛바람이나 안 넣으면 다행이죠. 어떻든 이 책은 그런 허황된 소리는 일체 하지 않으니 마음 놓고 쭉쭉 읽어 가시면 됩니다.

그러면 이 책이 아이들 경제교육에 관한 교육서냐? 아니, 그것도 아닙니다. 본 저자는 교육학을 전공하지도 않았고, 교육계에서 일해

본 경험도 일천하고, 교육 관련 서적을 별로 읽어본 적도 없습니다. 다만, 돈을 제대로 경영할 줄 몰라 부모가 어리석은 행동을 하거나 제대로 된 경제관이 없을 때, 자녀와 가정이 어떻게 멍 들어가는지를 수많은 경험 속에서 터득하고 있을 뿐입니다.

이 책은 생생한 현장 경험과 재무적 지식을 바탕으로 돈을 어떻게 벌고 쓰고 투자하고 다스릴지에 대해 이야기하는 책입니다. 한마디로 돈에 대한 경영 마인드를 이야기하고자 합니다. 그런 일관성 하에서 가계를 잘 꾸려 나가고자 하는 선량한 아빠엄마를 위한 이야기를 할 것입니다. 특히 평균적인 소득 수준에서 내실 있고 건전한 가계를 꾸리고자 하는 서민 중산층을 위한 이야기가 주를 이룰 것입니다. 그런 이해를 가지고 이 책을 접한다면, 아주 큰 것을 얻어갈 것이라 확신합니다.

그리고 스스로가 자신도 모르는 사이, 돈 앞에서 얼마나 어리석은 생각과 행동을 하고 있었는지를 분명하게 보게 될 것입니다. 때로는 조곤조곤 설명하고, 때로는 배배 꼬아서 익살스럽게, 때로는 화도 내면서 시원하게, 또 때로는 간단한 정보를 나열하는 방식으로, 그런 다채로운 어조로 돈에 관한 이야기를 풀어갈 작정입니다. 단 한 부분이라도 책을 통해 자기 모습을 발견하고 느껴지는 것이 있다면, 이 책의 소임은 그것으로 다한 것이라고 생각합니다. 세상의 모든 욕망과 열정과 희열과 좌절의 집합체인 돈, 그 거대한 돈 앞에 서 있는 자신, 그 모습을 스스로 객관화시켜보는 기회를 갖게 될 것입니다.

반복하건데, 이 책은 재테크로 얼마의 수익을 냈는지, 누가 어떤 사업으로 얼마를 벌었는지, 그런 이야기를 하지 않습니다. 돈만 많이 벌면 뭐합니까? 돈의 노예로 전락해 로또 당첨 후 목욕탕에서 목을 맨 안타까운 가장이 있고, 입만 열면 돈 자랑밖에 할 줄 모르는 품위 없는 중년이 있고, 일확천금은 얻었으나 가정 잃고 사람 잃은 무수히 많은 실패자들이 있는데 말입니다. 이 모두가 돈 버는 것에만 정신 팔려 돈 경영에 실패한 결과들입니다. 돈은 버는 것만이 다가 아닙니다. 돈을 버는 것은, 종합적인 돈 경영의 일부에 불과합니다. 돈을 잘 다루어야 행복해지는 것이지 돈을 잘 벌어야 행복해지는 것이 아닙니다.

돈은 내가 필요한 만큼 있으면 되고, 그 돈을 가지고 행복하게 사는 것이 중요합니다. 돈이라는 회사를 잘 경영하면, 큰 회사건 작은 회사건 기쁘고 만족스런 결과를 얻을 수 있습니다. 회사를 키우는 것만이 능사가 아니듯, 돈을 많이 버는 것만이 능사가 아닙니다. 물론 이 책은 필요한 만큼의 돈을 벌 수 있는 방법에 대해서도 많이 이야기할 것입니다. 허나 분명한 건 그것이 종착점은 아니라는 겁니다. 이천 년 전의 대철학자 아리스토텔레스도 그의 윤리학 저서에서,

"사람에게 돈이 좀 필요하긴 하나 인간은 궁극적으로 모두 행복을 추구하는 존재"라고 말한 바 있습니다. 이거, 오래된 진실입니다. 전에 없던 이상한 내용이 아닙니다. 하지만 많은 사람이 행복엔 관심이 없고, 대체로 돈 버는 것에만 꽂혀 있습니다. 말은 행복하게 살기 위해 돈을 번다고 하지만, 돈에 정신이 팔려 행복한 삶과 상관없는 행동들을 시도 때도 없이 반복하고 있습니다. 돈 앞에 눈이 가려져, 자기가 뭘 하고 있는지 자기 스스로도 모르고 있는 것입니다.

많은 사람이 돈이 많기만 하면, 행복은 쉽게 이뤄질 걸로 여깁니다. 하지만 단단한 착각입니다. 선량한 서민 중산층을 현혹하는 10억 만들기, 5억 만들기 등의 재테크 책이 연달아 히트치는 현실이 이를 반영합니다. 그런데 말이야 바른 말이지, 5억, 10억을 만드는 '비법'이 있기라도 하면 다행일 텐데, 대체 이런 비법이 어디 있단 말입니까? 일 년에 5,000만 원씩 땡전 한 푼 안 쓰고 10년간 모으는 것 말고, 대체 무슨 비법이 있단 말일까요? 인생은 도박판이 아닙니다. 이런 얄팍한 선동은 대한민국의 팍팍한 삶을 살아내고 있는, 지금 여기의 우리에게 현실성도 책임성도 없는 감언이설에 불과합니다.

앞으로 우리는 돈과 관련한 무수한 판단과 행동의 '과정' 속에서 우리가 얼마나 어리석은 모습을 많이 보이는지, 얼마나 바보 같은 의사결정들을 하고 있는지에 대해 중점적으로 이야기할 것입니다. 그

'과정'에서 보이는 본인의 모습을 당신의 자녀가 그대로 다 보고 배운다는 것을 잊지 마시기 바랍니다. 자녀에겐 백 마디 말보다, 부모의 삶 그 자체가 가장 큰 스승이 될 것입니다. 자녀에게 돈을 물려주기보다는, 돈을 제대로 경영하고 다스리는 능력을 물려줄 것이 우리가 할 일입니다. 고기보다는 고기를 잡는 방법을 물려줄 일입니다. 돈은 경영하는 것이고, 경영은 결국 의사결정의 집합체입니다. 당신이 돈에 관해 내리는 순간순간의 모든 의사결정이, 자녀의 경영 수업, 부자 수업 그 자체가 될 것이며, 부자의 씨앗을 심어줄 것입니다.

세상 대부분의 사람이 돈을 좋아합니다. 돈을 싫어하는 사람은 없을 겁니다. 허나 동시에 대부분의 사람이 돈에 대해 어리석거나, 집착하거나 무지합니다. 그 결과 큰 착각들을 하면서 살아갑니다. 세상도 온통 돈에 대한 착각과 집착을 부추기는 것으로 가득 차 있는 요즘입니다. 차고 넘치는 광고의 홍수, 있는 사람과 없는 사람을 차별하는 세태, 일확천금을 줄 것 마냥 자극해대는 사업과 금융 아이템 등. 그런데 문제는, 스스로들이 이걸 자각하지 못하고 무방비로 노출되어 있다는 데에 있습니다.

돈에 대해 어리석은 사람들은 맨날 금융회사나 언론이 얘기하는 시류에 이리저리 휘둘리다가 제대로 된 목돈 한 번 만들어 보지 못한 채 불만만 가득 안고 살아갑니다. 아니면 돈은 나하고 인연이 아니라 여기고, 반쯤 포기하고 살아갑니다. 어쩌다 운이 좋아 한 몫 잡은 사람들은, 남들에게 과시하는 맛에 허세 부리다 황금 같은 세월 다 보내고 맙니다. 결국 중심 없는 변두리 인생입니다. 돈에 집착하는 사람들은 돈이 행복을 위한 수단이라는 걸 잊고 삽니다. 돈이 오히려 불행과 다툼을 부르고, 나를 일희일비케 하는 상전이 됩니다. 주객이 전도된, 돈 앞의 노예인생입니다. 돈을 좋아하면 좋아할수록, 돈을 경영하는 마인드와 전략이 필요합니다. 그렇지 않으면 돈이 나를 경영합니다.

돈은 자식 키우듯 어루만지고 다스려야 하는 것입니다. 누군가는 정치가 살아 움직이는 생물과 같다고 했는데, 돈이야말로 꿈틀꿈틀 살아 움직이는 생물체와 같습니다. 무관심해도 안 되고 집착해도 안 됩니다. 무관심하면 뒤통수 맞고, 집착하면 그것의 노예가 되고, 내 가족도 빼앗기는 게 돈입니다. 나는 대충 대충 살면서 자식 잘 크라고 기대할 수 없듯이, 내가 돈에 대해 별 생각 없으면서 풍요롭게 살길 바라는 건 분별없는 마음일 뿐입니다. 그런데 현실에서는 대부분의 사람이 이러고 살고 있습니다. 돈이라는 자식을 제대로 키우는 사람이 그리 흔치 않습니다. 이런 분들에게는 아무리 좋은 투자처와 금융상품을 가르쳐줘도 결코 부자가 되지 못합니다. 경제적으로 넉넉한 삶을 이루지 못합니다.

대한민국 최고의 명강사에게 아무리 좋은 수업을 들어도 공부하는 자세와 습관이 안 되어 있다면, 성적은 오르지 않습니다. 돈 역시 마찬가지입니다. 자세와 습관이 핵심입니다. 그런데 이런 건 학교에서도 가르쳐주지 않고, 학원도 따로 없습니다. 오로지 혼자 터득해야 합니다. 그래서 더 힘든 것이죠. 시중 대부분의 책과 매체들은 이런 이야기를 잘 하지 않습니다. 돈벌이가 별로 안 되기 때문입니다. 돈에 대한 자세와 습관을 이야기하려면, 사실 사람들이 듣기 불편해하는 이야기를 꽤 많이 해야 하지요. 그러니 모두가 이런 건 회피하고, 온통 부동산을 지금 사라 마라, 혹은 주식 투자를 이렇게 해라 저렇게 해라, 이 펀드가 좋다 저 펀드가 좋다, 10억을 만들어라, 5억을 만들어라 등 하나같이 이런 얘기들의 일색입니다. 이야기하는 사람뿐 아니라 듣는 많은 사람도 이런 이야기를 좋아합니다. 별로 불편하지 않기 때문입니다. 동서고금을 막론하고 쉽게 한 몫 벌어주겠다는 이야기는 남녀노소 없이 좋아합니다.

어떤 사람들은 재테크가 아닌 재무 설계가 정답이라며, 비현실적인 가정 속에 엄청난 숫자들을 마구 나열해 놓고 인생을 설계해주겠노라 큰 소리 치기도 합니다. 인생 4대 자금이라는 걸 준비해야 된다면서 당장 이걸 시작해야 한다고 말합니다. 내 인생에 필요한 자금을 남이 와서 시기와 크기를 정해주고, 지금 준비하지 않으면 큰일이라도 날 듯 호들갑을 떱니다. 하지만 별 볼 일 없는 일입니다. 자신이 스스로 필요를 느끼고 목표를 세우는 내적 동기가 없다면, 모든 재무 설계는 숫자놀이에 불과합니다.

보다 나은 삶을 바라고, 현재와 과거에 대한 반성이 담긴, 피가 뚝 뚝 흐르는 내 삶의 의지가 녹아든 재무 설계, 바로 그게 진짜 재무 설계입니다. 제대로 된 가계 경영의 시작입니다. 그러나 내가 내 삶의 주인이라는 현실은 무시한 채, 비현실적 수치들만 횡행합니다. 수단이 아무리 좋아도, 그걸 잘 선별하고 적용할 주체인 내가 바로 서 있지 못하다면 백전백패입니다. 돈은 그렇게 만만하지 않습니다. 사람보다 훨씬 힘이 셉니다. 돈은 자본주의 체제의 전 세계를 움직일 만큼 힘이 센 녀석입니다. 사람이 아닌 돈과 숫자가 중심이 된 재무 설계는 지양해야 합니다.

이제 우리는 백전백승의 가정경제를 꾸리기 위해 돈과 관련한 이야기를 본격적으로 할 것입니다. 우리 아이들과 함께 돈에 관해 현명한 대화를 할 수 있는 자세와 습관을 익힐 것입니다. 재미있고 가벼운 이야기도 있을 것이고, 때론 깔깔대며 웃을 수 있는 익살도 있을 겁니다. 하지만 가끔 불편하고 듣기 껄끄러운 이야기도 있을 수 있습니다. 어떻든 적나라한 돈 앞의 인간상을 그대로 보게 될 것입니다. 시중의 차고 넘치는 재테크 정보는 잠시 접어두고, 이제 돈과 행복, 그리고 우리 가정경제에 관한 유쾌하고 깊이 있는 이야기에 함께 빠져보시기 바랍니다.

　부자가 되는 길은 결코 정보와 지식에 있지 않습니다. 당신의 생각
과 행동 안에 그 비밀이 있습니다. 그 비밀을 풀어드리겠습니다. "아
빠! 얼마 벌어?" 아이의 이 질문에 당황하고, 쫄 필요가 전혀 없습니
다. 돈 앞에 바로 서면, 자녀 앞에 바로 설 수 있습니다. 우리의 생생
한 일상에서 돈과 아무 관련 없는 일이 어디 단 하나라도 있던가요?
돈은 우리 생활의 전부라 해도 과언이 아닙니다. 돈에 관한 경영학
수업에 오신 것을 환영합니다.

Contents

6장 · 내 집 마련이라는 시대정신

1장

—

아빠!
얼마 벌어?

Money:
There's nothing is the world so demoralizing as money.
- Sophocles

돈. 세상에서 돈보다 더 사람의 사기를 꺾는 것은 없다.
– 소포클레스

나는
어떤 아빠?

가랑이 찢어지는 요즘 아빠

"아빠! 얼마 벌어?" 이 질문을 자녀에게 받아본 적이 있나요? 아니라면 이 질문을 받았다고 생각해 보세요. 가슴이 뭔가 철렁하거나 뜨끔한가요? 그런 사람도 있고, 그렇지 않은 사람도 있을 겁니다. 세상이 하도 돈에 미쳐 돌아가다 보니 요즘은 아이들도 돈에 관해, 우리 집의 경제적 수준에 관해 아주 예민해져 가고 있지요. 그만큼 어른들에게 듣는 얘기가 온통 돈 얘기라는 반증입니다. 소위 돈 좀 있는 잘 나가는 동네에서는 외국 연수 한 번 갔다 오지 못한 친구는 대화에도 끼지 못하는 현실이니, 부모 된 입장에서 정말 살기 힘든 시절인 건 확실한 것 같습니다. 생각 없이 쫓아가다가는 가랑이 열 번 찢어지고도 남을 지경입니다.

세태가 이러하기에 가정에서 아이들과 돈에 관해 대화하고 소통하는 일은, 더더욱 피할 수 없는 일이 됐습니다. 어른들이 만들어 놓은 세상을 아이들은 그대로 보고 배우고 궁금해 하게 되어 있으니까요. 하지만 세상 탓만 하고 앉아 있다가는 뭐 되는 일 있겠습니까? 세태 한탄에만 빠지기보다는 우리 가정의 확고한 돈 관리 철학과 가치관을 갖추어야 할 일입니다.

헌데 중요한 건, 대부분의 부모들이 자녀 경제교육에 대해선 별 생각이 없다는 사실입니다. 웬 경제교육? 거의 대부분이 아무 개념이 없는 게 현실이죠. 많은 부모들이 대부분 이렇게 생각을 합니다. 어떻게든 돈을 많이 벌거나 불리거나 허리띠를 졸라 매서, 아이에게 많은 돈을 투자하면 성공할 것이다, 이렇게 말입니다. 당신은 어떤가요? 값비싼 사립학교를 보내거나, 남들 다 가는 연수나 유학을 보내거나, 남들 다 보낸다 하는 학원에 함께 보내는 것, 이런 것들에 혈안이 되어 있나요? 하지만 알아야 합니다. 그것이 당장의 성적을 조금 올려줄 수 있을지는 모르나, 아이의 성공적인 삶을 견인하는 데에는 그리 효과적이지 않다는 사실 말입니다. 물론 돈이 넉넉한 집에서 이렇게 하는 것은 별 문제가 없습니다. 가랑이 찢기면서 무리해서 쫓아가는 서민과 중산층의 이야기를 하는 것입니다. 이걸 따라가느라 희생 돼서는 안 될 것들이 추풍낙엽처럼 떨어져 나가고 있으니까요.

아이들을 위한 가면 쓴 투자

좋은 학벌은 성공적인 삶을 위한 수단이지 그 자체가 목적이 아닙니다. 하나 자문해 봅시다. 아이가 소위 명문대학을 졸업하고 그저 그런 시시한 삶을 살기를 원하십니까, 아니면 명문대학을 못 가더라도 성공적이고 행복한 삶을 살기를 원하십니까? 여기에 전자라고 대답할 부모는 단 한 명도 없습니다. 그러나 대다수는 전자와 같이 행동하고 있습니다. 이유는 무지 혹은 이기심 때문입니다. 신경 세우고 들여다보지 않으면 내가 어떻게 행동하고 있는지 보이지 않기 때문입니다. 무지와 이기심이 무언가 큰 착각을 만들고 있습니다.

물론 명문대학을 나와야 성공하고 행복할 확률이 높다고 강변할 분들이 많을 겁니다. 맞는 말입니다. 하지만 이건 하나만 알고 둘은 모르는 소립니다. 명문대학 나와도 요즘 성공하기 쉽지 않습니다. 저자의 주변만 보더라도 명문대학 나오고 팍팍하게 살고 있는 사람이 대다수입니다. 부모 세대 때나 대졸자가 적어, 대졸자에 대한 큰 수요로 명문대 출신들이 두드러졌던 것이지, 요즘 현실은 그렇지 않다는 것을 제대로 직시하지 못하고 있는 것이죠. 모든 사람들이 우우 몰려가는 그 길밖에 다른 길을 모르거나, 아이를 위한다는 명목으로 부모 자신의 대리만족이나 과시욕을 채우려는 심리가 저변에 깔려 있는 경우가 대다수입니다.

이런 부모는 "아빠! 얼마 벌어?"라는 질문에 당황해하고 가슴이 움찔합니다. 본인 스스로 자신의 소득수준과 자산수준에 대해 불만족을 느끼고 있고, 이것이 아이에게 제대로 된 부모 역할을 못하고 있다고 여기게 만들기 때문이죠. 결국 본인 스스로 부모의 역할을 아이에게 얼마를 투자하느냐로 규정짓고 있는 것입니다. 그 방법 외에 아이의 성공을 견인할 부모의 역할에 대한 철학이 빈약합니다. 그리고 쉼 없이 남과 비교하면서 가슴 졸입니다. 그래서 이 질문에 뭔가 모를 열패감을 느끼게 되는 것이죠. 그러나 아이가 이 질문을 하는 진짜 이유는 다른 곳에 있을지도 모릅니다. 하나의 일화를 들려드리겠습니다.

어느 아이가 아빠에게 "아빠, 아빠는 한 시간에 얼마 벌어?"라고 물었습니다. 이 질문을 받은 아빠는 화가 났습니다. 내가 이렇게 뼈빠지게 고생하고 있는데, 아이가 그건 모르고 단순히 얼마 버느냐로 자신을 판단하는 것으로 여겼기 때문입니다. 그래서 아빠는 "아빠 얼마 못 번다. 그래도 너에게 최대한 많이 해주려고 이렇게 열심히 일하고 있는데 감히 너는 아빠를 돈으로 판단하려 해? 대체 묻는 이유가 뭐냐?"라고 화를 냈습니다. 그러자 아이는 조심스레 "그냥 알고 싶어서……. 얼마 버는지 알려 주세요……."라고 머뭇머뭇 대답했습니다. 이에 아빠는 "네가 정 알고 싶다면 알려주마. 아빠는 한 시간에 20달러를 번다."라고 말했습니다. 그러자 아이는 "그럼 아빠 저에게 10달러만 빌려주실 수 있나요?"라고 말했습니다. 아빠는 불같이 화를 냈습니다. "아빠가 고생하면서 돈을 벌고 있는데 너는 고작 장난감 따위나 사려고 아빠에게 돈을 빌려 달라고 하고 있는 거냐? 당장 네 방에 들어가서 잠이나 자! 뭘 잘못 했는지 반성하면서!"

돌아서서 곰곰이 생각해보니 아빠는 아이에게 좀 심했다는 생각이 들었습니다. 이유도 구체적으로 물어보지 않고 너무 화를 낸 것 같아서입니다. '뭔가 꼭 필요한 것이 있어서 그랬겠지.' 하면서 다시 아이 방으로 들어가 말했습니다. "아빠가 좀 심했던 것 같구나. 화를 내서 미안하다. 여기 있다, 10달러. 이걸로 네가 사고 싶은 것을 사렴." 이렇게 말하자 아이는 벌떡 일어나면서 신 나는 목소리로 말했습니다. "고마워요, 아빠!" 그러더니 일어나서 배게 밑에 꼬깃꼬깃한 지폐 몇 장을 꺼내는 것이었습니다. 아빠는 아이가 돈이 있으면서도 돈을 더 달라고 한 것 같아 슬그머니 다시 화가 났습니다. 그러나 아이는 아랑곳하지 않고 아빠에게 받은 10달러와 자기가 꼬깃꼬깃 모아둔 10달러를 합하여 20달러를 아빠에게 내밀며 이렇게 말했습니다. "아빠 여기 있어요, 20달러. 이걸 드릴 테니 내일은 한 시간만 일찍 들어와 주세요. 아빠와 같이 저녁을 먹고 싶어요!"

어떻습니까? 돈으로만 판단하는 건 누구죠? 이 예화가 작금의 부모들에게 시사하는 바는 무척 큽니다. 많은 부모들이 돈을 투자해 아이에게 값비싼 교육을 시키는 것이 아이의 성공을 견인하는 핵심이라고 생각하기 때문입니다. 혹은 그렇게 생각하지 않더라도 그렇게 행동하고 있기 때문입니다. 물론 많은 돈을 투자해 값비싼 교육을 시키면 그렇게 하지 않는 것보다는 좋겠죠. 허나 무리한 교육비 마련을 위해 더 중요한 것들이 눈앞에서 희생되고 사라지고 있는데도, 그걸

깨닫지 못하고 이것이 아이의 성공을 위한 최선이라고 여긴다면, 부모들이 스스로 반성하고 되짚어 보아야 할 일일 것입니다. "아빠! 얼마 벌어?" 이 질문이 지금 당신에게 어떤 느낌으로 다가오는지 살펴보시기 바랍니다. 돈에 미쳐 돌아가는 세상에 당신 또한 알게 모르게 얼마나 물들어 있는지 살펴보는 작은 실마리가 될 것입니다.

'돈보다 아빠'가 되는 핵심 메시지

1. 아이의 성공을 견인할 부모의 철학이 필요합니다. 무조건적인 남 따라가기 식이 아닌, 자녀의 성공에 대한 차별화된 전략을 고민해 보시기 바랍니다. 특히 학력의 문제는 자녀가 원하는 분야에서 전문성을 키운 후, 20대 중후반에 채우더라도 늦지 않습니다. 발상의 전환이 필요합니다.

2. 자녀에게 많은 돈을 투자하는 것은 기본적으로 좋은 일입니다. 그러나 형편을 벗어나는 무리한 투자는, 자녀에게 돈을 투자하는 것보다 더 큰 것들을 희생시킵니다. 그것이 무엇인지 곰곰이 생각해 보고, 득실이 어떻게 되는지는 하나하나 따져볼 일입니다.

2장

—

우리 아이의
경제교육

The easiest way for your children to learn about money is
for you not to have any.
- Katharine Whitehorn

돈에 관해 자식을 교육시키는 가장 쉬운 방법은
그 부모가 돈이 없는 것이다.
− 캐서린 화이트혼

아빠!
나랑
놀아?

돈에 대한
가치관의 중요성

부모를 따라하는 아이들

　가정에서의 경제교육을 이야기하면 대부분의 사람들이 이런 반응을 합니다. 내가 경제에 대해 아는 게 없는데 경제를 어떻게 가르쳐야 하느냐 혹은 경제신문을 많이 읽고 많은 정보를 아이에게 가르쳐줘야 하지 않겠느냐는 등 대체로 이런 식의 반응을 보입니다. 젊은 엄마들일수록 더하죠. 열악한 의식수준을 그대로 보여주는 단면입니다. 경제에 대해 아는 것이 없는 게 아니라, 경제교육에 관한 마인드 자체가 없는 것이죠. 그러면 연이어 묻습니다. "혹시 아이들 성교육은 어떻게 하시나요?" 하고 말이죠. 여기서도 부모들이 상당히 당황

합니다. 왜? 성교육을 어떻게 시켜야 하는지 혹은 성에 관해 아이와 어떻게 소통해야 하는지에 대해서 깊이 생각해 본 적이 별로 없기 때문입니다. 간혹 성교육에 관한 생각을 몇 번 해보았다 하더라도 딱히 어떤 대안이 없기 때문입니다.

근본적인 원인이 뭘까요? 간단합니다. 부모 스스로가 성에 대한 가치관이 정립돼 있지 않기 때문입니다. 혹은 자신이 알고 있는 성은 자녀에게 들려줄만 한 성이 아니기 때문입니다. 게다가 많은 아빠들은 성적 가치관이 다분히 이중적입니다. 대한민국 성인 남자들이 상당수 그러하죠. 겉으로는 양반인 척하지만, 속으론 안 그런 경우가 많습니다. 경제교육도 마찬가지입니다. 부모 스스로가 돈에 대한 가치관이 정립돼 있지 않거나, 돈에 대한 가치관이 이중적입니다. 말로는 돈이 전부가 아니라고 하지만, 실제 행동은 돈이 전부인 양, 희생되어서는 안 될 것을 모조리 희생해 가면서 돈 벌어 자식에게 쏟아 붓고, 남들 만나 허세를 떨거나 자기 그룹에서 주눅 들기 싫어 아득바득 돈 쓰는 일에 여념이 없습니다. 곧 죽어도 없어 보이는 건 못 참죠.

그러니 자꾸 경제교육이라고 하면, 주식이 뭐니 환율이 뭐니 경기가 뭐니 이런 것들을 지식으로 전달해줘야 한다고 생각합니다. 즉, 자신도 모르게 재테크 지식을 수입하려 하는 것입니다. 이건 마치 아이에게 성교육을 할 때, 잠자리에 관한 기술을 가르쳐 주는 것과 매한가집니다. 이게 좋은 교육이라 생각하는 정신 나간 부모는 아마 없을 겁니다. 그런데 이상하게 경제교육 영역으로 오게 되면 이런 비슷한 생각이 부모들을 지배하고 있습니다. 사실은 이상할 것 전혀 없는, 돈에 대한 이중성이 만들어내는 당연한 결과입니다. 자기 스스로가 온통 돈 벌고 쉽게 불려서 쌔끈하게 돈 쓰는 일에만 온 관심을 쏟고 있으니까요. 막말로 아이에게 주식 투자 방법을 가르치겠습니까, 아니면 재테크 기법을 훈련시키겠습니까? 그리고 또 투자 방법을 가르쳐 준들 뭐합니까? 자녀에게 하교 후 집에 와서 주식 투자하라고 HTS 화면을 열어줄 건가요?

기본적으로 가정교육은 아이에게 지식을 전달하는 것이 아닙니다. 지식전달이야 학교나 학원 선생님들이 훨씬 잘합니다. 거기에 맡기면 될 것을, 부모들이 강사 노릇까지 도맡아 할 필요는 없습니다. 대학 들어가서 경제원론 강의 한 번 들으면 다 알게 돼 있습니다. 걱정 놓으셔도 됩니다. 가정에서 이루어지는 교육의 기본은, 부모가 생활 속에서 실천하는 모습을 삶으로 자녀에게 생생하게 보여주고, 직접 경험하도록 하는 것입니다. 그래서 학교교육과 대비되는 가정교육이란 말이 따로 있습니다. 헌데 자꾸 이 부분을 간과하니, 아이에게 자기도 모르는 것을 가르쳐야 한다고 생각하거나, 말 따로 행동 따로가 되는 것이죠. 아이들이 표현은 못해도, 부모가 언행일치하지 않으면 하나도 빠짐없이 다 보고 느끼게 돼 있습니다. 부모의 행동이 일치하지 않는 가르침은 결코 자녀에게 자양분이 되지 않고, 오히려 부모의 권위와 신뢰만 깎아 먹는 주범이 됩니다. 본인이 중심 잡고 잘 실천하면서 경험토록 하는 것, 이거 잊으시면 안 됩니다.

자녀를 위한 경제교육

돈을 벌고, 돈을 투자하고, 재테크 기법을 익히는 것은 어른들의 영역입니다. 아이에게는 돈을 받고, 그 돈을 쓰는 행위가 경제활동의 전부이고요. 이걸 정확히 직시합시다. 아이들은 부모에게 돈을 받고, 그걸 쓰고, 친구들과 나누면서 살아갑니다. 그것도 20년 이상 하루도 쉬지 않고 이 행동을 반복하면서 삽니다. 이게 핵심이기 때문에 바로 이 부분에서 부모가 가진 철학과 행동을 자녀에게 심어줘야 합니다. 그런 것이 오랜 기간 쌓여 가족문화가 되고, 가풍이 됩니다. 그런데 도 아직도 투자 방법이나 경제 흐름을 알려주는 게 경제교육이라 생각하고 있다면, 이게 얼마나 아이의 현실과 괴리된 망상입니까? 아이가 대체 뭘 보고 느끼고 경험할 수 있을까요? 가족 간의 대화는 뒷전이고, 매일매일 HTS를 보면서 주가 등락에 일희일비하는 부모의 모습? 투자종목이 상한가 쳤다고 들뜬 기분에 외식하는 멋진 아빠?

구체적으로 들어가서 경제교육의 핵심은, 돈을 얻기 위해서는 늘 수고로움이 뒤따라야 한다는 사실과, 모든 소비에는 예산편성이 뒤따라야 한다는 사실을 체득케 하는 것입니다. 다시 말해 수고를 해야 돈을 벌 수 있다는 것을 인식시키고, 계획성 있는 소비 습관을 만들어 주는 게 핵심입니다. 많은 20대, 30대 초반의 젊은이들이 이걸 못해 힘들어하고 쓰러집니다. 계획성 없이 카드로 소비하고, 모자라면 모자란 대로 때우고, 남으면 남는 대로 긁어대는 습관에 물들어 있습니다. 제대로 교육이 안 되어 있으면 대체로 이런 패턴으로 흘러가기 일쑤입니다. 이건 다 어려서부터 부모가 형성시킨 것이죠. 어릴 때부터 자녀가 필요하다고 할 때마다 달라는 금액대로 기준 없이 돈을 주는 것, 이건 부모가 자기 스스로를 아이의 ATM기로 전락시키는 것과 같습니다. 누르면 돈이 나오는 ATM기, 떼쓰고 고집 피우면 현금이 나오는 요술지팡이. 어릴 때부터 이렇게 길을 들여놓고서는, 아이가 무리한 금액을 요구할 때 형편이 안 된다고 혼내면 과연 어린 자녀가 납득할 수 있을까요? 이미 그 아이에게는 필요할 때마다 돈을 주는 존재가 부모라는 인식이 무의식중에 자리 잡혀 있는데 말이죠. 이거 누가 심어준 인식인가요? 학교에서 가르쳤나요? 아이 탓할 일이 아닙니다.

한 걸음 더 나아가면, 부모 역시 정해진 예산을 잡고 이에 맞춰 충실한 가계운영을 하여 본을 보여야 합니다. 아이에게는 정해진 용돈을 주고 짜임새 있게 돈을 쓰라고 하고서, 부모는 충동구매와 계획성 없는 가계운영을 한다면, 아이는 역으로 불만만 생깁니다. 어른이 되면 나도 이 빡빡한 생활을 접고 부모님처럼 사고 싶은 거 다 사겠다는 반발심만 더욱 크게 만들어 줄 뿐입니다. 어디 어른 돼서 두고 보자, 이런 심리죠.

현명한 경제인으로
키우기

용돈의 개념과 관리

아이에게는 정해진 용돈을 정기적으로 주어야 합니다. 그리고 용돈 이상의 돈은 반드시 일을 해서 벌도록 해야 합니다. 어릴 때부터 홈 알바를 적극 활용하는 것이 좋습니다. 용돈을 주고 정해진 예산 범위 내에서 소비하고 남기는 것을 습관화시켜야 돈을 쓰는 데 있어 선택과 집중을 익히게 됩니다. 기회비용이라는 개념을 경험으로 알게 되고, 계획성 있는 관리를 통해 소비의 기쁨을 알 수 있습니다. 또 절제와 통제를 익힙니다. 더불어 자기의 소득수준을 넘어서는 것을 사기 위해서는 다른 무언가를 참고 희생하면서 더 많은 수고를 해야 얻을 수 있다는 것도 알게 됩니다. 세상에 공짜가 없다는 것을 알게 되고 독립성이 길러집니다. 대학 갓 졸업한 요즘 사회초년생들, 몸만 독립했지 정신은 독립하지 못한 이들이 많습니다. 경제관념이 없어 힘들어하는 이들이 부지기수입니다. 이게 다 돈 받아 쓸 줄만 알았지, 돈에 대한 교육을 못 받아서 이럽니다. 그래서 이런 교육을 어려서부터 시작하면 부모가 돈 아껴 쓰라고 잔소리하는 것과는 차원이 다른 경제인으로 자랍니다. 어렸을 때부터 스스로 체득하고 근육세포 하나하나가 기억하게 됩니다. 시작은 초등학교 입학하면서부터 정도가 좋습니다. 아이들이 사회생활을 시작하게 되는 출발점이니까요. 사회생활의 시작과 함께 경제생활에도 사회적인 기틀을 잡아 주는 것입니다.

정해진 용돈을 줄 때는, 월급제보다는 주 단위의 주급을 권합니다. 아이들에게 한 달의 시간은 소비를 통제하기엔 너무 긴 시간입니다. 한 달 동안 쓸 돈을 일주일 만에 다 쓰고 삼 주를 쫄쫄 굶으면서 살아야 하는 상황은, 아이들에게 너무 가혹한 상황입니다. 부모에게도 그걸 지켜보는 일은 고욕입니다. 쉽게 마음이 약해지고, 이럴 필요가 있나 싶어집니다. 돈 없어 쫄쫄 굶는 애를 이 주, 삼 주 동안 어떻게 지켜보겠습니까? 어른들도 한 달 급여 관리가 쉽지 않은 일인데, 아이들에겐 너무 벅차죠. 그래서 월급제는 다시 원칙을 깨고 돈을 더 주게 되는 상황이 벌어지기 일쑤입니다. 일관성이 깨져 시작부터 흔들립니다. 그래서 주 단위로 용돈을 주고 아이가 돈을 일찍 다 써버리더라도 며칠만 지나면 다시 원상회복되는 기간 설정이 좋습니다.

아이가 중학교에 들어가고 고등학교에 들어감에 따라서 기간을 늘여 월급제로 서서히 바꿔가는 단계적 접근이 필요합니다. 그리고 용돈 기입장은 필수입니다. 기록과 평가는 세상에서 가장 훌륭한 습관입니다. 용돈 기입장을 잘 썼을 때 일종의 인센티브로 보너스를 주면 효과는 배가 됩니다. 처음부터 너무 복잡하고 정교하게 쓰라고 하지 않아도 됩니다. 빠짐없이 들어오고 나간 것을 기록하는 습관만 들이면 됩니다. 그 습관만 몸에 배면 이후에 나누고 정리하고 분석하는 것은 저절로 되게 마련입니다. 처음부터 어렵게 요구하지 말고, 쓰는 습관을 익히도록 차분히 이끌어 주면 됩니다.

다시 말하지만, 용돈을 주고 직접 예산을 잡아 쓰도록 하는 행동은 초등학교 입학할 때 정도부터가 좋습니다. 아이가 공식적인 사회생활을 시작하게 되는 때이고, 남들과 섞여 정해진 룰 속에서 생활하게 되는 때이기에 시기적으로 적절합니다. 또한 이보다 어린 나이에서는 아무래도 소비를 조절하고 그것을 기록하면서 쓴 돈과 남은 돈을 셈하며 관리하는 것은 다소 무리가 따릅니다.

세 가지 키포인트

이 모든 과정 속에서 부모는 반드시 일관된 룰을 적용해야 합니다. 합의에 의해 룰을 만들고 그것을 흔들림 없이 적용해야 합니다. 예를 들어, 홈 알바를 한다고 할 때는 각각의 알바목록에 대해 정확히 합의된 가격이 있어야 합니다. 부모와 아이가 합의한 정확한 가격이 없으면, 아이들은 일을 하고 나서 받고 싶은 금액을 달라고 떼를 쓰게 됩니다. 아이가 문제가 아니라, 정확한 룰, 즉 약속이 없어서 생기는 필연적인 현상일 뿐입니다. 그리고 가계를 운영하면서 월 단위나 연 단위의 계획을 짤 때마다 아이를 참여시키면 금상첨화입니다. 그런데 문제는 아이가 이런 것을 오래 듣고 앉아 있기가 쉽지 않다는 데에 있습니다. 그러면 억지로 데려다 앉혀놓고 소리 지르고 윽박지르지 말고, 가계 예산표를 만들어 아이가 잘 볼 수 있는 곳에 게시하는 지혜를 발휘해 보세요. 처음엔 본 척 만 척하더라도, 아이는 반복되는 그 과정 속에서 가계의 돈이 하나하나 그 의미와 목적에 맞게 배열되어 있다는 것을 자연스레 익히고 배우게 될 것입니다. 이것이 시간 속에 퇴적되고 쌓이면, 아이는 어느샌가 의젓한 하나의 경제인으로 자라게 될 것입니다. 본 저자 역시 어릴 적 이런 경험을 해보지 못한 것이 못내 아쉽습니다. 어머니께서 가계부를 쓰셨던 것은 기억이 나는데, 좀 더 적극적으로 자식에게 교육을 해주셨더라면 하는 아쉬움이 있습니다. 다 크고 나서 실천하려 해도 어른이 되어 새롭게 습관화 하는 것은 말처럼 쉽지 않더군요. 괜한 부모 탓인가요?

하여간 결론적으로 키포인트는 세 가지입니다. 예산과 노동, 룰, 본보기. 이것이 삼박자를 이루어 함께 간다면, 재테크를 잘해서 돈을 조금 번 것과는 비교도 안 되는 가정의 행복과 안정이 찾아오게 될 것입니다. 딱 일 년만 해보세요. 상상을 초월하는 행복한 변화가 일어나기 시작합니다. 아이들이 현명한 경제인으로 성숙해 갈 것입니다. 돈 관리는 수치로 하는 게 아니라 살아 숨 쉬는 일상입니다.

'자녀 경제교육'의 핵심 메시지

1. 자녀에게 예산을 짜는 습관과 돈은 무언가 수고로움의 대가라는 인식을 심어주어야 합니다. 물론 부모가 본을 보이지 않으면 아무 소용이 없습니다. 반발심만 커지겠지요.
2. 자녀에게 돈을 주기만 하는 것은 부모의 책임 방기입니다. 자녀가 돈을 다루는 법을 익힐 수 있도록 반드시 교육해야 합니다. 20대가 된 자녀들이 카드빚에 멍들고 경제적 의존성이 높아지는 현상은, 상당 부분 경제교육의 부재에서 비롯됩니다.

10살 딸과 6살 아들을 둔 부모의 자녀 경제교육

DNY머니코칭 정효수 이사

우리 부부는 장을 보러 갈 때 될 수 있으면 아이들을 동행해서 갑니다. 그 이유는 아이가 비록 좋은 채소를 고르는 눈이 없다 하더라도 아이에게 직접 채소를 골라보게 함으로써 채소를 잘 안 먹는 아이를 채소와 친숙하게 하고, 100g당의 채소 가격을 알도록 하기 위해서입니다. 비단 채소가 아니라 무엇이라도 마찬가지입니다. 고기든, 다른 식재료든, 공산품이든 예외가 없습니다. 그래서 지금 우리 집의 아이들은 마트에서 판매하는 생필품의 가격에 매우 밝은 아이가 되어 있습니다. 아이로 하여금 자신이 관심 있는 품목을 사고, 계산대에서 영수증으로 확인하는 훈련을 하는 것은 자녀에게 어른들의 일상 서류들을 친숙하게 만들어 주고, 생활 속에서 머릿속으로 셈하는 것을 익숙하도록 만드는 최고의 계기가 됩니다.

우리 부부의 또 하나의 원칙은 친척들로부터 아이들이 받은 용돈을 금액이 아무리 크더라도 절대로 엄마가 가져가지 않는 것입니다. 억지로 받아서 은행에 강제로 저축시키지도 않습니다. 한 번은 이런 일이 있었습니다. 작은 아이가 값비싼 장난감을 무척 가지고 싶어 했었는데, 그 장난감은 친척들에게 받은 명절 용돈에다 그동안 자기가 모아놓은 용돈까지 모두 합해야만 살 수 있는 아주 비싼 물건이었습니다. 그래서 아이에게 제안하기를, 3일 동안 한번 참아보고 그래도 여전히 사고 싶은 마음이 변함없다면 그때 가서 사보라고 격려하였습니다. 그리고 3일간 기다려보도록 하였습니다. 그래도 어린 아이인지라 작은 애는 울고 떼쓰고 무척 힘들어했습니다.

그래도 어떻든 용케 3일을 참고 기다린 후, 작은 아이는 결국 그 값비싼 장난감을 샀습니다. 그런데 그렇게 크게 지르고 나니 이후에 누나가 다른 장난감을 사고 돈을 쓸 때에, 자신은 돈을 쓸 수 없는 상황이 되었습니다. 가진 돈이 없으니까요. 너무 갖고 싶던 비싼 장난감을 사버렸기 때문입니다. 이때부터 아이는 고민하게 됩니다. 그 장난감이 다른 것을 모두 포기하고 기다려야 할 만큼 그렇게 좋은 것이었던가를 생각하게 되었던 것입니다.

아이는 그것을 사기 위해 3일이나 참았습니다. 그리고 마침내 전 재산을 다 털어서 그 장난감을 샀습니다. 하루 동안은 좋아서 어쩔 줄을 몰랐지만, 하루가 지나자 그렇게 울고불고 소원했던 장난감이 특별한 것이 아니라는 생각이 든 모양이었습니다. 그런데 누나는 아직 많이 남은 용돈으로 일부는 은행에 저축하고, 일부는 아빠은행에 높은 이자(우리 집은 아이들이 부모에게 저축을 하면 한 달에 한 번, 월말에 약속된 이자를 계산해서 줍니다)를 받으며 저축했습니다. 그리고 문구점에서 값싼 스쿠비두나 털실 등 다양한 소품들을 샀습니다. 그러나 둘째는 그런 누나를 그저 쳐다볼 수밖에 없었습니다. 모든 돈을 한 번에 다 써버렸고, 이미 그때의 감격은 하나도 남아있지 않았습니다. 울어봐야 아무 소용이 없습니다. 누나가 맛있는 것을 사 먹을 때 자기 것도 사 달라고 누나에게 애원하기도 하고, 심부름을 해가며 누나에게 잘 보이려 애쓰며 배우는 것입니다. 그 비싼 장난감의 효용가치와 자신이 써버린 돈의 크기에 대해 생생하게 체험으로 느끼게 된 일이었습니다.

이런 일들이 몇 번 반복되면, 아이는 친척들을 만날 때 반가운 마음에 예쁘게 인사를 하기도 하지만, 예의 바르게 행동하면 용돈을 받을 수 있다는 것을 알기에 어른들께 이전보다 더 깍듯하게 인사를 하고 바르게 행동하려고 애쓰게 됩니다. 우리 부부는 이런 현상을 굳이 나쁘게 생각지 않았습니다. 그렇게 해서 아이들이 받은 용돈은 문구점을 가든 슈퍼마켓을 가든 항상 자신이 소지하여 물건 값을 직접 계산하게 하고, 영수증을 받아 확인하도록 하는 것이 우리 부부의 원칙입니다.

간혹 이런 일도 생깁니다. 아이가 너무 오랜 기간 동안 간절히 원하는 물건이 있는데, 그것이 아이에게 해로운 것은 아니나 용돈만으로는 사기 힘든 가격일 경우 말입니다. 우리 아이는 3년 전에 비싼 미미 스케치북을 원했던 적이 있었습니다. 그 스케치북은 당시 크리스마스 시즌을 맞아 정가의 배 이상의 금액으로도 사기가 힘든 상황이었습니다. 아이가 자기 용돈만 모아서는 살 수가 없는 금액이었습니다. 그리고 크리스마스 시즌이 지나고 여러 달이 지나자 미미 스케치북은 정가로 가격이 내려왔습니다. 아이도 이제 정가로는 살 수 있을 정도로 용돈을 모았습니다. 그런데 아이가 어떤 계기로 마음이 움직였는지, 그토록 사고 싶던 물건을 마다하고 덜컥 좋은 곳에 그 돈을 기부하고 말았습니다. 부모로서 말리고 싶었지만, 아이가 좋은 일을 하고자 하는 자기 마음의 크기, 그 대가를 알게 하고 싶었습니다. 아무리 좋은 일이라도 나중에 마음이 상하고 후회하지 않을 수 있는 그런 연습을 하게 하고 싶었습니다. 그래서 후회하지 않을 수 있겠냐고 딱 한 번만 묻고는 말리지 않았습니다. 아이는 처음에는 좋은 일을 했다는 뿌듯함으로 미미 스케치북에 미련을 두지 않았습니다. 그러나 시간이 차차 흐르고 한 달쯤 지나자 다시 그 스케치북이 아쉬워졌습니다. 아이가 좋은 일에 돈을 기부하고 그토록 간절하던 것을 가지고 싶어 하니 부모로서 그에 대한 보상과 선행을 장려하는 차원에서 사주고 싶었지만, 그냥 꾹 참았습니다. 아이가 제대로 배우게 하기 위해 참았던 것입니다.

아이는 다시 돈을 모아야 했습니다. 그 당시에 아이에게는 아주 적은 금액의 용돈이 남아 있었는데, 그 용돈으로는 1년을 꼬박 모아야 미미 스케치북을 살 수 있을까 말까 했습니다. 아이는 처음 한두 주는 열심히 다른 데 돈을 쓰지 않고 모으더니, 시간이 감에 따라 점점 지쳐갔습니다. 자신의 선행을 크게 후회하는 마음이 생기고 있었습니다. 이런 상황을 그대로 방치해 두면 다시는 그런 후한 선행을 하지 않을 것 같아 보였습니다. 그래서 우리는 아이에게 아르바이트를 시켰습니다. 엄마가 비교적 귀찮아하는 방 닦기는 1,000원, 경비실에서 택배 가져오는 것은 500원, 신발정리 100원, 빨래 털어 널기 500원, 빨래 반듯하게 개기 500원, 동생 돌봐주기 3,000원 등등……. 아이는 돈을 모으기 위해 일을 하면서 돈을 버는 것이 힘들다는 것을 배웠습니다. 하늘은 스스로 돕는 자를 돕는다고, 뜻하지 않게 친척으로부터 큰 용돈도 받았습니다. 덕분에 아이는 사고 싶었던 미미 스케치북을 약 1년이 지난 시점에서 살 수 있게 됐습니다. 아이가 그렇게도 원했던 물건을요. 사실 이전의 다른 장난감들은 하루 이틀이면 싫증을 내고 애지중지하지 않았습니다. 그러나 미미 스케치북은 그로부터 2년 동안이나 아끼고 귀하게 사용하는 것을 보았습니다. 함부로 꺼내지도 않고 늘 소중히 잘 보관을 하였습니다. 3년이 지난 지금까지도 말입니다.

아이들이 물건을 잘 잃어버려서 어른들로부터 받은 용돈을 잃어버릴까봐 대신 받아두는 어른들도 있습니다. 물론 돈을 잃어버리면 아깝고 아이도 너무 속상해 해서 대신 맡아주는 부모 마음도 이해합니다. 그러나 그렇게 잘 잃어버리는 아이도 어느 정도 커서 돈의 가치를 알게 되면, 용돈을 받았다가 잃어버리는 일도 좋은 교육이 됩니다. 그건 경제교육이 잘 되어 돈의 제대로 된 가치를 아는 아이일수록 더 도움이 되는 일입니다.

제가 일전에 아산병원에 갔다가 딸이 아는 분으로부터 만 원의 용돈을 받은 일이 있었습니다. 아이가 너무 좋아하여 일단 아빠에게 맡겨두라 했지만, 기쁜 나머지 자기가 갖고 있겠다고 했습니다. 그런데 그만 돈을 들고 있다가 화장실에 가서 볼 일을 보고 손 씻을 때 세면대에 올려놓고 그냥 나와 버린 것입니다. 딸아이는 새파란 얼굴로 뛰어 갔다가 돈이 사라진 세면대를 보고 한참을 울었습니다. "아빠가 주웠어."라고 하면서 그 돈을 주고 싶은 마음이 굴뚝같았지만, 꾹 참았습니다. 사실 아이보다도 제가 더 힘들었던 것 같습니다. 아이가 돈을 잃어버린 데다가 울기까지 하니까 속상해서 아이를 나무라고 싶은 마음도 생겼지만, 이때 아이를 책망하고 채근할 필요는 없다고 생각했습니다. 아이는 이미 돈을 잃어버린 상실감과 슬픔으로 그 대가를 다 치렀기 때문입니다. 어떻든 그 이후부터 딸아이는 돈을 함부로 들고 다니지 않습니다. 소중히 잘 보관하는 습관을 갖게 된 것이지요(2012년 겨울 아산병원 신관 1층 화장실에서 만 원 주우

신 분 돌려주세요. 하하).

그리고 마지막으로 우리 부부는, 가족이 함께 쓰는 돈은 아이도 용돈에서 보태게 합니다. 대표적인 것이 가족여행 자금입니다. 가족들이 함께 가는 여행을 위해 아이들도 함께 돈을 모으게 하고 참여토록 하는데 아이들이 아주 좋아합니다. 주인 의식이 생기고, 돈이 의미 있게 쓰이는 데에 대한 기쁨을 알게 됩니다. 그런데 만 원 한 번 내고, 언제 가냐고 보챌 때도 다반사입니다. 이렇듯 자녀 경제교육이 참 쉽지만은 않습니다. 하지만 분명한 것은 부모 스스로가 돈에 대한 의미와 분명한 이유를 갖지 않고 산다면, 아이 역시도 돈을 의미 있게 쓰고 다루는 일은 영영 하지 못하게 된다는 사실입니다. 아이들은 분명 부모를 어른을 거울처럼 보고 따르는 존재들입니다.

3장

—

성공으로 가는
지름길

If you man is proud of his wealth, he should not be praised
until it is known how he employs it.
- Socrate

부자가 재산을 자랑하더라도 그 부를 어떻게 쓰는가를 알기 전에는
칭찬하지 마라.
– 소크라테스

아빠!
어디
가?

소비, 욕망은 다스리고, 관리는 철저히

거지근성으로부터의 탈피

살면서 우리가 돈을 열심히 버는 기간이 얼마나 될까요? 길어야 30~40년이죠. 그럼 돈 쓰는 기간은 얼마나 될까요? 평생 동안? 아닙니다. 태어나기 전부터 쓰고 죽고 난 뒤까지 돈을 씁니다. 태아로 잉태되는 그 순간, 부모는 나를 위해 돈을 씁니다. 그리고 태어나서 죽을 때까지 하루도 쉬지 않고 계속 돈을 쓰다가, 죽고 난 뒤에도 장례비다 납골당이나 비석이다 하여 자식들의 돈을 쓰게 합니다. 다시 말해 어제도 썼고, 오늘도 쓰고, 내일도 쓰게 되는 게 돈입니다. 그럼 한 가지 질문, 큰 재산 없는 서민 중산층에게는 부를 만드는 열쇠가 재테크에 있을까요, 소비 관리에 있을까요? 두 말하면 잔소리겠지요.

다른 얘기지만, 안전하게 한 방으로 대박 치는 투자나 사업 따위는 없습니다. 시중에 넘치고 넘치는 부자 관련 책들을 보면, 온통 재테크나 사업으로 돈 벌라는 소리 일색입니다. 경이적인 수익률을 내걸어 광고합니다. 슬쩍 슬쩍 읽다보면, 어느새 나도 최소한 그 절반 정도는 벌 수 있을 것만 같은 망상이 생깁니다. 26세 부자가 100억을 벌었다는 둥, 천기누설 투자비법을 가르쳐주겠다는 둥, 별의별 수사를 다 동원해서 본능적인 욕심을 자극하고 부채질합니다. 심지어 500만 원으로 100억 원을 벌었다고 대문짝만하게 광고하는 회사도 있습니다. 부자로 가는 지름길이라도 있는 것 마냥 독자를 호도하는 사람들이 난무한 요즘 세상이죠. 하지만 정신 차립시다. 쉽게 부자가 되는 재테크 따위 없다는 것을 기억하세요. 그런 책 쓰는 저자들, 그런 광고를 하는 회사 사장들도 돈 좀 벌어 보겠다고 저렇게 열심히 자극적인 문구 만들어서 홍보를 해대지 않습니까? 그런 걸 간파하고 배웁시다.

여하튼 목숨을 건 과속이나 역주행을 한다면 모를까, 아무 위험 없이 단숨에 부자가 되겠다는 심보 자체가 이미 거지근성에 다름 아닙니다. 은근슬쩍 좋은 걸 공짜로 먹으려 드는 모든 생각과 습성은 다 거지근성에 지나지 않습니다. 소위 고수라는 사람들의 재테크를 백날 따라 해봐야 이리 저리 시행착오만 반복하다 별 소득 없이 끝나는 경우가 태반입니다. 재테크 이전에 거지근성부터 버려야 부자가 될 수 있습니다.

부자 반열에 오르는 소비 관리

기실 부자가 되는 가장 확실한 방법은 다른 곳에 있습니다. 그것은 바로 소비 관리입니다. 소비를 관리하는 건 그렇게 복잡한 내용도 아니고, 굉장히 단순한 몇 가지의 실천만으로도 가장 안전하고 확실하게 부자의 반열에 오르게 해줍니다. 물론 수십억 부자를 만들어 주는 방법은 아닙니다. 다만 우리 가정의 소득 수준에서 큰 압박감 없이 편안하고 여유 있게 살 수 있는 경제적 풍요를 이룰 수 있게 해줍니다. 너무 고전적이라 시시하고 식상하게 들리죠? 하지만 소비 관리는 말은 쉬운데, 실천하기는 어렵습니다. 왜냐고요? 우리는 이미 소비에 관한 한, 자본주의의 마케팅 기법과 광고 홍수가 만들어 놓은 구조 속에서 욕망을 지배당하고 있기 때문입니다.

소비 욕망은 내 소득 수준과 미래를 위한 준비와 균형을 이뤄야 함에도, 마치 그 이상 소비를 해야만 성공한 인생처럼 느끼게 하는 기업의 세뇌에 깊이 물들어 있습니다. 곧 죽어도 명품 가방 몇 개는 있어야 남들 보기에 그럴싸할 것 같고, 여건에 맞춰 국내 여행을 가도 될 것을, 굳이 해외로 떠나 사진 몇 컷 찍어 올려야 남들 보기에 품위 있을 거라고 여깁니다. 결혼과 동시에 중심부에 아파트 하나 없으면 열등감이 생기고, 회사가 조금만 잘 되면 무리해서 고가의 수입차를 끌고 다니는 모습들, 과연 이러한 소비 욕망은 누가 만든 것일까요? 허나 오해를 하면 안 됩니다. 소비 관리를 잘하자는 말이 무작정 돈을 아끼고 보자는 말은 아니니까요. 자린고비처럼 팍팍하게 살면서 주변 사람에게 인심 잃고 짠돌이라는 소리를 들어봐야 뭐하겠습니까? 쓸 땐 써야죠.

소비 관리란, 소비활동이라는 것을 시간적으로 길게 펼쳐두고, 현재의 소비와 미래의 소비를 적절하게 균형이 맞도록 하는 작업입니다. 그리고 현재의 소비가 미래 소득의 발판으로 연결될 수 있는 시스템을 갖추는 일입니다. 오로지 남들이 보기에 고급스런 물건과 서비스를 사야만 성공한 인생이라고 유도하는 기업의 마케팅과 광고 홍수에 맞서, 내 삶을 풍요롭게 발전시키기 위해 현재와 미래의 소비를 균형 있게 조화시켜야 합니다. 즉, 소비생활에 기준을 만들어 선택과 집중을 하는 거죠. 누구 기준으로? 바로 내 기준으로.

우선은 내가 어디에 무엇을 얼마나 쓰는지를 파악하는 작업부터 시작합시다. 파악을 하려면 소비를 기록하고, 평가해야 합니다. 모든 변화의 시작은 기록과 평가에서 비롯되고, 모든 변화의 결과 역시 기록과 평가에서 확인됩니다. 기록과 평가를 하지 않는 가계 운영은 당장의 소비에만 몰두하도록 만들어, 돈을 벌고, 투자하고, 쓰는 과정의 선순환 고리를 딱 끊어 버립니다. 돈이 들어오자마자 홀랑 써버리고, 모자라면 쉽게 대출 받고, 또 조금 벌면 홀랑 쓰고, 이런 아무 생각 없는 가계 운영이 바로 기록과 평가의 부재에서 비롯됩니다.

헌데 이런 얘기를 하면 우리 집은 가계 규모가 작아서 굳이 기록하지 않아도 어디에 얼마를 쓰는지 대충 다 알고 있다고 말하는 분이 많습니다. 안 그래도 팍팍한데 더 줄일 게 어디 있느냐고 하는 분들도 많죠. 그래도 눈 딱 감고, 한번 기록해 보세요. 한 달만 꾸준히 기록을 해봅시다. 밑져야 본전입니다. 분명히 흐릿했던 부분들이 구체적으로 보이고, 더 효과적으로 돈을 쓸 수 있는 방법이 보이기 시작할 것입니다. 또한 이것이 쌓이고 쌓이면, 우리 집 가계가 시간이 가면서 얼마큼 더 기울어가고 있는지 혹은 얼마큼 더 좋아지고 있는지를 정확한 수치로 파악할 수 있습니다. 메모하는 습관을 가진 사람들은 말하지 않아도 압니다. 기록하는 것이 얼마나 좋은 습관인지, 얼마나 많은 실수를 줄여갈 수 있는지를 말이죠. 어떻든 지피지기면 백전백승입니다. 일단은 지기, 내가 얼마를 어디에 어떻게 쓰고 얼마를 저축하는지를 아는 것이 순서입니다.

가계부와 가정 경제

예를 들어 어느 기업에 회계장부가 없다고 가정해 봅시다. 그 회사에 투자할 투자자가 있을까요? 당신이 투자자라면 회계장부가 아예 없는 회사에 투자하시겠습니까? 혹은 구직자 중 즐비한 다른 회사를 두고, 굳이 그 회사에 취직하고 싶어하는 사람이 있을까요? 혹은 우리 회사엔 회계장부가 필요 없다고, 내가 머릿속으로 다 알고 있다고 말하는 사장이 있다면, 그 사장을 제 정신이라 할 사람이 단 한 명이라도 있을까요? 그 회사가 안정된 성장을 구가할 거라고 생각할 사람이 있을까요? 두 말하면 잔소리죠. 하나마나한 소리입니다. 그럼 가정으로 초점을 옮겨봅시다. 만일 뱃속의 태아가 부모를 선택할 권리가 있다면, 가정의 회계장부인 가계부가 있는 가정과 가계부가 없는 가정 중 어디에 태어나겠느냐고 물었을 때 어딜 선택할까요? 당신이 태중의 아기라면, 다른 조건이 다 같다고 할 때, 가계부가 있는 가정에 태어나겠습니까, 가계부가 없는 가정에 태어나겠습니까? 가계부가 있는 가정에 비해 가계부가 없는 가정이 재무적으로 더 안정될 확률은 얼마나 될까요? 혹시 기업은 회계장부가 있는 게 당연하지만, 가정에는 회사와 다르니 가계부가 없어도 된다고 생각하고 있나요? 만일 그렇게 생각한다면, 게다가 당신이 큰 재산 없는 평범한 소득 수준의 서민 중산층이라면, 당신은 원하는 경제적 성공과는 거리가 먼 사람입니다. 스스로만 그걸 모르고 열심히 일하면 부자가 될 거라고 착각하고 있을 뿐입니다.

가계부를 쓰는 가정과 그렇지 않은 가정의 재무 상태는 실제로 상상을 초월할 정도의 큰 차이를 보입니다. 이런 건 아무도 논문을 발표하지 않아서 사람들이 잘 모를 뿐입니다. 현장에서 직접 부딪혀 컨설팅을 하는 사람들만이 알고 있는 숨겨진 진실입니다. 가계부를 쓰는 것이 부를 위한 첫걸음이며, 중심입니다. 가계부를 쓰는 것은 절대 쩨쩨하고 시시한 일이 아닙니다. 우리 가족의 생생한 일상의 기록이고,

또 역사입니다. 어떻게든 우리 가정의 지갑을 열어 소비를 유도하고, 재산 형성을 방해하려는 자본주의 세상과의 치열한 전투일지입니다.

가계부는 모바일 가계부부터, 인터넷 가계부, 종이 가계부 등 시중에 다양한 형태로 굉장히 많이 나와 있습니다. 이 중 아무거나 자기에게 편한 것으로 골라 쓰면 됩니다. 기록하는 행위 자체가 중요한 것이기 때문에 형식은 어떤 것이든 중요치 않습니다. 될 수 있으면 분류가 너무 많이 되어 있는 복잡한 것보다는, 단순한 형태로 된 것을 활용하면서 시작하시기 바랍니다. 노트 하나 사서 그냥 나열식으로 쭉 적어도 됩니다. 시작부터 어렵고 짜증나면 오래가지 못하니까요. 아주 단순하게 내가 오늘 얼마를 썼는지를 쭈욱 적어보시기 바랍니다. 현금으로 쓴 것은 반드시 기록하고, 체크카드로 쓴 것은 하루를 마감하면서 내역을 확인하여 기록하면 됩니다. 통장정리를 하면 저절로 기록된 것이 나오지요. 좌우지간 기록하는 습관을 들이는 것이 첫째입니다.

그리하여 이렇게 소비내역이 기록되기 시작하면 주 단위로 이 소비를 4가지 영역으로 나누어 다시 기록해 보시기 바랍니다. 월 단위로 가면 데이터가 많아 쉽지 않습니다. 주 단위로 묶고, 그것을 바탕으로 다시 월 단위로 묶는 게 편합니다. 앞서 말한 4가지 영역이란, 기계적 소비, 잉여적 소비, 관계적 소비, 자기계발 소비입니다. 기록이 잘 되고 있다면, 이제는 본격적으로 이 네 영역에서 소비가 얼마큼의 비율로 이뤄지고 있는지를 파악하는 것이 중요합니다.

소비 관리의
4분법

평생 반복, 기계적 소비

자, 이제부터 본론입니다.

기계적 소비란, 일상 속에서 반복적으로 지출되면서 없애기 어려운 항목을 말합니다. 예를 들면 핸드폰 요금이라든지, 인터넷 요금, 정수기 렌탈료, 교통비, 식비, 자녀 용돈, 생필품 구입비, 대출이자 등이 되겠네요. 이런 항목들은 기계적으로 무한 반복되는 특징이 있고, 일상을 살면서 필수적으로 지출되는 것이기 때문에 없앨 수는 없습니다. 또한 크게 줄이기도 쉽지 않죠. 하지만 이걸 기록하고, 총 지출액이 얼마나 되는지를 정확하게 파악하게 되면 약간씩 줄일 수 있는 틈새가 보이기 시작할 겁니다. 내가 무관심하게 지나쳤던 일상의 비용들에 얼마만큼 거품이 끼어 있었던가를 똑똑히 파악하게 되죠. 그간 관심 없었던 핸드폰 요금제에 대해서도 들여다보게 되고, 나에게 맞는 알뜰한 요금제를 찾으려는 동기부여가 생길 것입니다. 알게 모르게 택시비가 많이 나간다든지, 식비에서 외식이 차지하는 비중이 어느 정도 되는지 등을 정확하게 알 수 있게 됩니다. 그리고 생각보다 은연중에 외식비가 크다는 것을 발견할 수도 있습니다. 대출이자율에도 관심을 갖게 될 것이고, 더 싼 이자로 대환할 수 있는 방법에도 관심을 갖게 됩니다. 기계적 소비는 많은 사람들이 무의식중에 반복하고 있기 때문에 이것을 수치로 표기해 파악하는 순간, 기계적 소비가 의식표면으로 확 떠오르게 됩니다. 아마도 신선한 경험이 될 겁니다.

과시적 본능, 잉여적 소비

다음으로 잉여적 소비에 대해 생각해 보겠습니다. 잉여적 소비란, 기계적 소비를 제외한 일종의 품위 유지비용에 해당하는 것을 말합니다. 남들 이목에 잘 노출되어 신경이 많이 쓰이는 과시적 본능이 크게 작용하는 항목이기도 하죠. 옷이나 신발을 사는 돈, 명품 가방이나 액세서리 사는 돈, 미용에 소비하는 돈, 예정에 없던 술값, 취미생활과 관련한 지출, 자동차 유지비, 주유비, 불쑥불쑥 날아오는 각종 부조금 등이 여기에 속합니다. 이걸 기록하고 정리해 보면, 막연히 느끼고 있던 것보다 상당히 큰 금액이 계속적으로 이 영역에 집중되고 있다는 것을 발견하게 됩니다. 따라서 가장 크게 지출을 줄일 수 있는 여지도, 이 잉여적 소비 부분에서 생깁니다.

그런데 이 부분을 절약하려고 애쓰다 보면, 부차적으로 각종 생활 정보에 밝은 사람이 되는 효과가 나타납니다. 연비 효율을 높이는 운전법을 익히게 되고, 심지어 연비 운전을 할 때랑 그렇지 않을 때, 정확히 얼마의 돈이 절약되는지도 알 수 있습니다. 이런 재미도 쏠쏠합니다. 의류나 신발, 가방 등 패션용품이 어디가 저렴한지도 찾게 되고, 저렴하면서 분위기 좋은 술집과 맛집 정보도 메모하여 다니는 센스쟁이가 됩니다. 이런 정보는 주위 사람들과 함께 나누면 나의 이미지도 좋아지고 호감도도 올라갑니다. 어떻든 이 잉여적 소비를 줄이려는 시도가 가족 간의 의사소통을 통해 합의를 이루고 실천으로 이어지면, 상당히 많은 추가 여력을 만들어낼 수 있습니다.

하지만 위에서 이야기했듯이, 사람이 아끼면서만 살 수는 없습니다. 자린고비가 되려는 것이 소비 관리의 목적이 아니니까요. 위 두 가지를 파악하고 현금여력을 만드는 이유는 바로 나머지 두 영역, 즉 관계적 소비와 자기계발 소비에 더 집중적인 지출을 하고자 함입니다. 무작정 아끼고, 죽기 살기로 허리띠 바짝 당기는 것을 권하지 않습니다. 사람 나고 돈 났지 돈 나고 사람 난 게 아닙니다. 물론 소비 관리를 통해 저축여력의 확보로까지 이어진다면 금상첨화겠지만, 빚으로 생고생을 하고 있지 않은 이상 큰 스트레스를 주는 갑작스러운 절약은 좋지 않습니다. 지속되기 어려우니까요. 아래에서 이야기하겠지만 소비 영역의 비율을 조절해 가면서 점차적으로 절약 폭을 늘려가는 것이 최곱니다.

기회의 보고, 관계적 소비

다음으로 관계적 소비입니다. 관계적 소비란, 말 그대로 생산적이고 발전적인 인간관계를 위한 지출항목을 말합니다. 이를테면 감사하고 소중한 사람들이나 내 일과 소득에 큰 영향을 끼치는 중요한 분들께 식사나 간단한 술 한 잔을 대접한다거나 고마움을 표현하는 작은 선물을 한다거나, 오랜 친구들과 모인다거나, 애착이 가는 동호회나 동문회, 각종 모임에서 찬조금이나 지원금을 낸다거나 하는 비용입니다. 관계적 소비는 지금 당장은 그것이 소모적인 것으로 보일 수 있으나, 모든 소비 영역 중에서 미래의 나에게 가장 많은 기회를 가져다 줄 수 있는 굉장히 중요한 항목입니다. 이 영역을 기록하고 평가하면서 관리하면, 지금까지와는 판이하게 다른 평판을 얻게 되고, 또 주변으로부터 호의를 얻게 될 것입니다. 뇌물을 먹이고 아부 떨라는 말이 아닙니다. 사람은 마음과 마음이 통하고 섞일 때 가장 친밀해지고 감동과 기쁨을 느낍니다. 이건 동서고금을 막론한 진리이죠. 그런데 다 큰 성인이 길거리에서 만나 대화할 수는 없는 노릇이니,

조촐한 음식이나 작은 선물 등에 마음을 담아 표현하는 것이죠.

헌데 관계적 소비는 자칫 잘못하면 감정적 소비로 이어지기 쉽기 때문에, 각별히 예산편성이 더 중요한 영역입니다. 오랜만에 만난 친구들과 즐겁다고 필 받아서 2차, 3차를 가고, 예정에 없이 시원하게 한번 질러버리면 타격이 아주 클 것입니다. 소비 영역 중에서 가장 부가가치가 큰 영역이지만, 또한 자칫 잘못하면 가장 낭비하게 되는 영역입니다. 각별한 계획성이 필요합니다.

혹시 당신은 지금까지 살면서 지인을 통해 생각지도 못했던 좋은 기회를 얻거나, 안전하면서도 수익성 높은 비즈니스 아이템을 제안 받아 본 일이 있습니까? 남들이 모르는, 정말 귀한 정보를 지인에게서 받아 본 적이 있습니까? 이런 경험이 있는 사람이라면, 일상의 저변에 흐르는 관계 형성이 얼마나 중요한지를 누구보다 잘 알 것입니다. 만일 이런 경험이 전혀 없다면, 당신은 지금 수없이 많은 세상 사람들 가운데, 스스로 보이지 않는 벽을 치고 외톨이로 고군분투하고 있다는 사실을 직시해야 합니다. 돈이 없다는 핑계로 사람을 만나지 못하고 마음을 표현하지 못하고 살았다면, 지금부터라도 당장 소비관리를 통해 새로운 소비패턴을 실천하시기 바랍니다. 관계적 소비가 전에 없던 새로운 세상을 열어줄 것입니다.

성공과 부는 결코 혼자서 이룰 수 없다는 것을 명심하고, 나의 인간관계 전략을 근본부터 다시 반성해 보아야 합니다. 사업을 시작할 자본도 없고 대단한 전문성도 없다면, 관계적 소비와 자기계발 소비를 지금 당장부터 시작해야 합니다. 하루 이틀 미루다보면 또 흐지부지 머리에서 사리질 것입니다. 그러면서 내 인생도 흐지부지 돈에 끌려 하루 이틀이 무의미하게 휙 지나가고 말 겁니다. 내가 돈을 제대로 쓰지 않으면, 돈이 나를 쓰게 됩니다. 관계적 소비가 가져다주는 미래의 소득창출 혹은 생활 비용절감 효과는 상상 이상으로 큽니다. 이걸 제대로 잘 관리하면 세상사는 맛이 나죠. 이 맛이 얼마나 짜릿하고 가슴 충만한지 경험해보지 않으면 모릅니다.

성공의 열쇠, 자기계발 소비

마지막으로 자기계발 소비입니다. 자기계발 소비는, 말 그대로 자기의 능력과 전문성을 계발하기 위해 지출하는 항목입니다. 지금 다니고 있는 직장과 하고 있는 일이 호구지책에 불과한 수단이라면, 오늘부터 당장 소비 관리를 통해 자기계발 소비 부분의 여력을 확보하세요. 자신의 능력을 위해 자기 스스로가 투자하지 않는다면, 당신은 하늘이 두 쪽 나도 더 나은 직장과 더 나은 일을 하지 못할 것이기 때문입니다. 스스로가 자기에게 투자를 하지 않는데, 누가 자신에게 더 좋은 조건과 업무를 부여하려 하겠습니까? 호구지책에 얽매여 평생을 불만족하면서 생을 마감하고 싶은 사람은 없겠죠?

자기계발 소비는 나의 소득을 높이는 데 직접적인 영향을 주는 지출 항목입니다. 평범한 삶을 사는 서민층, 중산층 중에서 본인이 동경하던 직장에 다니거나, 원하고 갈망하던 일을 하면서 사는 사람은 많지 않습니다. 그래서 직장 가는 것이 즐겁지 않고, 일하는 것이 피곤하고 힘이 듭니다. 왜 이런 결과가 생겼을까요? 그건 바로 자기가 무엇을 정말 원하는지를 잘 모른 채, 별 생각 없이 남들 가는 대로 비슷하게 살아왔거나, 원하는 것을 잘 알고 있지만 그것을 할 만한 여건과 능력이 되지 않았기 때문입니다. 물론 각고의 노력을 했지만, 사회구조적인 모순이나 부정 때문에 실패한 분들도 있습니다. 이런 사회적 모순이나 부정은 나 혼자만의 노력으로 단기간에 바뀌지 않기에, 정치적인 각성과 실천을 통해 긴 호흡으로 풀어갈 일입니다. 늘 지금 당장 제일 강력하게 시작할 수 있는 것은 나 자신의 변화를 이끌어내는 일입니다. 언제, 어디서부터? 지금 당장, 바로 여기서부터.

만일 사무직이 지긋지긋하다면, 하고 싶은 일과 관련된 기술과 지식을 배우면 됩니다. 배우려면 돈이 들어가고, 돈을 쓰려면 예산을 잡아야 합니다. 지금 하는 일의 영역에서 더 높은 전문성의 단계로 나아가고자 한다면, 그에 걸맞은 지식을 갖추는 데 돈을 쓸 일입니다. 나를 위한 교육비 지출을 시작해야 합니다. 운동이나 예술 분야의 일을 하고 싶다면, 긴 호흡으로 레슨을 받아야겠죠. 어떻든 하고 싶고 이루고 싶은 것이 있다면, 넋 놓고 부러워만 말고, 그에 해당하는 돈을 쓰라는 얘깁니다. 실천하는 게 뭐 별 거 아닙니다. 돈을 쓰면서 시작되는 것이죠. 세상 그 누구도 나의 행복을 위해 공짜로 지식과 노하우를 주지 않습니다. 엄한 데 돈 쓰지 말고 저 앞에서 기다리고 있는 미래의 나에게 돈을 쓰세요.

이렇게 관계적 소비와 자기계발 소비가 조화를 이루어 간다면, 삶은 바뀌기 시작합니다. 예를 들면 이런 것이겠죠. 통신비와 택시비, 차량유지비를 조금 아껴서 대견한 후배 직원에게 작은 선물을 하나 했더니, 업무적으로 그 몇 배에 해당하는 집중과 성과를 보여주고, 나에 대한 이야기도 부하 직원들 사이에서 더 좋게 해주는 것 등의 효과 말입니다. 당연한 말이지만, 내 비전이 확실하고 그것을 착실하게 준비하고 있고, 게다가 이것을 알아주는 많은 사람이 주변에 포진해 있다면, 실패하는 것이 오히려 더 이상한 일이 아닐까요? 관계적 소비와 자기계발 소비는 바로 이것을 이루어주는 근간입니다. 돈 몇 푼 더 벌고 아끼는 차원이 아니라, 삶 자체를 성공으로 끌고 갑니다. 하지만 지금 이 시간에도 많은 사람들이 소비 관리에는 눈 감은 채, 그저 재테크로 몇 푼 벌거나 연봉 조금 더 주는 직장을 찾는 데에만 혈안이 되어 메뚜기처럼 이러 저리 뛰어 다니고 있습니다. 메뚜기는 한 철입니다. 돈이 없어서가 아니라, 돈을 제대로 못 쓰고 있기 때문에 메뚜기의 삶은 늘 그 자리입니다.

이제 이 굴레를 벗어나 자기만의 행복한 삶을 위해, 소비 내용을 조목조목 뜯어보시기 바랍니다. 부와 성공을 가져다 줄 가장 확실하고 안전한 방법이 이 속에 있습니다. 돈의 속성인 방종은 예산편성으로 잡고, 또 하나의 속성인 허세는 관계와 자기계발로 잡아야 합니다. 같은 돈을 쓰더라도, 관계적 소비와 자기계발 소비에 지출이 집중되면 될수록 돈은 강력한 내 편이 되어 나를 위해 일하기 시작할 것입니다. 돈이 팔딱팔딱 뛰면서 나를 위해 종노릇할 때, 새로운 세상이 펼쳐집니다. 거짓말 같나요? 일단 한번 해보시라니깐.

'소비 관리'의 핵심 메시지

1. 서민 중산층 가정의 경제상황은 투자보다 소비 관리가 훨씬 더 큰 영향을 끼칩니다.
2. 가계부 쓰는 일은 쩨쩨한 일이 아니라, 우리 가족의 역사를 기록하는 일입니다.
3. 관계적 소비와 자기계발 소비를 제대로 관리한다면, 당신의 삶은 분명 원하는 방향으로 변화될 것입니다.

지출 관리의 중요성

DNY머니코칭 전기용·PB

학창시절에 저는 주말마다 공사판에서 열심히 땀 흘려 일해서 받은 일당 5만 원으로 일주일을 생활했었습니다. 5만 원으로 일주일을 버텨야 했지만, 지금 돌이켜보면 그렇게 부족하다는 느낌은 없었던 것 같습니다. 그런데 사회생활을 해보니 5만 원은 정말 돈도 아니더군요. 별로 한 것도 없는 것 같은데, 하루에 그 정도 돈을 어렵지 않게 쓰게 됩니다. 돈을 쓰는 것에 대한 만족감에는 큰 차이가 없는 것 같지만, 경제 규모가 커지다 보니 그에 맞게 소비도 늘어났습니다.

실제로 상담 현장에서는 매월 1,000만 원 이상의 수입이 있는데도 매달 10%도 안 되는 낮은 저축률을 보이는 분들을 만나기도 합니다. 어디에 그렇게 많이 쓸까 의문을 갖겠지만, 그 소비에는 다 나름의 이유가 있습니다. 이것은 이래서 필요하고, 저것은 저래서 필요하고, 다른 것들은 또 줄일 수 없는 것들이고 등등…… 그렇게 하나씩 합리화 시키다 보면 지출 규모를 줄이기는 무척 어렵습니다.

2013년 5월에 만난 분 중에서는 맞벌이로 한 달에 600만 원의 수입이 있음에도 불구하고, 놀랍게도 매달 800만 원을 지출하는 분들이 있었습니다. 보통은 지출이 많더라도 수입 내에서 이뤄지는 경우가 많은데, 이 분들은 수입을 넘어선 지출로 인해 대출을 받아 나머지 지출을 하고 있었습니다. 그래서 어디서부터 잘못되었는지 꼼꼼히 확인해 보았습니다.

알고 보니, 신혼초기부터 앞으로의 삶에 대한 목표를 정하지 않았고, 즐겁게 소비하고 돈 쓰는 것 위주의 생활패턴으로 지내다보니, 그때의 소비 습관이 결혼 8년차까지 쭉 이어져 온 것이었습니다. 아니나 다를까, 그 와중에 또 아파트 담보대출까지 받아 매달 이자를 내고 있었고, 지인들이 들어달라고 하는 보험은 별 생각 없이 하나둘씩 가입해주다 보니, 보장성 보험만 매달 70만 원이 나가고 있었습니다. 자녀 교육도 남들 하는 만큼은 해야 한다는 생각 때문에 매달 150만 원을 지출하고 있었습니다. 게다가 매달 고정 지출과 함께 외식 및 각종 모임들도 많아서 변동지출 규모도 만만치 않았습니다. 저축은 고사하고, 카드 리볼빙 서비스로 2,000만 원이 돌아가고 있는 형편이어서 이대로 몇 달만 더 지나면 파산의 지경까지 가게 될 처지였습니다. 급박한 상황이었으나 본인들은 위기의식이 그렇게 크지 않았습니다.

상담을 진행하면서 우선, 매달 발생하는 고정 지출을 점검해 보았습니다. 우선 주택담보대출을 확인해 보니, 금리 5.3%로 1억 원 대출에 매달 44만 원을 이자로 납부하고 있었는데, 대환대출을 통하여 3.7%, 매달 14만 원을 줄여 30만 원으로 낮추었습니다. 은행의 경우, 담보대출 이율이 낮아졌다 할지라도 고객이 요구하지 않는 이상 통보하는 일은 잘 없습니다. 저금리 적용이 가능하지만, 관심을 갖지 않으면 이분들처럼 고금리의 이자를 계속 납부하게 되는 것입니다. 한 달 정도야 큰돈이 아니지만, 앞으로 부담할 몇십 년을 생각한다면, 정말 큰돈입니다. 실제로 이와 같은 경우가 굉장히 많습니다. 물론 중도상환 수수료 등은 확인해 봐야겠지만, 경우에 따라서는 수수료를 납부하고 대환대출을 받는 경우가 더 효과적일 수 있습니다.

더군다나 보험료는 매달 70만 원을 납부하고 있었는데, 내용을 보니 지인의 부탁으로 비싼 종신보험을 여러 건 가입하고 있었고, 전화로 판매되는 보험을 하나둘씩 가입하다 보니 4인 가족 기준으로 필요 이상의 비싼 보험료를 지불하고 있었습니다. 보장내용을 분석해 봐도 비용대비 부족한 부분이 많고, 활용도 면에서도 효율성이 턱없이 낮았습니다. 그래서 종신보험은 아이들의 학업 진행을 고려하여 정기보험으로 바꾸고, 불필요한 보험들은 과감히 정리하여 전보다 더 활용도가 높은 보험들로 바꿨습니다. 그래서 월 40만 원의 보험료 선으로 재설계하여 30만 원의 고정 지출을 줄일 수 있었습니다. 출퇴

근도 빚이 정리될 때까지는 자가용보다 전철을 이용하게 하여 20만 원의 유류비를 줄였습니다. 이런 과정을 거쳐서 기존 400만 원의 고정 지출을 300만 원으로 낮추게 되었습니다.

다음으로 변동지출 내용을 파악해 봤더니, 카드 리볼빙은 놀랍게도 대부분 남편의 술값이었습니다. 잉여적 소비가 통제되지 않고 있었던 것이죠. 직장 동료들과 퇴근 후에 즐겁게 마셨던 술이 한 잔, 두 잔 모여서 가정 경제의 큰 위기를 초래하게 되었던 것입니다. 그래서 카드를 모두 회수하고, 주 5만 원의 현금으로 생활을 하도록 다짐을 받았습니다. 급박한 상황이었기에 이 가정은 다소 극단적인 절약이 필요했습니다.

교육비의 경우 가장 조율하기가 어려운 항목인데, 당시 두 아이의 교육비로 150만 원이 지출되고 있었습니다. 꼭 필요한 교육만 빼고, 월 100만 원으로 줄이도록 합의하였습니다. 그 외의 생활비 중에는 식비와 외식 등이 있었는데, 기존에는 계획 없이 장을 보고 저녁에 외식을 많이 했었지만, 매달의 생활비를 정하여 지출통장에 100만 원을 입금하고 그 예산 안에서만 생활하도록 하였습니다.

이런 경우 신용카드의 한도를 정하여 그 안에서 생활하면 되지 않느냐고 물어보는 분들이 많습니다. 대부분 포인트나 부가서비스 때문이겠죠. 그러나 신용카드를 한도까지 다 써버리고도 월급날이 아직 많이 남은 상황이 생기면 그때부터는 다시 현금을 쓰게 됩니다. 즉, 효과가 없는 것이죠. 지출 관리가 잘 안 되는 분들은 반드시 체크카드를 활용해야 합니다. 신용카드로 나중에 줄 돈을 쓰는 게 아니라 있는 돈을 가지고 쓰는 것이 핵심입니다. 그리고 체크카드와 연결된 통장을 정리해 보면 그것은 매달의 훌륭한 가계부가 됩니다. 그리하여 매달 남는 100만 원은 당장 많은 이자가 발생하는 신용카드 리볼빙을 해결하도록 하였습니다.

첫 달에는 우리가 이렇게까지 살아야 하나 싶을 정도로 어렵고 화가 났다고 합니다. 하지만 시간이 지나면서 절약하는 과정 중에 정해진 지출 범위 내에서 소비하는 습관을 들이고 나니, 지금까지 생각 없이 지출했던 과거에 대해서 깊은 반성을 하게 되었고, 결혼 초기부터 이렇게 지출 관리를 했었더라면 규모 있게 많은 준비를 할 수 있었을 것이라는 것에 대한 아쉬움을 갖게 되었다고 합니다. 7개월이 지난 지금 확인해 보니, 내년 8월이 되면 카드 리볼빙은 모두 정리할 수 있게 되었고, 그 다음부터는 저축여력을 만들 수 있을 것이라고 합니다. 정말 희망적인 사례죠. 남들처럼 저축을 할 수 있다는 것이 이 분들에게는 얼마나 큰 의미일까요? 한 번도 저축을 제대로 해보지 못했던 가정인데 말입니다.

정리해 보면, 이 가정에서의 가장 큰 문제는 우선 가정의 목표가 없었다는 것입니다. 그래서 이정표 없이 되는대로 쓰는 소비 습관에 젖어버린 것입니다. 오랜 시간의 잘못된 지출 습관이 가정을 갉아먹고 있었던 것입니다. 그래서 다른 가정의 경우처럼 정상적인 생활을 할 수 있도록 매월 지출규모를 줄여야 했고, 그러기 위해서 고정 지출을 점검하여 불필요한 요소들을 제거했습니다. 일정기간 허리띠를 졸라맬 수밖에 없었습니다. 그리고 생활비나 기타 변동지출들은 기존의 신용카드보다는 체크카드를 활용하여 정해진 내에서 계획적으로 생활할 수 있도록 습관을 만들어 주었습니다.

이와 같은 과정에서 가장 어려운 점은 지속성입니다. 한두 달은 잘할 수 있지만, 좀 괜찮아졌다고 생각되면 고무줄의 탄성처럼 본래의 습관이 다시 불쑥 나오게 됩니다. 그래서 시스템이 중요합니다. 시중에 지출 관리 관련해서 많은 책들이 나와 있지만, 그 많은 책을 보았던 독자들 중에서 과연 몇이나 지출 관리를 잘 하고 있을까요? 각종 언론에서 생활비로 활용된 생계형 가계대출이 주택담보대출을 이미 상회하고 있으며 점차 증가한다는 통계를 봐서는 책의 효과가 그리 크지 않은 것 같습니다.

간단히 정리하면 이렇습니다. 월급통장에 매달 급여가 들어오면, 지출통장, 저축통장에 모두 보내서 급여통장은 0원으로 만들어야 합니다. 지출통장은 체크카드를 이용하여 활용하고, 저축통장은 각종 저축들이 자동이체로 이체될 수 있도록 설정합니다. 이렇게 지출과 저축을 분리하면 지출이 잘 관리되고, 돈이 모이는 것이 보입니다.

그리고 비상자금 통장은 CMA를 이용하여 보통예금통장보다는 더 많은 이자를 받을 수 있도록 준비합니다. 티끌모아 태산이 됩니다. 비상자금 통장에는 월 생활비의 3~5배 정도를 준비해 두고, 회사에서 받게 되는 상여금, 성과급, 기타 수당들을 받는 즉시 보냅니다. 만약 이 가정에서 지난 8년 동안 비상자금 통장에 이와 같은 방법으로 돈을 모았다면 그 계좌에 얼마의 자금을 모았을까요? 적어도 리볼빙 2,000만 원보다는 훨씬 큰돈이 되었을 것입니다.

신혼부부, 사회 초년생부터 지출 관리를 시스템적으로 생활화하고 목표를 정하여 그에 맞는 저축들을 진행한다면, 우리 사회의 돈과 관련된 가정의 많은 문제들도 상당수 해소될 수 있을 것입니다. 당장 어디서부터 시작해야 할지 모르겠다면, 전문가에게 도움을 받는 것이 좋습니다. '바둑도 훈수 보는 사람이 잘 본다'는 단순한 진리를 생각해 봅니다.

4장

—

이름이
뭐예요?

It is through creating, not possessing, that life is revealed.
- Vida D. Scudder

삶은 소유가 아닌 창조를 통해 드러난다.
– 비다 D. 스커더

아빠!
나아
벌서?

지혜로운
소비

기회비용에 대한 무의식

경제학에는 기회비용(opportunity cost)이라는 말이 있습니다. 어느 하나를 선택하여 지출을 하게 되면, 그 지출에 따라 다른 것을 포기하게 되는데, 이때 포기하는 가치를 일컬어 기회비용이라고 합니다. 쉽게 말해 아이스크림을 살 거냐, 과자를 살 거냐 고민하다가 아이스크림을 샀다면, 포기한 과자를 기회비용이라고 하게 되는 것이죠. 자동차를 살 거냐 집을 확장할 거냐 생각하다 집을 확장하는 데 돈을 썼다면, 이때는 포기한 자동차가 기회비용이 됩니다.

기업의 재무 관리에서는 이 기회비용을 철저히 따져 의사결정을 합니다. 제한된 예산 속에서 준비된 자금을 마케팅에 집중할 것인지, 아니면 인재채용에 더 투자를 할 것인지, 시설 확장에 투자할 것인지를 치밀하게 따져 의사결정을 합니다. 따라서 기업은 항상 돈을 쓸 때 동일 투자 금액 대비 가장 효과가 큰 것을 선택하게 되고, 희생하게 되는 기회비용을 늘 인식하게 됩니다. 게다가 미래의 투자계획이 단·중·장기에 걸쳐 섬세하게 마련되어 있기 때문에, 현재의 투자가 이뤄질 경우 포기하게 되는 미래의 기회비용까지 면밀하게 파악하고 따져보지요. 기회비용을 현재의 관점에서만 인식하는 게 아니라, 장기적인 안목 속에서 미래에 포기되는 가치까지 인식합니다. 그래서 가계보다 돈 관리를 훨씬 더 잘합니다. 이런 일을 잘 하라고 총무부서까지 따로 두고, 엄청난 수의 직원까지 채용해서 쓰고 있습니다.

그런데 기업이 아닌 대부분의 가계에서는 이 기회비용의 존재를 거의 인식하지 못하고 있습니다. 백화점에서 너무 마음에 드는 옷이 있어 충동구매를 할 때, 이로 인해 어디에 들어갈 돈이 얼마나 희생되는지를 정확하게 알고 쓰는 사람은 드물죠. 사실 웬만큼 돈 관리가 수준급에 올라있지 않으면, 이걸 인식하는 것이 쉽지는 않습니다. 가계 지출이 이렇게 기회비용에 대한 인식 없이 이뤄지는 이유는, 돈을 뚜렷한 목적과 의미부여 없이 그냥 들어오는 대로 쌓아두었다가 그때그때 필요한 액수를 꺼내 쓰는 데 익숙하기 때문입니다. 대부분의 가정이 이렇게 하고 있지요. 벌면 버는 대로 필요한 것을 사고, 어느 학원이 좋다고 소문이 나면 거기에 자식 보내주고, 그리고 나서 좀 남으면 얼마는 저축하고, 얼마는 그때 유행하는 재테크 좀 해서 살짝 불리고 하는 식입니다. 남는 게 그나마 있으면 다행, 남는 게 없는 집은 돈 때문에 부부싸움도 곧잘 일어납니다. 배우자가 돈을 많이 못 벌어 와서 이렇게 됐다는 식이지요. 상대 탓하다가 감정 상하는 게 우리 일상의 다반사입니다. 혹시 본인 이야기는 아닌가요? 요약하면, 선저축 후소비 시스템이 중요하단 얘깁니다.

소비 전에 7초, 다시 생각해 보기

허나 돈 관리가 잘 되고 있다 치고, 이런 예를 한번 들어봅시다. 지금 내가 어떤 옷을 충동구매하려고 합니다. 그런데 만일 이 돈이 미래의 가족여행비로 준비하고 있는 돈이라면, 당신은 과연 백화점에서 옷을 쉽게 충동 구매할 수 있을까요? 혹은 그 돈이 내년에 자녀에게 투자할 교육비의 일부라는 인식이 명확하다면, 폼 잡으면서 쉽게 지갑을 열 수 있을까요? 그 누구라도 이런 인식이 명확한 상태에서는 지갑을 여는 데 한 번이라도 생각을 더 하게 될 것입니다. 어느 누구에게라도 자명한 일입니다. 결과적으로 충동구매가 예방되는 것입니다. 미래에 포기할 가치가 무엇인지에 대해 명확하게 알 수밖에 없는 시스템이 돌아가고 있기 때문에 내가 제어되는 것입니다. 이렇듯 기회비용에 대한 인식은 아무리 강조해도 지나침이 없습니다. 자동차로 치면 최고의 브레이크 시스템입니다. 살짝만 밟아도 콱콱 서게 돼 있습니다.

　그러나 대부분의 사람들은, 가계 운영에 있어 이런 인식 없이 돈을 씁니다. 폼 잡으면서 신용카드를 쫙쫙 긁어댑니다. 지금의 소비가 미래의 어떤 기회비용을 희생하고 있는지 인식이 전혀 없는 것이죠. 그래서 이런 행태가 반복되다 보면 많은 이들이 이렇게 말합니다. 크게 사치하고 산 것도 아닌데 늘 돈이 모자라고 쪼들리는 인생이라고 말입니다. 허나 누가 훔쳐간 것도 아닌데 그 돈이 어디 갔겠습니까? 결국 다 본인 주머니에서 나간 돈이고, 과거의 만족과 필요를 위해 미래의 기회비용을 희생시키며 소비해온 결과죠. 그 이상도 그 이하도 아닙니다.

　미래를 생생하게 볼 수 있는 영상기술이 있어서 내가 돈을 쓸 때마다 이것이 미래의 무엇을 희생시키고 지금의 소비가 이뤄지는지 화면으로 볼 수 있다면, 당신의 소비패턴은 어떻게 될까요? 상상이 되나요? 지갑을 열 때마다 눈앞에서 내가 원하는 미래의 무언가가 점점 줄어들거나 없어지는 화면이 영상으로 나오는 현실. 물론 이렇게 해도 안 바뀔 사람들은 요지부동이겠지만, 정상적인 두뇌활동에 이상이 없는 이라면 어떤 방식으로든 소비활동에 큰 변화가 일어날 것입니다. 돈이 점점 더 효율적이고 가치 있는 곳에 쓰일 것이고, 충동구매와 잉여적 소비는 현저히 줄어들 것입니다. 하지만 아시다시피 미래를 보여주는 영상기술은 없습니다. 미래로 가 볼 수 있는 타임머신도 없습니다. 만일 이것들이 발명된다면, 아마도 사치와 유흥에 관련된 많은 산업이 하루아침에 문을 닫게 될지도 모르겠네요. 그러나 이런 산업들은 아직도 네온사인을 빛내며 무럭무럭 번성하며 잘 자라고 있습니다.

산업은 소비자가 미래를 보지 못하도록 하고, 늘 현재의 소비욕구만을 자극하는 쪽으로 발전하고 있습니다. 당장 TV를 켜보세요. 유행에 뒤떨어지지 않게 어서어서 새로운 것들을 소비하라고, 미래를 보는 눈을 가리고 현재의 결핍을 과장해서 느끼게 하고 있지 않나요? 자본주의 세상은 별 생각 없이 사는 개인을 계속해서 망각의 강으로 몰고 갑니다. 이렇게 노래하면서 말이지요. "아버지는 말하셨지, 인생을 즐겨라." 아시다시피 어느 카드사 광고에 삽입된 노래입니다. 한때 큰 유행을 했던 가사였는데 중독성이 무척 강했었더랬죠. 그런데 항간에 전하는 바에 따르면 이 아버지는 망하셨다고 합니다. 왜? 대책 없이 인생을 즐기다가 그랬답니다. 우스갯말로, 뒷부분의 가사는 이렇게 만들어야 했을까요? "아버지는 망하셨지, 인생을 즐기다."라고요.

돈에 이름표 달기

비록 미래를 볼 수 있는 영상기술은 없을지라도, 미래에 일어날 일을 두 눈 부릅뜨고 똑똑히 확인할 수 있는 시스템은 갖출 수 있습니다. 실망하기엔 아직 이릅니다. 헌데 이건 나 스스로 해야 합니다. 아무도 대신 해주지 않습니다. 사람의 본성은 눈앞에 실체로 보여야만 직접적인 자극을 받아 동기부여가 되도록 되어 있습니다. 이걸 딱! 느껴야 합니다. 그러니 자꾸 소비를 자극하는 쪽으로만 본성을 노출시킬 것이 아니라, 우리 스스로 미래를 볼 수 있는 쪽으로 본성을 노출시켜야 합니다.

그럼 이걸 구체적으로 어떻게 하느냐? 바로 돈에 이름표를 달면 됩니다. 돈에 명확한 목표와 의미를 새겨 넣어 이름표를 달고, 눈으로 바로바로 실시간 확인이 가능하도록 만들어야 합니다. 예를 들어 3년 뒤에 자동차를 사겠다고 계획했다고 합시다. 그럼 지금 당장 자동차를 살 돈을 모을 통장이나 저금통을 마련하시기 바랍니다. 그리고 그 통장 맨 앞에 큼지막한 글씨로 '3년 뒤 자동차 살 돈'이라고 써서 이름표를 달아보세요. 혹은 5년 뒤에 전세를 탈피해 내 집을 마련하고자 한다면, 역시 통장을 마련하여 그 앞에 큼지막한 글씨로 '5년 뒤 내 집 마련할 돈'이라고 써보시기 바랍니다. 혹은 '내년에 동생 결혼할 때 선물할 돈' 등을 만들어도 좋습니다. 당장은 좀 모자란 금액을 넣는다 할지라도, 시작하는 것에 의미를 두고 이름표 달기를 실천에 옮기면, 그 돈은 의미를 부여받고 살아 숨 쉬며 결코 쉽게 깨지지 않을 것입니다. 왜냐면, 그 돈에 손을 댈 유혹이 생길 때마다 미래에 자동차와 내 집 마련, 동생에게 줄 선물 등이 기회비용으로 희생되는 것을 마치 눈으로 보듯 생생하게 느끼게 되기 때문입니다. 타임머신이 미래를 현재로 끌고 오는 효과가 생기는 것이죠. 자동차 구입이나 내 집 마련, 동생 결혼선물을 희생하고, 값비싼 명품가방이나 필요 이상 고가의 취미용품 또는 술값을 질러댈 수 있는 무개념은 흔치 않겠죠? 이게 사람입니다.

이런 식으로, 자동차 살 돈, 내 집 마련할 돈, 가족 여행할 돈, 부모님 칠순잔치 해드릴 돈, 가족의 사고나 사기피해 등으로 인한 비상시에 꺼내 쓸 돈, 결혼 10주년에 배우자에게 깜짝 선물할 돈 등으로 용처와 목적에 따라 각각의 의미를 부여하기 시작하면, 자연스럽게 계획성 없는 충동구매나 과소비는 줄어듭니다. 지출은 긴 호흡 속에서 가장 효율적인 곳에 시기적으로 집중될 수 있고, 절약하는 생활이 쩨쩨하고 시시한 일이 아닌, 미래를 위한 대견스러운 일로 느껴지기 시작할 것입니다. 시인 김춘수는 말했습니다. 내가 그의 이름을 불러주기 전에는 그는 다만 하나의 몸짓에 지나지 않았다고. 내가 그의 이름을 불러주었을 때 그는 나에게로 와서 하나의 꽃이 되었다고. 돈도 마찬가지입니다. 그의 이름을 불러주기 전에는 돈은 다만 하나의 숫자에 지나지 않습니다. 돈 역시 그의 이름을 지어 불러주어야만, 나에게로 와서 아름다운 하나의 꽃이 됩니다. 백날 돈돈 해봐야 돈이 오질 않습니다. 돈에 이름을 붙여 그 이름을 불러주어야 합니다. 이제 이름표를 답시다. 어디에? '돈에' 왜? '기회비용을 눈으로 볼 수 있으니까'

자, 이제 돈에 이름표 달기는 끝났습니다. 다만 유의할 사항이 있습니다. 돈의 이름과 그것을 담는 계좌는 무조건 하나씩 대응시켜야 한다는 겁니다. 일대일 매칭입니다. 예를 들어서 하나의 적금에 월 저축할 돈을 다 때려 넣고서, 이 돈은 나중에 집 살 돈과 자동차 살 돈과 비상시 쓸 돈과 부모님 칠순 때 쓸 돈과 모든 돈의 종합통장이다, 이렇게 이름을 붙여 놓으면 그 돈은 결코 꽃이 되지 않습니다. 그냥 과자 부스러기처럼 쉽게 부스러지고 맙니다. 목적에 대한 동기부여가 약해집니다. 돈은 무조건 하나의 목표당 하나의 계좌를 만들어야 합니다. 아무리 적은 돈이라도 하나씩 이름을 붙이는 것이 중요합니다. 월 1만 원을 저축한다 하더라도, 1만 원만 담는 별도의 계좌를 만들어야 합니다. 서류뭉치를 마구잡이로 쌓아두고 하나의 서류가 없어지면 잘 모르는 것과 마찬가지로, 이것저것 여러 가지 목표가 짬뽕된 계좌에서 돈이 굴러가면, 현재 소비로 인해 어떤 목표가 희생되는지 감 잡기가 어렵습니다. 넓은 도로에 차선 없이 차들이 얽히는 것과 마찬가집니다. 아무리 길이 넓어도, 한 차선에 한 대의 차가 가야 하고, 차선이 그어져 있어야 소통이 잘 됩니다. 돈 역시, 매끄럽게 흘러가려면 한 계좌당 하나의 목표로 굴러가도록 합시다.

'돈이 꽃'이 되는 핵심 메시지

1. 소비의 현장에서 기회비용을 인식할 수 있는 시스템을 갖는 것이 중요합니다.
2. 기회비용을 인식하는 시스템을 갖기 위해서는 각자의 돈마다 자기 이름이 있어야 하며, 이름은 반드시 기록되어 눈으로 보여야 합니다.

5장

—

보험 공화국 시민으로 살기

There is no such product called 'Happiness' that can be bought.
- Henry Van Dyke

돈으로 살 수 있는 것 중에 행복이라고 불리는 상품은 없다.
− 헨리 벤 다이크

아빠!
안아
볼까?

묻지도 따지지도
않는 보험?

고객님, 좋은 보험 상품이 나왔습니다

우리나라는 보험공화국이라 해도 과언이 아닙니다. 시장규모가 전 세계적으로 10위권 안에 들고, 10년 전부터 판매가 시작된 변액보험만도 적립금이 연간 25조 원씩 들어오는데다, 누적 적립금 규모는 70조 원이 훌쩍 넘어갑니다. 70조 원이면, 변액보험에 쌓인 돈만으로 우리나라 살림을 2~3달 정도 꾸릴 수 있는 돈입니다. 한 해 예산이 300조 원 대이니까요. 장난 아닙니다. 게다가 보험설계사 수도 엄청납니다. 무려 45만 명에 달하고 있습니다. 서울시 구로구 인구가 45만 명입니다. 실로 엄청난 숫자가 보험설계사로 일하고 있는 것입니다. 서울시 한 구의 인구가 모두 보험설계사라는 사실, 믿어지십니까?

상황이 이러니 한 다리 건너 아는 보험설계사 한 둘 없는 사람이 없는 지경입니다. 잘 다니던 대기업 직장을 그만 두고, 성공을 위해 보험세일즈에 뛰어든 친구부터 장사와 사업의 실패로 재기를 위해 뛰어든 절박한 중년, 가장의 부재와 소득 부족으로 인해 보험세일즈에 뛰어든 주부, 억대연봉을 꿈꾸며 뛰어드는 청년, 정말 단순히 보험이 좋아서 시작한 순수 열정파까지, 그 유입 경로도 정말 다종다양합니다. 근사한 인간승리의 성공 신화를 쓴 사람도 많고, 처참한 실패의 고배를 마신 사람도 많은 곳이 바로 보험설계사 시장입니다.

소식 뜸하던 친구가 어느 날 뜬금없이 말쑥한 정장차림을 하고 찾아와서, 너 죽으면 가족은 어떻게 할 거냐고 갑작스런 이야기를 하는 것을 들어본 경험이 있습니까? 만일을 대비해야 한다며 보험에 대한 가치를 전파하기 위해 회사에서 배운 얘기를 이글이글 불타는 눈빛으로 강조하던 선배의 얼굴을 본 적은 없습니까? 그 눈빛, 정말 뜨겁습니다. 그것도 아니면 다짜고짜 보험 하나 들어달라고 들이대며 읍소하는 후배의 부탁을 들어본 일은 없나요? 직장생활을 좀 오래 하신 분이라면, 위 상황 중 어느 하나를 경험해 보지 않은 사람은 드물 겁니다.

한국의 보험설계사는 한마디로 과포화 상태입니다. 상품을 유통하는 설계사가 넘치고 넘쳐 과포화 상태에 있다 보니, 지나친 과다경쟁이 일어납니다. 그것도 모자라, 은행, TM, 홈쇼핑, 인터넷 등 볼 수 있는 모든 채널을 통해 또 판매되고 있고요. 이런 구조 속에서 설계사는 설계사대로 힘이 들고, 고객은 고객대로 지치고 짜증나는 일들이 생깁니다. 한 쪽에서는 신입 보험설계사가 쉬지 않고 들어오고, 한 쪽에서는 영업에 지친 고참 설계사들이 쉬지 않고 업계를 떠나고 있습니다. 보험업계로 들어가는 문은 굉장히 크고, 나가는 문은 더더욱 큽니다. 이런 가운데, 보험사들은 설계사들의 계약고에 힘입어 나날이 성장하고 있습니다. 설계사는 떠나도 계약은 남습니다. 남은 계약은 회사의 몫입니다. 대량채용, 대량퇴직 시스템 속에 보험사만 무럭무럭 크고 있죠. 이제는 보험 업계에도 고용의 안정성과 일의 전문성을 더할 수 있는 적절한 규모로의 시장재편이 정말 필요합니다. 이런 구조 속에서는 소비자와 설계사 모두가 피해자가 될 수밖에 없습니다. 금융상품 가운데, 전문성이 가장 크게 요구되고 담당자의 책임성과 윤리의식이 강해야 하는 것이 바로 보험입니다. 한 가정의 생사와 직결된 금융상품이 보험 말고 또 있던가요?

각설하고, 다른 측면에서 보면 우리나라의 보험시장이 이렇게 비대하게 커진 이유를 단순히 보험설계사의 숫자로만 설명할 수는 없습니다. 보험시장이 이 정도의 규모를 이뤘다는 것은 어쨌든 수요가 엄청나게 존재한다는 겁니다. 또 수요가 크다는 것은 우리나라 사회가 그만큼 국민의 불안지수가 높은 사회라는 사실을 반영합니다. 소비자들이 보험을 끊임없이 소비한다는 것, 바로 한국사회의 시스템이 주는 삶의 안정감이 약하다는 반증이죠. 가장이 유고하였을 때 하루아침에 경제적 파탄이 오고, 질병과 사고에 의한 대규모 의료비 지출이 공적 의료보험으로 충분히 커버되지 않으며, 사고와 질병의 확률은 나날이 높아지는 고위험 사회로 빠르게 변모해가고 있는 상황. 게다가 공적 연금제도는 아직 성숙 단계에 있지 않아, 노후 대비도 개인이 보험을 통해 해결해야 하는 현실입니다. 바로 이런 사회적 구조와 보험사의 무차별적 설계사 증원정책이 한데 어우러져, 우리나라 보험시장과 보험회사는 이토록 거대한 모습을 갖추게 됐습니다.

잘못 들면 자동차 한 대

상황이 이렇다 보니 보험 상품도 엄청나게 다양합니다. 보험 관련 법제도 변화와 상품 변화 속도도 빠릅니다. 그래서 보험 하나 들려고 해도 복잡하고 어려운 게 하나둘이 아닙니다. 일단 보험용어 자체가 어렵습니다. 작년과 올해의 법제도가 또 다르고, 상품은 엄청스레 종류가 많습니다. 사실, 설계사들도 모든 상품의 디테일을 다 잘 아는 경우는 드뭅니다. 그만큼 우리나라의 보험은 복잡하고 어렵습니다. 이런 상품이 전문성 있는 설계와 영업을 통해 이루어지지 않고 있다 보니, 그만큼 해약률도 높습니다. 소비자 입장에서 보면, 사실 이게 제일 큰 문제입니다. 보험은 중도해지하면 10년을 넣고도 원금도 못 찾는 경우가 다반사죠. 손해가 이만저만이 아닙니다. 그래서 실력 있고 오랫동안 정도 영업하는 담당 설계사를 만나는 것도 소비자 입장에서는 큰 복입니다. 그런 분이 옆에 계시다면, 이것저것 선물 달라고 할 일이 아니라, 밥이라도 한 끼 사시기 바랍니다. 이 분들, 고생 많습니다.

이제 계산기 한번 튕겨 보겠습니다. 보험 하나 잘못 들면, 족히 차한 대 값은 날립니다. 지인의 권유로 별 생각 없이 월 10만 원짜리 보험을 하나 들었다 칩시다. 요리조리 따지고 잘 고르면 5만 원에 가입할 수 있는 것이었음에도 별 생각 없이 10만 원으로 설계하여 가입했다고 가정합시다. 그러면 얼마의 손해가 발생할까요? 보장성 보험의 경우, 납입기간이 대체로 20년납 이상입니다. 20년납이라고 가정하면, 월 5만 원씩 20년간 더 나가므로, 단순 계산으로만 따져 봐도 1,200만 원이 불필요하게 사라집니다. 딱 소형차 한 대 값이 날아가게 되는군요. 그런데 이런 건 전혀 신경 쓰지 않으면서 맨날 돈 없다고 한탄만 하면, 어쩔 수 없이 늘 할부인생입니다. 돈 모아 살 차를 할부로 끊게 됩니다.

이렇듯 보험은 생각보다 기회비용이 굉장히 큰 상품입니다. 한 걸음 더 나아가서 월 5만 원을 20년간 차곡차곡 모아서 자녀독립 시 지원할 자금으로 꾸준하게 투자했다고 가정하면, 연 수익률 5%로만 잡아도 2,000만 원을 만들 수 있습니다. 고교 졸업이나 대학 입학과 동시에 이런 돈 가지고 자녀에게 자금을 지원하고 책임 있는 경제생활을 꾸릴 수 있게 경험의 기회를 주고 독려한다면, 자녀의 독립성은 다른 친구들에 비해 훨씬 더 성숙할 것입니다. 그러면서 사업계획서나 재무계획서 하나 작성해 오라고 하면 기가 막히게 잘 작성해 올 겁니다. 현금 2,000만 원이 들어오는데 그 계획서 하나 못하겠습니까? 밤을 새서라도 만들어 옵니다. 오냐오냐하며 자라 돈 다룰 줄도 모르고, 도전하는 패기와 다양한 경험 없이 부모 잘 만나 비싼 학원 다닌 결과로 명문대학 들어간 친구들보다 못할 게 뭐가 있나요? 얘기가 옆으로 좀 샜는데, 어쨌든 보험은 납입기간이 무지하게 길기 때문에 잘못 들면 큰 코 다친다는 사실만 명심하고 넘어가면 되겠습니다. 월 5만 원짜리 보험은 5만 원으로 인식할 것이 아니라, 240개월 할부로 사는 1,200만 원짜리 상품이라는 발상의 전환이 필요합니다.

보험,
아는 것이 힘

보장성 보험과 저축성 보험

　보험 잘 드는 요령 한번 알아봅시다. 대한민국에 보험 안 드는 사람 없으니 그냥 넘어가면 섭섭하죠. 요즘은 보험 종류도 무지 많습니다. 종신보험, 정기보험, 실비보험, 암보험, 운전자보험, 건강보험, 여성전문보험, 상해보험, 자동차보험, 연금보험, 연금저축보험, 변액연금보험, 변액유니버셜보험, 변액유니버셜 종신보험, 골프보험 등 뭘 어떻게 들어야 할지 갈피 잡기가 도무지 어렵죠. 하지만 간단한 기준만 제대로 잡고 있으면, 큰 실수 없이 가입할 수 있습니다.

　보험은 크게 보장성 보험과 저축성 보험이 있습니다. 보장성 보험은 죽거나 다치거나 병들거나 사고 났을 때, 돈을 주는 보험입니다. 예상 못한 위험이 발생했을 때, 경제적인 손실을 막아주는 보험입니다. 종류는 종신보험, 정기보험, 실비보험, 상해보험, 암보험, 건강보험 등이 있습니다. 이 중 죽었을 때 돈을 집중적으로 주는 보험이 종신보험이나 정기보험입니다. 죽었을 때 돈을 주는 보험이니까, 당연 소득이 집중되어 있는 가장이 가입하는 게 좋겠죠?

전업주부나 소득활동이 없는 사람의 경우는 굳이 이 보험을 크게 가입해서 돈 쓸 필요 없습니다. 그 돈으로 그냥 저축을 열심히 하면 됩니다. 물론 돈이 아주 많은 사람들은 종신보험을 상속세 재원 마련을 위해 가입하기도 하지만, 이건 논외로 하겠습니다. 우리는 서민 중산층이 주관심사입니다. 종신보험은 보장기간이 종신토록 설정되어 있는 보험입니다. 즉, 내일 죽든, 100살에 죽든 상관없이 해약하거나 실효되지 않는 이상 무조건 사망보험금을 줍니다. 반면 정기보험은 보장기간이 정해져 있습니다. '정'해진 '기'간만 보장해 주므로 이름이 정기보험이죠. 보장기간을 60세로 하면 61세 되기 전에 죽어야 돈을 주고, 기간을 70세로 하면 71세 되기 전에 죽어야 돈을 줍니다. 이런 차이 때문에 보험료에 차이가 납니다. 어떤 보험이 더 쌀까요? 당연 정기보험이 더 싸겠지요. 보장기간이 짧으니까요. 상식적인 얘깁니다.

종신보험이나 정기보험에 가입하는 목적이 나의 소득이 끊길 경우를 대비해 경제적 능력이 없는 가족을 보호하기 위함이라면, 보장기간을 굳이 종신으로 잡을 필요는 없습니다. 왜? 내가 80세에 죽어 50세 된 자녀를 위해 사망보험금을 줄 필요는 별로 없으니까요. 자녀가 경제적으로 독립하는 시기를 감안하여 보장기간을 설정하는 것이 합리적입니다. 같은 사망보험금을 설정하더라도 정기보험은 종신보험보다 가격이 1/3 이하라 활용도가 높고 부담이 없습니다.

다만 이건 알아둘 필요가 있습니다. 정기보험은 대체로 소멸형이고, 종신보험은 환급형입니다. 정기보험은 만기가 되었을 때 땡전 한 푼 나오는 것이 없고, 종신보험은 가입 후 대략 15년 이상이 되면 언제 해약을 하더라도 원금 이상이 환급됩니다. 이런 이유로 종신보험을 선호하시는 분들도 많습니다. 실제로도 종신보험이 정기보험에 비해 유지율이 더 높지요. 왜냐면 정기보험은 나중에 돌려받는 것이 없기에, 사라지고 말 비용으로 인식을 하기 때문입니다. 한마디로 돈 내기 아까운 겁니다. 반면 종신보험은 해약해도 원금 이상이 나온다는 생각에 일종의 저축으로 인식이 되어 끌고 가려는 동인이 크게 작용합니다. 이건 사실 일종의 정서적 착각이지만, 어쨌든 이런 이유로 현실적으로는 종신보험이 더 유지율이 높습니다. 그러면 어떻게 해야 할까요?

그래도 그냥 정기보험 드는 게 낫습니다. 현실적인 유지율 차이를 이유로 종신보험 권하기엔, 보험료의 차이가 너무 많이 납니다. 다만, 종신보험의 구조를 정확하게 알아야 합니다. 종신보험은 대략적으로 보험료의 반을 보장에 대한 비용으로 쓰고, 반은 저축해서 고객에게 환급금으로 주는 구조입니다. 한마디로 반은 사라지는 돈, 반은 쌓이는 돈입니다. 그런데 가입자가 죽게 되면 쌓아놓은 반만큼의 돈을 주지 않습니다. 이상하죠? 쌓아놓은 돈은 죽음에 대한 보장과는 별도로 저축되는 것인데, 이건 그냥 회사가 꿀꺽 해버리니 말입니다. 그리고 해약을 하면 어떻습니까? 결국 쌓아놓은 반의 돈을 돌려주는 것이지 보장 받는 데 들어간 반의 보험료는 허공으로 사라진 셈이 되는 것이죠. 그래서 종신보험은 죽으나 사나 보험료의 반은 무조건 못받는 구조라고 볼 수 있습니다. 확정손실 −50%. 이거 알고 가입할 사람은 많지 않겠죠? 물론 더 깊게 들어가면 이런 종신보험의 구조를 역으로 이용하는 방법도 있습니다만, 그건 지면으로 상술하기 힘이 드니 넘어가겠습니다. 그냥 맘 편하게 정기보험 들면 됩니다. 더불어 젊은 30대의 경우, 질병으로 죽는 경우보다 사고로 죽는 경우가더 많기 때문에 가입할 때 상해사망이나 재해사망 특약을 높게 해서 부가하는 것도 좋은 방법입니다. 보험료가 무지하게 싸기 때문에 최대한의 보장금액을 잡아서 가입하면 되겠습니다.

의료비를 보장하는 보험

다음으로 질병이나 상해에 대한 의료비 보장 부분입니다. 최근엔 손해보험사의 실비보험으로 많이 가입을 하는 추세죠. 실비보험에 의료실비 특약과 질병, 상해, 암 진단금을 포함한 각종 진단금, 운전자 특약 등을 모두 넣어 종합세트로 가입하는 분들이 많습니다. 좋은 방식입니다. 다만 좀 신경 쓸 부분은 후유장해에 대한 보장을 넉넉히 하라는 겁니다. 후유장해에 대한 보장은, 쉽게 말해서 내가 사고나 질병으로 인해 장애인이 되었을 때 돈을 받는 부분입니다. 사실 어떻게 보면, 고도 장애는 죽음보다도 더 큰 경제적 충격을 줍니다. 죽으면 소득만 없어지지만, 경제활동이 불가능할 정도의 장애가 생긴 경우는 소득이 없어짐과 동시에 지속적으로 많은 돈이 들어갑니다. 눈물겨운 생활고와의 사투가 벌어질 수 있는 일이죠. 따라서 이에 대한 대비를 넉넉히 해야 합니다. 상해후유장해 보장은 보험료도 싸기 때문에 꼭 재차 확인하여 가입하는 게 좋습니다. 몇 억 보장 받아도 1~2만 원 대로 가능한 상품이 많습니다. 이미 가입된 보험이 있다면, 꺼내어 이 부분을 한번 확인해 보면 더 좋겠습니다.

납입기간은 최대한 길게 하는 게 좋습니다. 그러나 나중에 나이 들어 연금 받아 살면서 보험료 내는 것이 부담된다면, 경제활동 시기를 감안하여 최대한 길게 잡으면 됩니다. 짧게 내봐야 좋을 거 없습니다. 성격상 죽어도 길게 못 내겠다 하는 사람이면 몰라도, 그렇지 않으면 길게 갑시다. 길게 내야 월 보험료가 내려가고, 향후 보험제도의 변화나 상품의 변화로 인해 리모델링하게 될 경우, 손실 폭이 작아집니다. 한 번 가입으로 20년, 30년 이상을 보장 받고 끝장을 보겠다는 생각은 짧은 생각입니다. 관련 법제도 변화에 대한 예측이 어렵습니다. 10년에서 15년 단위로 보장성 보험을 리모델링한다는 개념으로 접근해야 실수가 없습니다. 15년 전을 한번 생각해 보세요. 최근의 실비보험이라는 것을 상상이라도 할 수 있었나요? 그럼 향후 20년, 30년 후에는 보험제도나 상품이 어떻게 될까요? 그건 아무도 모릅니다. 며느리도 몰라요.

보험을 교육적으로 활용하는 팁을 드리겠습니다. 가족 간의 소통이라는 측면에서, 꼼꼼하게 따져 보험을 가입한 후에는 보험가입 증서를 액자에 담아 잘 보이는 곳에 걸어두면 좋습니다. 보통 보험가입을 해놓고도 대체 내가 어떤 보장을 어떻게 받는지도 모르는 가정이 2/3 이상은 될 겁니다. 일이 터지면 그때야 부랴부랴 보험증서를 펴보고 돈이 나오네 안 나오네 난리 블루스죠. 소송까지 가는 경우도 흔합니다. 이러지 말고, 보험증서는 잘 보이는 곳에 걸어두고 그 내용을 수시로 확인하는 게 좋습니다. 아빠 보험, 엄마 보험, 아들 보험, 딸 보험, 이런 식으로 주기를 해서 나란히 붙여놓아 보세요. 연금보험도 마찬가지입니다. 우리 부부 노후자금, 이렇게 해서 걸어두세요. 보기도 좋고 자녀에게도 산교육이 됩니다. 자녀가 금융용어에 익숙해집니다. 또한 일찌감치 비상시와 노후를 준비하는 부모의 모습을 보면서 자녀 역시 미래를 일찍 준비하는 자세를 배웁니다. 또한 아이들이 혼자서는 생각하기 힘든 사고와 질병 등의 비상사태에 대해서도 생각할 수 있는 계기를 마련해 줄 수 있을 겁니다. 이렇듯 돈 안들이고 자녀와 소통하고 가르침을 줄 수 있는 방법은 무궁무진합니다. 아이들은 부모가 말하고 잔소리하는 것보다, 부모가 행동하는 것 그대로를 훨씬 더 적극적으로 흡수합니다.

노후의 대비, 연금보험

연금보험으로 가볼까요? 최근 소비자들이 가장 관심 많은 게 바로 연금보험입니다. 요새는 노후가 이슈긴 이슈죠. 하지만 아무리 이슈라도, 제대로 준비하는 사람은 흔치 않습니다. 제대로 한번 알아봅시다. 연금보험은 일단 소득공제를 받는 상품과 소득공제를 받지 않는 상품으로 갈리는데, 소득공제 받는 상품을 세제적격이라고 하고, 소득공제를 안 받는 상품을 세제비적격이라고 합니다. 용어가 좀 어렵죠? 어려우면 용어는 몰라도 됩니다(2014년에는 소득 공제가 세액공제로 바뀌어, 세금 혜택이 줄어듦).

소득공제가 되는 연금 상품은 나중에 세금을 내야 합니다. 지금 세금 혜택을 주고, 연금을 받을 때 세금을 내라는 소리입니다. 반면, 소득공제가 안 되는 상품은 지금은 세금 혜택이 없지만, 나중에 연금을 받을 때 세금을 한 푼도 안 내도 됩니다. 결과적으로 소득공제 안 받는 대신 연금이 더 많이 나오는 효과가 생기지요. 그럼 뭐가 더 좋으냐? 연금보험은 될 수 있으면 소득공제에 치중하기보다는, 나중에 연금을 최대한으로 많이 받을 수 있는 상품에 가입하는 것이 좋습니다. 더군다나 제도의 변화 추이가 소득공제 혜택은 점차 줄여가는 방향으로 흐르고 있어서, 세제적격 상품의 메리트가 갈수록 떨어지고 있는 현실입니다. 연금준비를 소득공제 몇 푼으로 자꾸 따지고 들다 보면, 가입의 본질이 흐려집니다. 당장 연말정산 때 몇 푼 더 줄 수 있을지는 몰라도 이거 받아서 저축하는 사람 아직 못 봤습니다. 다시 말해 나중에 받을 연금을 지금 미리 받아 외식하고 써버리는 꼴이지요. 미래의 늙고 힘없을 나에게서 미리 돈을 끌어서 지금의 젊고 능력 있는 내가 재미를 보는 것입니다. 장유유서의 전통을 지킵시다. 연금은 연금소득 그 자체의 목적으로 가입하는 게 좋습니다.

최근 금리가 많이 낮은 건 다들 알고 있을 겁니다. 낮아도 너무 낮죠. 정기예금 금리가 3% 초반 대이니, 장난하는 것도 아니고, 이 이자 받아 뭐하나 싶습니다. 물론 미국이나 일본보다는 높지만, 큰돈 넣어봐야 별 티도 안 나는 건 매한가지죠. 1억 원을 은행에 넣어두면, 이자가 한 달에 약 20만 원 정도밖에 나오지 않습니다. 모으느라 10년 넘게 걸렸는데, 모으고 나니 이자 소득이 한 달에 20만 원이라니, 기가 찹니다. 돈 모으는 10년 새에 금리가 또 엄청나게 내려간 겁니다. 억울하지만 어쩌겠습니까? 어쩔 수 없는 현실인데 말이죠.

그래서 요즘에는 연금보험도 금리연동 저축형 연금보험이 아닌 펀드에 투자해 수익을 내는 변액연금이나 변액유니버셜을 많이 가입합니다. 금리보다 높은 수익을 노려볼 수 있기 때문이죠. 요즘 금리 환경에서 금리연동 저축형 연금보험을 20~30년 동안 유지하면, 나중에 확 줄어든 내 돈의 가치를 보면서 가슴 칠 사람이 많습니다. 사업비 떼고 나면 연금보험의 연 4% 이자를 받아서는 물가도 못 따라가기 때문입니다. 보험사들은 복리의 마술이다 뭐다 호들갑을 떨지만, 어차피 물가도 복리로 오르니 돈 가치라는 측면에서 볼 때는 별 영양가 없는 말입니다. 한 귀로 듣고, 한 귀로 흘리면 됩니다.

예를 들어, 자장면 값은 5천 원 하던 것이 2만 원이 되었는데, 내가 넣은 연금보험료 5천 원은 1만 원이 되었다면, 이건 5천 원의 이자 붙은 것이 아니라, 자장면 한 그릇 값이 반 그릇 값으로 뚝 떨어져 버린 꼴입니다. 돈 가치가 정확하게 반 토막이 난 것이죠. 예전 교육보험과 연금보험 가입자들이 실제로 이런 피해를 많이 입었습니다. 바로 이런 문제 때문에 돈의 가치를 보존하기 위해 주식이나 채권에 투자해서 수익성을 높이는 변액보험이 대안으로 나온 것입니다. 그리고 금새 보험상품의 대세로 자리 잡았습니다. 이 자체는 선진국들도 모두 거쳐간 자연스러운 시대적 현상입니다.

보물단지를 애물단지로 만들지 않는 법

헌데 중요한 건, 이 변액보험도 만병통치약이 아니라는 겁니다. 고객으로 하여금 달랑 투자만 시켜놓고 아무런 투자전략을 제시하지 않으니, 금리연동 저축형 연금보다도 수익률이 더 떨어지는 황당한 상황이 발생합니다. 금융소비자연맹에서 발표한 자료에 따르면 연평균 수익률이 2%대를 기록한 변액연금 상품들도 허다하다고 하니, 이럴 바에는 차라리 금리연동형 보험으로 가입하는 게 되레 나을 판입니다. 애들 장난도 아니고, 손실의 리스크를 지고 장기간 투자했더니 연평균 2%대가 말이 됩니까? 보험사는 오랫동안 적립식으로 투자하면 안정적으로 수익이 잘 난다고 광고하지만, 위 사례처럼 이는 진실이 아닙니다. 지금까지의 변액보험 수익률 결과가 그것을 확고히 증명하고 있고, 이론적으로도 틀린 말입니다. 보험사에서는 코스트 애버리지 효과로 인해 매달 꾸준히 변액보험에 투자하면 안정적인 결과가 나온다고 얘기하지만, 이는 하나만 알고 둘은 모르는 소리입니다. 어쩌면 다 알지만 일부러 그러는 것일 수도 있고요.

자, 진실은 이런 겁니다. 보험료를 장기간에 걸쳐 넣다 보면 쌓인 적립금이 꽤 커지게 되는데, 주가가 폭락할 경우 이 적립금은 순간적으로 손실률이 엄청나게 커지기 때문에 가입자들은 심리적으로 이걸 버텨내기가 힘든 상황이 오곤 합니다. 즉, 매달 납입하는 월 보험료에만 코스트 애버리지의 저가매입 효과가 있을 뿐, 이미 쌓여있는 적립금은 폭탄을 그대로 맞아 버리는 것입니다. 시간이 오래 지나면서 거치투자화 되는 것이죠.

월 50만 원씩 10년 넣어서 원금만 6,000만 원이 쌓였다고 칩시다. 이런 도중에 주가가 폭락해서 갑자기 −30%의 손실이 나면, 이걸 담담하게 인내하면서 계속 견딜 수 있는 사람이 과연 몇이나 되겠습니까? 게다가 내가 연금을 받을 시기에 임박해서 주가폭락이 온다면 어떻게 될까요? 상상만 해도 끔찍한 일입니다. 지난 2008년 금융위기 때, 실제로 미국에서는 이런 가입자가 많이 발생했습니다. 연금으로 전환도 못한 채, 이러지도 저러지도 못하고 발만 동동 구르며 애 태운 소비자들이 하나둘이 아니었습니다. 즉, 변액보험은 장기투자 중 폭락장에서 손실을 방어하는 장치가 없을 경우, 소비자들이 계약을 유지하기 힘든 상품입니다. 물론 스텝 업 방식으로 원금과 수익을 보증하는 변액연금 상품들이 있긴 하지만, 이런 상품의 경우 채권 비중이 높아 기대수익률 자체가 높지 않습니다. 따라서 별 의미 없는 장식에 불과한 경우가 많습니다. 더불어 코스트 애버리지 효과는 주가가 오르락 내리락을 반복하는 경우에만 효과를 발휘하지, 지속적으로 상승한다거나 지속적으로 하락할 경우에는 큰 효력을 발휘하지 못하죠. 주가가 지속적인 상승을 할 경우에는 오히려 거치로 투자하는 경우보다도 못한 게 코스트 애버리지 효과입니다.

어떻든 앞으로 우리나라 주가가 어떻게 될지는 아무도 모릅니다. 일본의 경우는 20년간 지속적으로 주가가 떨어진 역사를 가지고 있습니다. 그런데 보험사에서는 이는 눈 감은 채, 미국 시장과 우리나라 시장과의 유사성을 운운하면서 변액보험 판매에 활용하기 좋은 미국의 장기 상승곡선만을 가르칩니다. 그러나 한국 주식시장은 미국 주식시장과 다릅니다. 미국식으로 갈지 일본식으로 갈지, 새로운 형태를 보일지, 그 어떤 형태를 보일지는 미지수입니다. 주식시장이 어디 미국에만 있답니까?

그렇다고 낙담할 필요는 없습니다. 낙담하기엔 아직 이릅니다. 변액보험은 펀드변경을 통해 하락 장에서의 손실을 피할 수 있는 좋은 기능을 가지고 있으니까요. 다만, 이 기능을 적절히 활용하여 연금을 관리하는 사람이 거의 없을 뿐입니다. 왜냐고요? 소비자는 이것을 관리할 시간과 능력이 없기 때문입니다. 사실 대부분 관심도 별로 없습니다. 최근 들어 아주 조금씩 관심이 생기고 있을 뿐입니다. 소비자 입장에서 보면, 내 일 하기도 바쁜데 언제 앉아서 연금보험 수익률 관리를 위해 주가흐름을 분석하고 있겠습니까? 하루 이틀도 아니고 몇십 년을 말이죠. 이 정도면 차라리 펀드매니저로 전업하는 게 낫겠습니다. 보험사는 변액보험 상품에 가입시키는 데에만 혈안이 되어 있지, 이런 투자 관리 서비스에는 관심 없습니다. 보험사 입장으로는 돈 되는 일이 아니기 때문이지요. 수익률에 대해 책임지기도 싫고요. 그래서 최근에는 이런 펀드변경 관리를 전문적으로 코칭하는 회사나 설계사들이 생겨나고 있고, 점차 증가하는 추세에 있습니다. 변액보험을 가입하고자 할 때는 반드시 이 부분을 짚어보고 가입해야 됩니다.

변액보험은 장기적으로 잘 관리하면 무척 유용하지만, 가입만 하고 그냥 방치하면 애물단지로 속만 썩일 것입니다. 애물단지를 보물단지로 만드는 것은, 펀드변경 기능을 활용한 손실 방어에 있습니다. 알토란 같은 노후자금은 변액보험이라는 상품이 아니라, 변액보험의 펀드변경 기능에서 이뤄집니다. 자동차만 사놓고 운전하는 법은 모른다면, 당연 사고가 나겠죠? 변액보험도 앞으로 사고가 아주 빈번히 발생하여, 사회문제가 크게 대두될 가능성이 높습니다. 사실 이미 사고가 크게 발생하기도 했고요. 5~10년이 더 지나고 나면 변액보험 대란이 일어날지도 모릅니다. 좌우지간, 관리하지 않는 변액보험은 브레이크 없는 자동차와 다를 바 없습니다. 반드시 사고 납니다. 아무 생각 없이 돈만 오래 내면 저절로 쑥쑥 커지는 투자 상품은 세상에 존재하지 않습니다.

연금보험, 자산의 소득화 기능

연금보험은 사실, 위에서 언급한 세금혜택이나 투자수익보다도 더 중요한 본질적 기능이 있습니다. 그건 바로 자산의 소득화 기능입니다. 연금보험은 미래의 덩어리 재산을 만드는 것이 아니라, 미래의 월급을 만드는 도구입니다. 이걸 정확히 이해해야 합니다. 좀 극단적이고 냉정한 예를 들어보겠습니다. 재산이 많고 소득이 전혀 없는 부모와, 재산은 전혀 없고 연금소득이 많은 부모를 가정해 봅시다. 자식들이 찾아옵니다. 효도하려고 노력할 것입니다. 그런데 한 집은 부모가 죽어야 그 재산이 내 것이 됩니다. 한 집은 부모가 오래 살아계셔야 그 소득이 자기에게 옵니다. 큰 재산이 없어 상속 받을 건 없지만, 찾아갈 때마다 손자 손녀 용돈을 챙겨 주시고, 먼 길 오느라 수고했다며 아들 며느리, 딸 사위에게 차비하라며 흰 봉투를 하나씩 찔러줍니다. 가족끼리 여행을 갈 때는 부모가 비용의 큰 역할을 담당합니다. 반면, 소득은 없고 재산만 많은 부모는 어떨까요? 자녀에 대한 주도권을 놓지 않으려고 재산을 꽉 움켜쥐고 풀지 않을 것입니다. 왜? 이것만이 자녀를 내 휘하에 묶어두는 무기가 되기 때문입니다. 이게 사라지면 자녀와의 거리가 멀어질 것을 부모는 이미 알고 있습니다.

이 두 경우, 경제적인 유인은 자녀에게 완전히 반대로 작용하게 됩니다. 연금의 가장 큰 장점이 바로 여기에 있습니다. 내가 오래 살아야 자녀에게 이득이 되는 경제적 구조가 형성됩니다. 그래서 연금을 활용하는 가장 현명한 방법은, 끝까지 유지할 수 있는 알맞은 금액설정과 수익 관리를 통해 주머니를 계속 가지고 가는 것입니다. 그러면서 연금 받을 시기가 다가옴에 따라 형성된 재산의 일부를 연금보험 주머니에 차곡차곡 계속 추가 납입하는 것입니다. 그리고 이렇게 쌓인 연금보험을 가지고, 목표한 시기가 되었을 때 연금으로 전환하면 됩니다. 노후의 재산을 소득으로 전환하는 것입니다. 이게 연금보험을 최고로 잘 활용하는 방법입니다.

연금은 최고의 안정성을 가진 노후 대비책입니다. 상담을 해보면, 막연히 부동산 임대소득을 통해 노후를 보내고자 하는 사람들이 많은데, 이는 서민 중산층의 막연한 동경일 경우가 많습니다. 부동산 임대소득이 노후소득의 전부가 돼버리면, 생각보다 많은 리스크가 존재합니다. 우선, 천재지변이나 사건사고에 따른 재산손실이 있을 수 있습니다. 지진이나 홍수, 세입자의 야반도주나 건물 내에서의 인명 사고 등이 발생하면, 졸지에 부동산 자산은 큰 소득상실을 가져옵니다. 지진으로 건물이 무너지거나, 홍수로 인해 건물이 침수되거나, 세입자가 밀린 임대료를 내지 않고 도망가거나, 내 건물 내에서 폭파사고나 살인 강도사건이라도 발생하면 대책이 없습니다. 노후생활 1~2년도 아닌데, 이런 일이 단 한 번도 발생하지 않으리란 법은 없습니다. 생각할 수 있는 모든 리스크를 다 생각해 봐야 합니다.

두 번째, 법제도와 정책변화에 능동적으로 대응하기가 어려워집니다. 과세 제도가 변화함에 따라 고율의 세금을 내야 할 수도 있습니다. 갈수록 노인 인구는 많아지고, 부동산 임대소득으로 생활을 영위하는 사람이 많아질 것입니다. 게다가 경제활동 인구는 점점 더 줄어들기 때문에 세원은 더욱 더 고령인구에게 집중될 수밖에 없습니다. 정해진 수순입니다. 우리나라의 고령화 속도는 세계 챔피언입니다. 근로생활자나 사업생활자보다 자산생활자가 많아지면 많아질수록, 불로소득의 대표주자 격인 부동산 임대소득에 대한 과세는 높아질 수밖에 없습니다. 많이 때려 맞게 되어 있습니다.

반면, 현재 시점에서 비과세 연금보험에 가입해 놓으면, 이로 인한 소득에는 세금이 전혀 발생하지 않습니다. 연금보험에 대한 세제 변화는 소급 적용되지 않기 때문에 평생 동안 노후자금의 세금을 막아두는 효과가 있는 것이죠. 그리고 부동산 자산이 노후자산의 전부가 될 때는, 항상 투자실패의 위험이 도사리고 있습니다. 번듯한 건물 한 채 가지고 있으면, 담보로 대출을 받아 이것저것 투자해 보라는 유혹의 손길이 끊이지 않고 찾아옵니다. 물론 대출을 받더라도 잘

만 투자하면야 노후에도 큰 재미를 볼 수 있겠지만, 이것이 실패했을 경우에 가져올 데미지는 상상 초월입니다. 인생 후반부에 투자실패로 빚쟁이가 되면, 누가 제 정신으로 살 수 있을까요? 한 방에 훅 갑니다. 연금보험의 자산의 소득화 기능은, 바로 이런 위험을 애초부터 발생하지 않도록 차단합니다. 무조건적으로 주기적인 소득형태로 나눠져 돈이 나오기 때문에 큰돈을 투자하고 싶어도 할 수 없습니다. 삶은 안정되고, 달콤한 유혹에도 과도한 투기심이 생기질 않습니다. 연금보험은 큰 덩어리 재산은 아닐지라도, 평생 안정된 직장을 가진 것과 같은 효과를 내는 금융상품입니다. 반드시 알맞은 사이즈의 연금보험을 준비하고, 끝까지 유지하여 안정된 노후를 보내시길 기원합니다. 노후를 안정시키는 건 재산이 아니라 소득입니다, 소득.

결론적으로 보험공화국에 살면서 보험에 무지하면, 이래저래 손해가 큽니다. 자동차 몇 대 값을 그냥 날리기 싫다면, 노후에 투자실패로 인해 삶이 뿌리째 흔들리기 싫다면, 꼭 알토란 같은 보험 상품 잘 챙겨 가시기 바랍니다. 보험에 대한 관심이 그 첫 걸음입니다. 대한민국 국민 누구도 보험이라는 숙제를 피해갈 수는 없습니다. 45만 명이 당신을 가만 두지 않습니다.

'보험 들 때' 알아야 할 핵심 메시지

1. 정에 이끌려 묻지도 따지지도 않고 무턱대고 보험에 가입하다 보면, 자동차 한두 대는 쉽게 날립니다.
2. 서민과 중산층의 경우 종신보험보다는 정기보험을 드는 게 더 낫습니다.
3. 의료보장 보험은 납입기간을 최대한 길게 하세요.
4. 연금보험은 자산의 소득화 기능을 가지는 매우 중요한 금융상품입니다.
5. 리스크 관리, 수익률 관리를 해야 변액보험이 애물단지가 아닌 보물단지가 됩니다.

사회초년생의 좌충우돌 보험가입기

DNY머니코칭 김형진PB

　직접 돈을 벌어본 경험은 학교 다닐 때 건설현장의 막노동이나 카페 아르바이트가 전부였던 사회초년생 시절, 드디어 취업을 하고 사회인이 되어, 진정한 직장인의 필수 보험인 4대 보험을 가입하게 되었습니다. 하나도 아니고 4개나 가입이 되어 있는데, 또 보험을 들 필요가 있을까요? 저는 과거 사회에 첫발을 내딛으며 직접 경험했던 보험의 아픈 추억을 떠올려 보았습니다.

　경력이나 나이나 회사에서 제일 막내였던 저는, 사내에 비치된 도서를 정리하기 위해 책 상자를 들어 올리다 허리를 심하게 삐끗한 적이 있었습니다. 며칠이 지나도 세 걸음 이상 걸음을 옮기기 어려울 정도로 허리가 아팠었죠. 결국 병원에 가려던 찰나 지켜보던 선배가 물어왔습니다.

　"허리디스크면 검사비가 좀 나올 텐데 보험은 들어놨어?"

보험이라면 회사에서 가입해준 4대 보험이면 충분하지 않느냐는 제 물음에 황당해하던 선배의 얼굴이 아직도 선명하게 떠오릅니다. 평소 아는 척 좀 많이 하는 선배의 조언으로 병원 가기 전에 보험부터 들라고 하기에 I 생명보험사의 FC를 소개 받았습니다. 참 젠틀하고 친절한 분이셨죠.

　"내가 이만저만하여 다쳤고, 병원 가려는데 병원비가 많이 나오면 곤란해서 보험 들어놓고 가렵니다."라고 읍소를 하자, 그 친절하신 분께서 "보험 들어 놓은 것 있으신가요?"라고 묻더군요. 저는 당당히 말했습니다. "4대 보험은 있습니다."라고요. 당당한 사회인이자 복지혜택이 좋은 우리 회사에서 보험료도 일부 내주고 있는 진정한 직딩이라고 생각했습니다. 하지만 허탈한 웃음을 짓던 그분은 허리디스크로 수술이라도 하면 병원비는 어쩌냐며, 진심어린 표정으로 종신보험 청약서를 내밀며 어서 서명하고 병원에 가라 하시더군요. 의학적 지식도 없고, 보험이라고는 4대 보험밖에 몰랐던 순진한 저로서는 제 주머니를 걱정해 주는 그분, 믿을 것은 그 사람밖에 없다는 심정으로 망설임 없이 서명을 했습니다.

　다음 날, 저는 병원에 갔습니다. 간단한 진찰 후 간호사로부터 MRI를 비롯한 몇 가지 검사를 해야 하는데 보험은 있냐는 질문을 또 받게 되었습니다. "보험 있어요?" 이 말에는 참 여러 가지 의미가 담겨있다는 것을 나중에야 알았습니다. 1~2만 원도 아니고 10만 원이 넘는, 그것도 죽을 때까지 보장이 된다는 종신보험이 있었기에 든든했습니다. 이 보험사로 말할 것 같으면 창사 100년이 훌쩍 넘는 글로벌 외국계 금융회사로서 명성이 자자했습니다. 특별히 회사 선배의 후배사랑 마음으로 친히 소개 받은 분께 보험 설계를 받고 가입했는데 걱정할 게 있나요? 게다가 그 분은 MDRT 로고가 박힌 멋진 배지까지 달고 있는 분이었는데 말입니다. 저는 당당히 병원의 각종 검사장비에 몸을 맡겼습니다. 병원비 걱정은 덜었겠다, 어서 검사받고 치료 받으면 되겠거니 여기며 휘청거리는 저의 허리에만 집중했습니다. 역시 예상대로 병원 진료비는 60~70만 원 정도가 나왔습니다. 의사선생님은 다행히 디스크 초기 단계이고, 아직 젊기에 물리치료만 받고 허리에 무리를 주지 말라는 당부를 해주셨습니다.

회사로 돌아온 저는 제일 먼저 FC를 소개해 주신 선배에게 감사의 말을 전했습니다. 그리고 곧장 담당 설계사에게 전화를 걸었죠. 그런데 웬걸, 결과는 어땠을까요? 입원이나 수술, 암을 비롯한 각종 성인병 진단, 장해진단 외에는 보상이 안 된다는 청천벽력 같은 말만 되돌아 왔습니다. 종신보험에는 검사비와 약제비 등은 해당사항이 없다는 것이었습니다. 아는 사람들은 다 안다는 실손보험의 존재를 저는 그때 가서야 알았습니다. 100만 원도 안 되는 돈이었지만, 사회 초년생에게는 얼마나 부담이 되는 돈이었겠습니까? 게다가 설상가상으로 앞으로는 실손보험을 가입하고 싶어도 상해 부분은 가입이 안 된다는 것입니다. 보험 있냐는 간호사의 물음에서 그 보험의 정체는 실손보험이었다는 것도 그제야 짐작할 수 있었습니다. '실손보험은 가입했느냐, 그게 있어야 실제 지출한 의료비를 보상 받을 수 있는데, 혹시 4대 보험이나 종신보험 들어놓고 자신만만한 것 아니냐' 간호사의 질문에는 이런 의미가 담겨 있었겠지요. 지금은 아련한 추억으로 남은 저의 허리 잔혹사였습니다만, 잘못 알고 가입한 보험 때문에 낭패를 당했던 사회초년생의 아픔을 느끼실 수 있지 않을까 합니다.

종신보험이 나쁜 보험은 결코 아닙니다. 다만 사회 초년생 여부를 떠나 모든 사람들이 보험을 가입할 때 우선순위가 무엇인지 알아둘 필요가 있습니다. 실손보험은 통원치료 시 약제비 포함 30만 원 한도, 입원치료 시 최대 5,000만 원 한도로 실제 지출한 의료비를 보상해주는 보험입니다. 국민건강보험료처럼 보험을 유지하는 동안은 계속 납부해야 하지만, 질병이나 상해로 인한 각종 검사비부터 치료비까지 포괄적 보상을 해주기 때문에 보험상품 중 기본 중의 기본이라 할 수 있습니다. 2013년 4월부터는 보험료 부담을 덜기 위해 단독 실손보험도 출시되었습니다. 즉, 실손특약 외 여러 가지 특약이 추가되어 월 보험료를 증가하게 만드는 기존의 상품과 달리 순수하게 실손특약만을 목적으로 가입할 수 있는 실속형 보험이 나온 것입니다. 설

레는 마음으로 사회에 첫발을 내딛고 의욕적으로 저축을 하다 보면 여러 가지 크고 작은 사고나 질병으로 의료비 지출이 생길 경우 애지중지하던 적금을 깨야 하는 아픔을 겪을 수도 있습니다. 돈을 잃지 않기 위해, 있는 돈을 잘 지키기 위해 최소의 비용으로 최대의 효과를 기대할 수 있는 작은 안정망이 바로 실손보험입니다.

6장

—

내 집 마련이라는
시대정신

Lack of money is no obstacle. Lack of an idea is an obstacle.
- Ken Hakuta

경제적 빈곤은 문제가 아니다. 생각의 빈곤이 문제다.

– 켄 하쿠다

아빠!
아하·
벌·어?

내 집은 꼭
있어야 합니까?

내 집 마련 마인드

내 집 마련, 이건 삼척동자도 동의할 수 있는 명실상부한 대한민국의 가장 뜨거운 이슈입니다. 전 국민이 대동단결, 내 집 마련이라는 지상 목표를 이루는 데 혈안이 되어 있습니다. 집을 사기 위한 '계획'은 없고, 모두가 집을 사고자 하는 '열망'만을 품고 살아갑니다. 이러다 보니, 집을 사지 않겠다는 계획을 가진 사람은 눈 씻고 찾아봐도 없습니다. 사실 현재의 집값으로 볼 때, 서민과 중산층 가정에서는 집을 사고자 하는 계획보다는 집을 언제까지 사지 않겠다는 계획이 훨씬 더 현실적인데 말입니다. 계획해서 몇 년간 언제까지 집을 사지 않겠다고 계획하는 것과, 그저 돈이 없어서 집을 못 사고 손가락 빨고 앉아 있는 것은 가계운영에 있어 천양지차의 결과를 낳습니다. 집을 사고자 하는 '막연한' 계획은 집을 쉽게 빨리 사고 싶은 열망으로 이어지고, 이 뜨거운 열망은 또 쉽게 집에 대한 지름신 강림으로 이어집니다. 버티다 버티다 못해 마침내 폭발하는 것이죠. 큰 재산이 없이 월급 300만 원 받는 샐러리맨이 3년 내에 강남 34평 아파트를 사겠다? 이건 계획이 아니라 그냥 망상일 뿐입니다. 그런데 본인은 그것이 계획이라고 착각하고 살아갑니다.

내 집 마련 계획이 '진짜 계획'이 되기 위해서는 첫째로 실현가능성이 있어야 합니다. 그리고 둘째는 지속가능해야 합니다. 집을 샀을지언정 대출이자로 가계운영이 지속되기 어렵다면, 그것 또한 계획이 아닌 망상입니다. 마지막으로 계획에는 재무적인 셈 이외에 현명한 가치판단이 들어 있어야 합니다. 즉, 앞에서 말한 것처럼 돈에 이름표를 달아 삶의 의미를 부여해야 한다는 것입니다. 그러나 현실은 정반대입니다. 그저 국민 모두가 감당할 수 없는 빚을 내서라도 수단방법 안 가리고 사고 싶은 게 내 집, 번듯한 도시 중심가에 있는 아파트 한 채입니다.

이거 없으면 어디 가서 명함도 못 내밉니다. 연애할 땐 실컷 사람 보고 만나다가 결혼 얘기가 나오면 갑자기 집이 있는지 없는지를 따지고, 있다 해도 어느 동네 얼마짜리 무슨 아파트인지까지 따집니다. 집 없으면 결혼도 하기 힘든 세상입니다. 결혼하고 나면 친구들끼리 어디, 어느 동네 사는지를 비교하고, 어느 동네 산다고 하면 무슨 아파트냐고 묻고, 무슨 아파트 산다고 하면 몇 평에 사느냐고 묻습니다. 내 집 마련했다 하면 친구들 중에서 왠지 앞선 것 같고, 집 없으면 실패한 것 같은 기분이 듭니다. 허름한 빌라에 살면 쪽 팔리고, 유명 브랜드 아파트에 살면 어깨에 힘이 잔뜩 들어갑니다. 오래되고 낡은 아파트에 월세라도 산다 치면 얕잡아 보일까 집 얘기가 안 나오길 바라고 노심초사합니다. 혹 물으면 월세 살아도 전세 산다고 뻥을 칩니다. 이 풍경이 바로 대한민국을 지배하는 내 집 마련, 시대정신의 진풍경입니다. 대다수 국민이 집 한 채에 모든 자존심과 명운을 걸고 덤빕니다. 집 얘기 앞에선 사람이 달라집니다. 전 국민이 공인중개사라도 된 걸까요? 남이 사는 집 평수와 동네에 왜 그렇게 관심들이 많은지.

이건 씁쓸하지만 인정할 수밖에 없는, 그간 한국사회의 부동산 불패신화가 낳은 적나라한 현실의 단면입니다. 아파트라는 거대한 허위의식의 실체입니다. 집이라는 공간을 채워야 할 나눔, 교감, 행복, 안정 이런 것들은 사라지고, 어느새 철근 콘크리트 구조물에 불과한 아파트의 가격만이 나의 가치와 성공을 가늠하는 잣대가 됐습니다. 지금 이 글을 집필하는 사무실 앞에는 강남 중심부의 아파트 재건축 공사가 한창입니다. 중장비가 와서 건물을 한 층 한 층 부숴 내려가는데, 철근과 콘크리트 덩어리가 시커먼 속살을 드러내고 먼지를 풀풀 피우고 있습니다. 아무리 눈 씻고 봐도 아파트 값에 걸맞은 보석

은커녕 매장된 문화재도 없습니다. 대단한 줄 알았는데 막상 속을 까 보니 한낱 건축 자재 덩어리 이외에 아무것도 아닙니다. 저 자재들의 원가가 과연 얼마나 될까 사뭇 궁금해집니다. 그런데 과연 누가, 대한민국의 전 국민을 저 철근, 콘크리트 덩어리의 노예로 만들어 놓은 걸까요? 왜 저것이 없다고 그토록 자존심 상해하고 괴로워하는 걸까요? 이건 언제 어디에서부터 비롯되었고, 누가 부추긴 현상일까요? 깊이 생각해볼 일입니다.

대물림된 집착

이 글을 읽는 당신에게 집은 과연 어떤 의미인가요? 이제 차근차근 근본부터 생각해 봅시다. 반드시 스스로 질문해 보시기 바랍니다. 이 질문에 대한 자기 철학을 갖는 것은, 가장 중요하고 근본적인 가계 관리의 시작이 될 것입니다. 이 부분의 가치관이 제대로 정립되지 않으면, 그 어떤 재테크도 백약이 무효입니다. 평생 모은 돈으로 집 한 방을 잘못 질러 하우스푸어로 전락한 사람들이 수십만 명에 이르고 있습니다. 어차피 대한민국의 보통 인생을 사는 당신은, 평생 동안 집 한 채가 내 자산의 거의 전부일 확률이 높습니다. 따라서 여기서 실패하면 재기할 길이 없고, 현명한 선택을 하면 웬만큼 작은 실패나 실수는 큰 충격 없이 지나갈 수 있습니다. 집에 대한 접근이 가계의 핵심입니다.

다른 나라와 비교했을 때, 우리나라 국민들은 집에 대한 정서적 반응이 굉장히 유별납니다. 합리적 이성을 마비시키는 광적인 집착, 자기 삶의 성공과 실패를 가르는 기준으로 여길 만큼 엄청나게 큰 의미를 부여합니다. 물론 이는 한국사회의 역사적 배경이 있습니다. 현재 50대 이상의 부모님 세대는 전쟁을 겪었거나 전쟁 직후를 산 세대입니다. 온 나라가 폭삭 망하고 국토가 폐허가 된 상태에서 국가 경제를 일으킨 주인공들입니다. 그러다 보니 국가 기반시설이 아무것도 없는 상황 속에서 끼니를 해결하는 문제나 자식 교육을 시키는 문제, 내 집 한 채 갖는 문제에 남다른 집착을 가질 수밖에 없는 역사를 살아 왔습니다. 물론 그 덕분에 우리나라가 눈부신 경제발전을 한 것은 사실입니다. 하지만 그와 동시에 부동산 거품도 덩달아 눈부시게 발전한 것도 부인할 수 없습니다.

　여하튼 다시 밥 얘기로 돌아가서, 우리나라는 희한하게도 만나서 하는 인사가 '밥 먹었냐'입니다. 사실 내가 밥을 먹든 말든 남이 무슨 상관인가요? 밥 사줄 것도 아니면서 말이죠. 헌데 더 이상한 건, 질문 받는 사람 역시 밥을 안 먹었어도 그냥 먹었다고 대답한다는 겁니다. 안 먹었다고 하면 상대가 불편해하니까요. 생각해 보면 참 별 꼴이 반쪽입니다. 그런데도 꼬박꼬박 깨알같이 끼니 챙겨먹었는지 물어봅니다. 끼니 때우는 것조차 쉽지 않았던 시대를 오랫동안 살아온 부모님 세대의 생활상이 그대로 전승된 것입니다. 게다가 교육열도 여간 대단한 것이 아닙니다. 단연 세계 챔피언입니다. 식민 치하로 고생하고 전쟁으로 폭삭 망해도 조선조부터 내려온 사농공상의 가치관은 흔들리지 않고 유유히 흘러, 자식 교육에 관한 이데올로기는 거의 신앙심 수준입니다. 가진 돈이 없고 배운 것도 없고 기술도 없으니, 믿을 것은 오직 자식 교육, 입던 옷을 팔아서라도 열을 올릴 수밖에 없었습니다. 이런 역사적인 맥락 속에서 내 집에 대한 열망도 더불어 무의식의 저변에 깊숙이 뿌리를 내리게 됩니다.

더구나 우리나라는 사계절이 뚜렷하여 극한의 더위와 추위가 공존하는 기후입니다. 주거조건이 열악하면 여간 살기 힘든 게 아닙니다. 대체 누가 사계절이 뚜렷한 살기 좋은 나라라고 했답니까? 돈 있는 사람들이야 그렇지, 주거 여건이 취약한 돈 없는 사람들은 이게 살 만한 날씨가 못 됩니다. 겨울엔 뼈를 에고 살을 찢는 외풍과 싸우고, 밤마다 연탄가스를 마셔가면서 강추위와 매일 같이 사투를 벌여야 합니다. 여름엔 또 너무 더워서 잠 한숨 못 이룰 지경입니다. 그뿐인가요? 모기와의 사투도 말로 다 못할 지경입니다. 그러니 내 집에 대한 열망이 더 커질 수밖에요. 사계절이 뚜렷한 살기 좋은 기후가 돈 없는 사람들에겐 이렇게 괴롭습니다. 좌우지간 우리 부모님 세대는 이런 환경 속에서 밥과 교육과 집에 대한 거대한 열망과 집착을 키워온 세대입니다. 밥 잘 먹고, 자식 교육 잘 시키고, 번듯한 집 한 칸 있으면 성공한 삶이라고 여기면서 철썩 같이 믿고 살아왔습니다. 이해하자고 들면, 사실 당연한 현상입니다. 그땐 모두가 다 그랬습니다.

문제는 이게 자식 세대에게 시대변화에 따른 반성 없이 날 것 그대로 전승됐다는 데에 있습니다. 하긴 이 정도로 오랜 기간 형성된 열광적 집착은 원래 반성이 잘 안 되는 법이긴 합니다. 무의식의 영역이지 합리적 이성의 영역이 아니기 때문입니다. 밥이야 이제 못 먹는 사람이 별로 없으니 상관이 없는데, 교육과 집에 대한 열망은 고스란히 자식 세대에게 투사됩니다. 곧 죽어도 좋은 대학을 나와야 하며, 곧 죽어도 내 집 한 칸은 가지고 살아야 자식이 성공했다고 여깁니다. '대졸 천국, 고졸 지옥', '내 집 천국, 셋방 지옥' 자식이 아무리 다른 얘기해도 소용없습니다. 좋은 대학 가서 좋은 교육 받고, 번듯한 내 집 한 칸 있는 것이야말로 성공한 인생이라는 부모님 세대의 확신은 절대 변하지 않습니다. 이걸 반대하면 세상 경험도 없는 놈이 건방지게 모르는 소리 한다고 꾸중합니다. 일면 맞는 말이긴 하나, 자식은 답답합니다. 허나 그러면서도 서서히 닮아갑니다.

집의 노예로 사는 것도 괜찮다면

세상이 변하다 보니, 부모님 세대 때 없던 것들이 생기기 시작합니다. 부모님 세대야 돈을 모아야만 집을 살 수 있었지만, 이제는 돈이 별로 없어도 은행에서 엄청난 돈을 빌려주어 집을 쉽게 살 수 있게 된 것입니다. 빚 내주는 금융이 눈부시게 발전한 겁니다. 게다가 정부정책과 법제도도 여기에 끊임없이 펌프질을 합니다. 내 집 마련의 강한 열망을 쉽게 할 수 있도록 정부가 나서서 꽉꽉 밀어주니 너도나도 집을 사기 시작합니다. 더군다나 그렇게 무리를 해서 집을 질렀더니 집값이 올라 큰돈까지 벌게 됩니다. 한 방에 인생 역전입니다. 열심히 일해서 성공한다는 것은 책에나 있는 말, 현실은 집 한 채 잘 사면, 여유와 풍요가 따라 옵니다. 집 사고 돈까지 벌게 되니 이보다 멋진 신세계가 또 어디 있을까요?

지난 시간, 10년이 넘도록 우리나라 국민들은 이런 구조 속에서 내 집 마련의 열망도 이루고, 더불어 한 몫 잡으면서 살았습니다. 대출받을 능력조차 없거나 소심해서(?) 빚내기 싫어하는 심장 약한 서민들만 소외되었을 뿐입니다. 상황이 이렇다 보니 집 값 올려준다고 하면 심지어 시장도 대통령도 갈아치웁니다. 시장이건 대통령이건 예외 없이 집 앞의 노예입니다. 눈 감고 찍어도 집값이 마구 올라가니, 돈 없어도 너도나도 집 사는 데 혈안입니다. 가계부채 문제가 아무리 심각해도 정부는 계속해서 더 대출을 받아 집을 사라고 권합니다. 술 권하는 사회가 아니라 대출 권하는 사회입니다. 더 싸게, 더 쉽게 마구 빚을 내라고 부추깁니다. 빈 터만 있으면 재건축이다 재개발이다 해서 아파트를 올려대고 온 나라를 아파트 공화국으로 몰아갑니다. 인건비를 올려달라고 하면 나라가 어려운데 어디 그딴 소리 하냐고 꾸짖으면서, 아파트로 돈 벌 수 있는 환경은 너무 잘 만들어 줍니다. 그러니 저 많은 아파트 가운데 내 것 하나 없으면 소외감과 열패감이 생기기 일쑤입니다. 대체 왜 이러는 걸까요? 이제 더 이상 집 안에 가족은 없고, 투기와 탐욕과 허세만이 가득합니다. 가정은 사라지고 가옥만, 가옥 중에서도 아파트만 남았습니다. 또한 이렇게 황폐해진 아파트 안에서 우리 자녀들은 너희 집 우리 집, 로열층 비로열층, 시세를 비교평가해가며 무럭무럭 자라납니다. 아이들이 자가, 전세, 월세, 임대, 대출 내용을 참 잘도 압니다.

그런데 이것도 이제 한계에 다다른 모습입니다. 그래도 세상엔 이치라는 게 있어서, 주구장창 한 오백 년간 가격이 오르는 재화는 없나 봅니다. 이제 하도 많은 사람이 빚을 내서 집을 산 터라, 더 이상 집을 살 수 있는 사람들이 없습니다. 정부가 부채질을 아무리 해대도, 가격상승을 이끌 수요가 말라버린 것입니다. 그래도 정부는 마른 수건을 계속해서 쥐어짭니다. 1~2%대까지 대출 금리를 내리겠다며 집을 사라고 계속 부추깁니다. 전세대책이라고 내놓고는, 들여다보면 대출 받아 집 사라는 얘기입니다. 그런데 생각해 보면 좀 이상합니다. 서민들의 소득을 높여주어 모은 돈으로 자연스레 집을 사게 하면 될 텐데, 대체 왜 이렇게 당장 빚을 내라는 걸까요? 대출 금융업이 국가의 근간이라도 되는 걸까요?

다시 개인으로 돌아옵시다. 하여간 이런 분위기 탓에 집에 접근할 때에는 투자가치나 대출 조달 금리 등을 따지기 이전에, 균형 있고 건전한 내 집 마련 가치관을 바로 세우는 것이 급선무입니다. 머릿속은 온갖 허세와 과시욕에 물들어 있으면서, 내 집 마련 방법을 물어보는 사람들이 가장 답답한 케이스입니다. 월 300만 원을 버는 신혼부부가 서울에서, 역세권에, 학군 좋은 동네에, 서른 평대 브랜드 있는 아파트를 어떻게 하면 살 수 있냐고 묻습니다. 답은 하납니다. 땡전 한 푼 안 쓰고, 10년쯤 저축하면 됩니다. 뻔한 답이죠. 그래도 그건 싫고, 무슨 도깨비 방망이라도 없겠느냐고 재차 묻습니다. 그러고는 대답도 안 듣고 은행 대출창구를 찾아가는 식입니다. 자기들도 알고 있는 것입니다. 뭘? 솔직히 말해서 해법이 없다는 거 말입니다. 어떻든 번듯한 아파트 한 채는 곧 죽어도 가져야 한다는 허황된 이미지에 온 정신이 꽂혀 있으면, 합리적인 컨설팅도 안 되고 알뜰한 가계 운영도 안 됩니다.

잘 살고 싶으면, 만사 제치고 무조건 집에 대한 가치관을 바로 잡아야 합니다. 이젠 부동산 대세 상승기도 꺾였으니 계속해서 이러다간 정말 쪽박 찹니다. 상환플랜도 없이 무리하게 대출 끼고 집을 사면, 순간 기쁠지는 몰라도 평생 가슴 칩니다. 일을 해도 보람이 없고, 일상은 불면의 밤과 압박감으로 가득 찰 것입니다. 이자 부담에 지갑 열기가 무섭고, 사람 만나는 게 두려워집니다. 돈 문제로 부부 간에 다툼이 잦아지고, 그 소리에 자녀는 불안감에 잠 못 듭니다. 혹시 이렇게 살고 싶으신 분?

그럼에도 절대 꿀리지 않는 비법

하지만 나는 곧 죽어도 중심가에 뽀대 나는 아파트 한 채 없이는 못 살겠다는 분들이 있을 겁니다. 그래서 이런 분들을 위해, 남 보기 그럴듯한 삶을 사는 노하우를 친절하게 알려드리려 하니 잘 들어보시기 바랍니다. 오랜 기간의 경험을 통해 터득한 비법입니다.

대전제는, 받을 수 있는 대출을 최대한으로 싹싹 긁어 다 끌어모아 담보대출 신용대출 자동차 할부 등 이용할 수 있는 레버리지를 모두 활용한다는 것입니다. 상환기간은 50년이든 100년이든 최대한 길게 하여 월부담액을 줄입니다. 나중은 어떻게 되든 현재가 중요합니다. 부모님께 지원 받을 수 있는 건 최대한 다 끌어다 지원 받습니다. 요즘 세상, 그게 당연한 부모의 도리라고 여기고 당당하게 요구합니다. 신용대출도 잊지 말고 다 받아야 합니다. 캐피탈, 저축은행 가리지 말고 끌어옵니다. 물론 있는 돈으로 해결할 수 있는 사람들은 해당사항 없으니 읽지 않고 넘어가도 됩니다. 소득은 일류가 아닌데, 겉보기엔 일류처럼 보이고 싶은 분들을 위한 내용입니다. 왜? 느낌 아니까.

먼저, 아파트를 사고 싶은 지역을 설정합니다. 내 소득이나 신용, 재산수준과 아무 상관없이 무조건 강남 3구나 분당 판교 지역에 집을 사야 합니다. 그래야 누군가 어디 사냐고 물어볼 때 폼 나게 대답할 수 있습니다. 직장이 강북이나 경기북부일지라도 무조건 이 지역에 집을 사세요. 이런 동네에 살면, 겸손한 태도로 아무리 작게 얘기해도 친구나 친지들이 귀신처럼 알아듣고 이렇게 반응합니다. "우와~ 돈 많나 보네! 그런 동네 살고……. 너 성공했나 보다~! 부럽다, 애~" 카아, 얼마나 듣기 좋습니까? 천사의 목소리가 따로 없습니다. 이 한마디면 온몸에 전율이 퍼지면서 지난 세월의 고생을 모두 보상 받는 기분이 들 겁니다. 집 한 채로 구구했던 인생을 역전한 것만 같습니다. 10년 묵은 체증이 한 방에 싹 가십니다. 어차피 한 번 사는 인생, 이런 소리는 들으면서 살아야죠? 사람 인생 폼생폼사, 강남 3구나 분당, 판교 신도시 빼면 그게 어디 사람 살 동네인가요? 루저들이나 사는 동네는 쳐다보지도 말아야 합니다.

허나 우리는 다른 지역 사는 사람도 존중하는 척해야 합니다. 그러면서 동시에 우리는 철저하게 이 지역을 고집해야 합니다. 지역은 자존심이니까요. 자존심 없는 사람들이나 다른 동네 살지, 멋을 아는 웬만큼의 사람들은 다 이 지역에 살지 않습니까? 아시다시피 이 지역은 학군도 좋습니다. 강남에서 명문대 많이 보내는 건 이미 오래된 사실입니다. 강남과 분당 판교만이, 자식의 성공 역시 견인할 수 있습니다. 오로지 이곳만이 진리입니다.

다음으로 브랜드 있는 아파트를 골라야 합니다. 아무리 지역이 좋아도 아파트가 한 번 딱 들어서 알만한 브랜드인 게 중요합니다. 브랜드야말로 화룡점정, 뽀대의 종착지입니다. 무조건 재벌 대기업에서 짓고, TV에서 광고하는 아파트에 들어가세요. 또한 지은 지 10년이 넘은 아파트도 기분상 한 수 밀리니, 무조건 지은 지 10년 안 된 아파트여야 합니다. 삼성, GS, 대림, 롯데, 동부, 대우, 경남, 이 정도면 어디 가도 꿀리지 않습니다. 아파트 브랜드 가치, 절대 물러설 수 없는 영역입니다. 꿀림은 곧 죽음입니다. 이름은 또 얼마나 예쁩니까? 래미안, 자이, 이 편한 세상, 캐슬, 센트레빌, 푸르지오, 아너스

빌 등 그 이름만으로도 남들이 한 번에 척척 알아들어 주니, 이게 대기업 아파트 사는 프리미엄 아니겠습니까? 중소기업에서 지은, 이름도 잘 모르는 아파트는 이류 삼류들이나 사는 곳이지요. 가오 떨어집니다.

다음으로 평수는 무조건 30평 이상으로 가야 합니다. 그래야 남들이 집들이 왔을 때, 널찍한 거실에 고급 소파와 최신형 가전제품을 놓고 자랑할 수가 있습니다. 물론 너무 자랑하는 티는 내지 말고, 겸손한 척하면서 별 거 아니라는 식으로 이야기해야 더 폼이 납니다. 그리고 무슨 돈이 있어서 이런 걸 샀느냐고, 남편이 혹은 와이프가 무슨 일을 하냐고 물을 때는 세심한 주의가 요구됩니다. 유도심문에 말려 덥석 자랑질을 하지 말고, 우리가 무슨 능력이 있냐고, 우리가 산 게 아니라 어른들이 사주신 거라고 슬쩍 한술 더 떠 봅시다. 듣는 이들이 더더욱 부러운 눈빛으로 오만상 호들갑을 떨 겁니다. 이쯤이면 되겠지 하면서 겸손을 풀고 여기에 맞장구를 치면 절대 안 됩니다. 더욱 차분한 어조로 분에 넘치는 것을 받아서 어른들께 너무 죄송하다고 겸양의 자세를 보여야 합니다. 이래야 인격의 완성입니다.

마지막으로 집 안의 가구나 가전제품이 무슨 브랜드니 품질이 어떠니 하면서 거들먹거리면 안 됩니다. 굉장히 없어 보입니다. 마치 그 브랜드가 무엇인지 모르는 양 하면서 '그게 그렇게 좋은 거였어?'라는 반응을 보이며 흠칫 놀라는 척해야 합니다. 모르는 척해도, 놀러온 사람들이 기가 막히게 잘 알고 있습니다. 이 브랜드가 얼마나 역사 깊은 브랜드이며, 이것이 왜 명품인지에 대해 친절하게 설명도 해줄 겁니다. 브랜드에 너무 해박해도 고상한 맛이 없습니다. 그런 쌘티나는 역할은 손님들이 하도록 내버려 둡시다. 몰랐다는 듯 잠자코 듣고 있다가 다소곳하게 한번 웃어주면 됩니다.

다음으로 무엇보다도 집에 어울리는 차를 굴려야 합니다. 차는 집보다도 남들한테 더 자주 노출되기 때문에 가오 세우기 가장 좋은 아이템입니다. 무조건 번쩍번쩍한 수입차로 뽑아야 합니다. 국산차는 절대 안 됩니다. 그게 어디 사람 탈 차인가요? 강남 3구, 분당 판교에서 국산차가 말이 됩니까? 독일산 프리미엄 브랜드로 뽑아서 일주일에 한 번씩 왁스 먹이고 다녀야 합니다. 오일은 못 갈아도 왁스는 칠해야 합니다.

철 지난 중고는 있을 수 없는 일, 최신형 모델로 뽑아서 명품 선글라스를 착용해 주고, 운전석 창문 반쯤 열고 다녀야 패션의 완성입니다. 선글라스는 옆에서 봤을 때 브랜드 로고가 크게 보이는 디자인으로 고릅시다.

자, 이제 현실적인 돈 문제로 들어가 봅시다. 확실한 해법이 있으니 소득이 적다고 실망하지 않아도 됩니다. 조금 힘은 들지만 강력한 의지만 있다면 위의 모든 것을 다 이룰 수 있습니다. 우선 모든 기부를 다 끊어버립니다. 기부하는지 안 하는지 남들이 절대 모릅니다. 지인들에게 면 세우는 게 우선이지 이 사회에 어떤 사람들이 어떻게 어렵게 살고 있는지는 중요치 않습니다. 모든 기부를 끊고 철저하게 남 보기 좋은 지출로 돈을 집중해야 합니다. 허나, NGO단체 몇 개 정도는 약간의 공부를 해둘 필요가 있습니다. 아동 구호 단체 같은 곳이면 더 좋습니다. 아이들 돕는다고 하면 정치성향이나 가치관에 상관없이 모두가 다 좋게 생각하니까요. 어떻든 기부 이야기가 나왔을 때, 한두 마디 거들면서 교양 있는 대화를 할 줄 알아야 남들이 돌아서서 욕하지 않습니다. 혹 교회에 다닌다면 헌금이나 십일조 등도 당장 끊어야 합니다. 절에 다니는 분들도 불전함은 쳐다도 보지 말고 기도나 할 일입니다. 진정한 종교는 돈으로 사람을 판단하지 않습니다. 주님은 사랑이시며 부처님은 자비로우십니다. 이와 함께 친척들 모임이 있을 때 조카 용돈 같은 건 절대 주면 안 됩니다. 갚을 돈이 얼만데 조카 용돈 따위 줄 여유가 어디 있습니까? 아이들이 어려서부터 돈 맛을 알면 버릇 없어집니다. 이것을 철저하게 내면화하여 확신을 가질 필요가 있습니다. '무분별한 용돈이 아이를 망친다.' 열 번 암송하시기 바랍니다. 그러지 않으면 볼 때마다 미안해집니다. 마인드 컨트롤을 매일 아침 거울 보며 반복할 필요가 있습니다. 명심합시다. 미안하면 지는 겁니다. 어디 조카 따위가!

명절에 고향 내려가는 것도 이제부턴 금합니다. 명절에 내려가면 부모님께 용돈 드려야 되고, 아이들 세뱃돈 부담도 커집니다. 명절은 함께 모여 덕담하고 조상님께 감사하는 날이지 애들 돈 주는 날이 아닙니다. 세뱃돈이 아이들 망칩니다. 어린 것들을 불로소득에 길들이는 독약 같은 인습입니다. 솔직히 설날도 현대인의 생활패턴과 맞지 않는 음력을 세고 있으니, 이에 대한 비판의식을 가지고 설을 거부하면 됩니다. 추석도 마찬가집니다. 이젠 산업사회, 농사짓는 사람도 거의 없는데, 추석이 웬 말입니까? 합리적이고 도시적인 우리에겐 명분이 있습니다. 쫄지 마세요. 명절은 사치입니다. 명절 연휴에는 아르바이트를 해서 대출상환과 할부금 부담에 보태야 합니다. 명절 연휴에는 아르바이트 자리가 많습니다. 그리고 밤에 할 수 있는 아르바이트를 하나씩 해야 합니다. 월급만으로는 대출이다 할부다 모두 갚기 힘들기 때문에 추가적인 소득이 필요합니다. 어차피 투잡, 쓰리잡, 멀티잡 시대인데, 시대흐름에 동참한다는 마음으로 아르바이트를 하시기 바랍니다.

될 수 있으면 속옷은 입지 않는 게 좋습니다. 삼각팬티와 브래지어가 사실 건강에 별로 좋지 않습니다. 어차피 남들 눈에 보이는 것도 아닙니다. 좋은 속옷 입어봐야 알아봐 주는 사람도 없습니다. 건강 생각한다는 마음으로 속옷은 평생 입지 않기를 권합니다. 그만큼 생활비가 줄어듭니다. 집에서 가족끼리 밥 먹을 땐 무조건 밥 한 공기와 김치 한두 조각으로 때웁니다. 현대인은 영양과잉입니다. 너무 많이 먹어 문제이지 못 먹어 문제인 사람 없습니다. 현대 사회의 병폐에 정면으로 맞서 싸운다는 생각으로 남들 안보는 데에서는 무조건 밥과 김치 이외는 먹지 않도록 합시다. 자연스러운 다이어트 효과가 생겨 몸매도 좋아집니다. 몸매 만들려고 돈 들여 피트니스센터를 다닐 필요가 없어지기에 추가적인 비용절약 효과도 생깁니다. 일석이조이죠.

운동은 늘 걷기 운동을 합니다. 사람을 만나는 자리가 아니라면, 혼자서 용무 볼 때는 무조건 걷거나 뛰어다녀 보세요. 기름 값도 아끼고 운동도 됩니다. 특별한 일이 없으면 대여섯 시간 정도는 기본으로 걸어 다니는 습관을 들여 보시기 바랍니다.

또한 집에 가족들끼리 있을 때는 TV도 보지 말고, 불도 켜지 말아야 합니다. 에너지난이 심각합니다. 애국한다는 마음으로 적극적으로 에너지 절약에 동참하세요. 저절로 모범시민이 되는 마술이 일어납니다. 영하 10도 이하로 내려가기 이전엔 절대 난방도 하면 안 됩니다. 기름 한 방울 안 나는 나라에서 기름 많이 쓰는 것도 죄악이라 여기고, 두꺼운 패딩점퍼를 입고 지내는 것을 생활화합니다. 손님이 오지 않을 때는 거실과 방에 항상 두툼한 이불을 펼쳐두고 가족끼리 오순도순 모여 앉아 대화의 시간을 가지면 절로 웃음꽃이 피어나는 행복한 가정이 됩니다. 추워서 꼭 붙어 앉게 되니 더욱 가까워집니다. 요즘 가족 간에 대화와 스킨십이 부족한 집이 많습니다. 저절로 이런 문제가 해결되니 얼마나 좋은가요. 웃음꽃 피어나는 행복한 우리 집, 상상해 보세요.

소모성 생활용품들은 무조건 다 중고로 사야 합니다. 가격이 훨씬 저렴합니다. 중고나라 인터넷 카페를 이용하면 웬만한 물건들은 다 중고로 거래가 되니 적극 활용하며 살아야 합니다. 어차피 새 것 사봐야 사는 순간 중고가 됩니다. 남들 눈에 보이지 않는 것들은 모두 중고로 사도록 합시다. 자랑할 것도 아닌데 중고면 어떻습니까? 그리고 여자들 화장품은 무조건 집에서 만들어 씁시다. 화장품 값 장난 아닙니다. 인터넷 검색하면 스킨, 로션 만드는 법이 잘 나와 있습니다. 화장품을 집에서 만들어 쓰면 한 해에 몇백 만 원 아낍니다. 화장품과 더불어 비누도 만들어 쓰고 샴푸, 린스 모두 사용하지 말고 식초로 해결하면 됩니다. 밤이 되면 에너지 절약하느라 집이 어두울 테니, 환한 낮에 거실에 오순도순 모여 앉아 만들어 보도록 합시다. 아이들에게도 산교육이 되겠습니다. 돈 주고 종이접기도 배우는데, 집에서 비누와 화장품을 만들어 쓰니 이 또한 과외적인 소득 아닐까요? 아, 그리고 이는 굵은 소금으로 닦으세요. 선조들의 지혜가 배어 있습니다. 온고지신의 가풍이 흐릅니다.

빨래는 무조건 손빨래입니다. 어차피 세탁기는 남 보여주기 용입니다. 아끼고 아껴 수명을 연장합시다. 그렇다고 아예 사용을 안 하면 또 금방 고장 나니까 고장 나지 않을 만큼 한 달에 한 번 정도만 세탁기를 돌려주면 됩니다. 손빨래를 하면 이것 역시 운동효과가 있습니다. 자세를 바로 하여 허리 부담을 줄이면 팔의 근력과 다리 근육이 발달합니다.

결혼식이 있을 때는 바쁘다는 핑계로 무조건 참석하지 않습니다. 축의금 부담이 사라집니다. 다만 아예 모른 척하면 관계가 상하니, 싸게 구할 수 있는 물건을 사서 선물을 보내세요. 바빠서 못 갔다며 미안해하면서 좀 지난 후 선물을 하면 축의금 낸 것보다 더 깊이 각인되는 효과를 낼 수 있습니다.

쓰레기는 종량제 봉투를 사지 말고 일반 비닐봉지나 박스에 담아 주변에 있는 학교 휴지통이나 소각장에 버립니다. 학교에 운동 삼아 걸어가서 한 바퀴 조깅한 후 쓰레기를 버리고 오면, 기분도 상쾌하고 좋습니다. 쓰레기를 버릴 때마다 멀리 가야하기 때문에 쓰레기를 줄이는 생활습관도 덤으로 얻을 수 있죠.

자녀 교육비도 아낄 마음이 있다면 금상첨화입니다. 부모가 스스로 공부해서 학원 강의를 대신해서 공부하여 가르치면 정말 큰돈을 아낄 수 있고, 자녀와 함께하는 시간도 많아질 것입니다. 남들 드라마 보면서 낄낄 댈 시간에 영어, 수학, 국어, 역사 등을 공부하면, 본인의 머리도 좋아지고 집중력도 향상됩니다. 더불어 치매를 예방하는 데에도 탁월한 효과가 있습니다. 지식습득과 건강을 모두 챙기는 일거양득입니다.

인생사 일체유심조, 마음과 의지가 있으면 안 될 것이 없습니다. 위에서 열거한 것들만 잘 지켜 습관화한다면 아마도 그 누구에게도 꿀리지 않고, 광빨 날리며 가오 서는 삶을 살 수 있습니다. 곧 죽어도 지금 당장, 기죽고는 못 살겠다 하는 분들이라면, 꼭 생활화하여 멋진 신세계를 경험해 보시기 바랍니다. 초일류의 분위기가 철철 넘쳐 날 것입니다. 레알 부자로 가는 절약과 검소는 어려워도, 일류처럼 보이기 위한 뽀대용 절약은 상대적으로 쉬운 법입니다. 절약의 효과가 미래가 아닌 현재진행형 광빨로 드러나 보이기 때문이죠. 인간이 원래 그렇습니다.

주택 시장의 요지경

이제는 세상이 바뀌어 부동산 시장이 전반적으로 침체를 겪다 보니, 경험해 보지 못한 희한한 일들이 생깁니다. 그 대표적인 케이스가 바로 전세가가 매매가를 넘어서는 현상입니다. 참으로 이상하죠? 집을 사는 가격보다 집을 빌리는 가격이 더 비싼 겁니다. 몇 년 전만해도 꿈에도 상상하지 못했을 일들이 눈앞에서 현실로 펼쳐지고 있는 거죠. 이는 우리나라에만 존재하는 전세라는 독특한 제도와 함께 오랫동안 부풀어온 부동산 거품 붕괴가 함께 맞물려 일어나고 있는 현상입니다. 일단 전세에 대해 좀 이야기해 보고, 다시 전세가 역전 현상으로 넘어가 보도록 하겠습니다.

전 세계 어디를 가도 집을 사는 가격보다 집을 빌리는 비용이 더 높은 나라는 없습니다. 사실 상식적으로 말이 안 되는 일이죠. 대한민국에만 있는 독특한 제도, 전세제도가 없이는 일어날 수 없는 일입니다. 월세가 집값보다 비쌀 수는 없으니까요. 기본적으로 전세는 다른 나라 어디에도 없는 제도입니다. 한국은 집 한 채에 대한 가격이 분양가, 매매가, 전세가 세 가지로 나뉘어져 있어서, 일물일가가 아닌 일물삼가의 이상한 구조를 가지고 있습니다. 똑같은 하나의 물건인데 하나가 아닌 세 개의 가격을 가지고 거래되고 있는 것이죠. 분양되는 가격 따로, 매매되는 가격 따로, 세 주는 가격 따로. 아파트 값이 새 것보다 헌 것이 더 비싸니 이도 참 기상천외한 일입니다. 새 아파트를 사는 것과 동시에 가격이 올라버리는 거죠. 그러니 아파트 하나 청약 받으려고 밤새도록 줄을 서서 장사진을 치고 전쟁통을 방불케 합니다. 물론 이제는 많이 사라진 광경이긴 하지만요.

그건 그렇고, 이 세 가지 가격 중에서 전세가는 그 집의 투자가치를 배제한 사용가치를 의미하는 가격입니다. 즉, 전세가가 3억 원이라 치면, 3억 원을 주고 들어가 생활할 만한 집이라는 뜻입니다. 하우스가 아닌 홈으로서의 가격입니다. 투자에 대한 고려가 없는 가격입니다. 아파트 매매가가 5억 원인데 전세가가 3억 원이라고 한다면, 이 집을 사용하는 데 필요한 비용은 3억 원에 불과한 것이고, 매매가 5억 원에서 전세가 3억 원을 뺀 나머지 2억 원은 이 집의 투자가치에 해당하는 비용이라고 볼 수 있습니다. 한마디로, 전세를 끼고 사면 2억 원밖에 들지 않으니, 2억 원을 투자해 시세차익을 노리는 투자비용입니다. 좋게 말하면 투자비용이고, 나쁘게 말하면 투기비용입니다. 게다가 1억 원을 은행에서 대출 받으면 내 돈은 1억 원밖에 투자되지 않습니다. 1억 원으로 5억 원짜리 집을 사서 레버리지를 크게 쓰는 하이리스크 투자를 하는 겁니다. 그러면 집값이 10%만 올라도 5,000만 원이 생기니, 들어간 내 돈 대비해서는 50%의 막대한 수익이 생기는 것이죠. 레버레지니 하이리스크니 공급부족이니 운운하면 그럴싸한 투자 같이 들리지만, 그냥 도박에 가까운 투기라고 보는 게 맞습니다.

원래 학문적인 개념어를 써서 얘기하면 모든 게 좀 그럴싸하게 들립니다. 소위 재테크 전문가라는 사람들이 이런 식으로 말을 잘합니다. 아파트값이 오르면 오르는 대로 지금이 투자수익을 낼 수 있는 매입의 적기라고 말하고, 아파트값이 떨어지면 떨어지는 대로 지금이 싸게 살 수 있는 매입의 적기라고 말합니다. 이러나저러나 결국 집 사라는 소리입니다. 참 기묘하게도 상황은 반대인데, 결론은 늘 한결 같습니다.

각설하고, 전세제도가 계속 유지되기 위해서는 두 가지의 전제조건이 필요합니다. 첫째는, 아파트 가격이 계속 오른다는 투자자의 확신이 있어야 하고, 둘째는 저금리라는 배경이 필요합니다. 생각해 보세요. 아파트 가격이 오른다는 확신이 없는데, 내가 들어가 살지도 않을 집을 몇억 원씩 주고, 전세 끼고 사는 사람이 어디에 있겠습니까? 몇백, 몇천만 원도 아닌 몇억 원이 들어가는 투자인데 말이죠. 이 짓을 전 국민이 똘똘 뭉쳐 10년 넘게 같이 해 온 겁니다. 왜? 정부와 지자체가 온갖 정책을 써가면서 펌프질을 해댔기 때문이죠. 이런 정책 배경이 있었기에 들어가 살 집이 아니라 할지라도 비싼 아파트를 전세 끼고, 대출 끼고, 낮은 비용으로 질러댈 수 있었습니다. 하지만 이것도 한계에 다다라 급격하게 불패신화가 무너지고 있는 형국입니다. 나라 전체의 부는 정해져 있는 법, 한정 없이 계속 가격이 오를 수는 없는 노릇이죠.

또한 전세제도의 뒷받침을 위해서는 낮은 은행금리가 필수조건입니다. 금리가 높으면 전세 들어가는 사람들 입장에서는 전세로 돈을 묶어두는 것보다 그 돈을 은행에 넣어두는 것이 더 이득입니다. 투자에 대한 스트레스 없이 이자가 꼬박꼬박 많이 나오는데, 전세로 들어갈 이유가 없는 것이죠. 차라리 이자 많이 받아서 월세 사는 게 낫습니다. 이렇게 금리가 높게 유지되면 전세 수요가 적어지고, 그 결과 가격은 내려가게 됩니다. 수요 공급의 법칙상 당연한 소립니다. 그리고 집에 투자하는 사람 입장에서도 자금 조달금리가 낮아야 이자비용이 낮아지므로 집에 투자하기가 쉬워집니다. 그래서 정부는 어떻게든 금리를 낮게 가져가려고 안간힘을 써왔습니다. 이게 생각해 보면, 결국 차곡차곡 돈 모아서 저축하는 사람들에게는 저축이자를 덜 주고, 덜 준 이자만큼 부동산 투기를 하는 사람들에게 자금지원을 해주는 꼴과 다를 바가 없습니다. 저축한 사람 주머니에서 돈 빼서 대출 받은 사람 주머니에 돈 넣어주는 겁니다. 이게 뭡니까? 결과적으로 성실하게 일해서 한 푼 두 푼 저축하기보다는 무리해서라도 집을 질러대라고 부추기는 것과 무엇이 다른 걸까요?

사정이 이러하니, 집값과 전셋값은 미친 듯이 계속 상승해왔고, 결국 서민들은 착실히 일해서는 우리 가족 편히 누울 집 한 채 마련하는 것이 불가능에 가까운 상황이 되어 버렸습니다. 번듯한 회사의 샐러리맨이 10년간 땡전 한 푼 안 쓰고 돈을 모아야 서울에 아파트 겨우 한 채를 삽니다. 제 정신 가진 사회라고 볼 수가 없죠. 그래서 결국 어떤 세상이 됐나요? 국민 모두가 부동산 투자다, 주식 투자다 해서 건전한 근로소득이나 사업소득이 아닌 재테크에 미쳐 돌아가는 상황이 됐습니다. 그렇게 안하면 집 한 칸 마련 못하고, 결국 세만 살다 한 인생 마감하게 될 게 뻔하니, 재테크에 미치지 않으면 오히려 그게 더 이상한 것 아닐까요? 국민들만 탓할 일도 사실 아닙니다. 하지만 해법은 개개인 스스로가 고민해야 합니다. 정부가 풀어줄 의지가 없기 때문이죠. 최근 전세대책이라고 내놓은 것도 대출 받아 아파트 사라는 내용입니다. 실상 말만 전세대책일 뿐, 대출 장려책에 지나지 않죠.

하지만 아무리 부채질을 해대도 이제 집값 상승은 한계에 부딪힌 상황입니다. 이러다보니 무리해서 집을 산 집주인들은 대출 부담을 이기지 못해 전세가를 점점 더 올리고 있습니다. 그나마 자금 여유가 조금 있는 사람들은 전세로 인해 발생하는 이자수익이 적으니 월세로 전환하고 있고요. 전세가 귀해진 이유가 바로 여기에 있습니다. 엎친 데 덮친 격으로 집이 필요한 사람들은 집값 상승의 기대가 없다 보니 집을 사기보다는 점점 더 전세를 선호하게 됩니다. 이래저래 전세가가 근 시일 내에 떨어질 요인은 별로 없습니다. 결국 전세는 가면 갈수록 보기 힘든 희귀한 제도가 될 것입니다. 투자수익을 내기가 힘들다 보니 집의 사용가치와 투자가치가 점점 평준화되고 있는 과정이죠. 장기적으로는 좋은 현상이나, 단기적으로는 전세가가 고공행진을 계속 할 것입니다.

하늘을 찌르는 집값의 폐해

얘기 나온 김에 집값이 이렇게 높은 것이 얼마나 국가 경제에 나쁜 영향을 미치는 악성 문제인지 한마디만 더 하고 갑시다. 언론이나 정부나 지자체는 이런 얘기를 잘 안 하니까요. 비유하자면 집값이 비싼 것은 주가가 올라 주식값이 상승한 것과는 근본적으로 차원이 다른 문제입니다. 재테크라는 측면에서는 같을지 몰라도, 집은 주식과 본질적으로 성격이 다릅니다. 집은 재테크 이전에 생존에 관련된 필수 재화이기 때문입니다. 사람이 먹고사는 데 가장 기본적인 것이 무엇일까요? 바로 의식주입니다. 음식, 옷, 집입니다. 초등학교 때부터 배워서 누구나 다 알고 있을 겁니다. 이거 없이 살 수 있는 사람 없습니다. 그래서 채솟값이나 고깃값 등 식재료비가 올라가면 서민 가정은 직격탄을 맞습니다. 안 먹고는 못 사니까요. 당연한 거 아닌가요? 무나 배춧값이 1,000원에서 2,000원으로 뛰면 식재료비 부담이 두 배로 올라갑니다. 지출에서 식재료비 비중이 작은 부자들이야 이게 두 배라기보다는 단 돈 천 원에 불과하겠지만, 식재료비 비중이 큰 서민 가정에서는 두 배의 부담으로 고스란히 다가옵니다.

그럼 집은 어떻습니까? 주식 투자야 안 하는 사람들이 더 많지만, 집이 필요 없는 사람은 없습니다. 돈이 많든 적든 무조건 집은 있어야 합니다. 주식시장의 주가가 아무리 올라도 내가 주식 투자를 하지 않으면, 비싼 주식을 사야 할 이유가 없습니다. 주식 가격이 비싸든 싸든 내 생활과는 상관없는 애깁니다. 그런데 집값이 오르면? 오른 만큼 고스란히 폭탄을 맞습니다. 2억 원짜리 집이 3억 원으로 1억 원 오르면, 전세도 덩달아 4,000~6,000만 원 오릅니다. 월세는 월 50~70만 원 정도 오릅니다. 월급이 한 달 300만 원이라고 치면, 전셋값으로 일 년 연봉을 한 푼도 안 빼고 모조리 갖다 바쳐야 합니다. 그래도 모자랍니다. 대체 어떡하란 얘깁니까? 일 년 넘게 거지로 살라는 건가요? 만일 월세로 살고 있다면, 한 달 생활비에서 50~70만 원을 빼고 살아야 합니다. 차도 사지 말고, 문화생활도 하지 말고, 애 학교도 보내지 말고, 외식도 하지 말고, 집과 회사만 왔다 갔다 하고, 잠만 자란 말인가요? 서민 입장에선 정말 환장할 노릇입니다. 사정이 이러니 경기가 살아날 수가 없습니다. 모두가 허리띠를 졸라맬 수밖에 없고, 내수는 얼어붙습니다. 대기업을 아무리 지원해 줘도 경기 안삽니다. 물건을 만들면 뭐합니까, 살 사람들이 돈이 없는데. 당연한 얘기 아닌가요? 이렇듯 집값 상승은 전 국민에게 무차별적으로 생활비용을 높이기 때문에 너나없이 모두가 고통 받게 됩니다. 악성 중의 최고 악성입니다. 생각할수록 속이 답답합니다.

돈은 피와 같은 거라 돈이 잘 돌아야 경제가 튼튼해지는 법입니다. 부동산 시장에서 돈이 콱 틀어 막혀 제대로 돌지 않으니 문제입니다. 온 나라가 부동산 투기판이니 돈 번 사람들이 또 부동산이나 보러 다닐 뿐, 번 돈이 건전한 소비지출로 이어지질 않습니다. 투기해서 돈 벌 게 천지에 널렸는데, 다른 데 돈 쓸 이유가 없죠. 그리고 원래 100억 원 정도 있는 사람들은 100억 원 더 벌었다고 돈을 두 배로 쓰지 않습니다. 100억 원이 있으나 200억 원이 있으나 생활에서 돈 쓰는 소비패턴은 거의 같습니다. 100억 원이 더 있다고 밥을 두 배로 먹거나, 운동을 두 배로 하거나, 영화를 두 배로 보거나, 아이들 학교를 두 군데 보내거나 하지는 않죠. 또 다른 투자처를 찾아 나설 뿐입니다. 그렇기에 고소득층의 추가적인 소득은 경기회복에 큰 영향을 미치지 않습니다. 중·저소득층의 소득 상승이 경기회복에 직접적인 영향을 미치는 것이죠. 그러나 월급 5만 원 오를 때, 전세는 3,000만 원 오르고, 월세는 20만 원 오르니 살맛이 안 납니다. 이런 연유로 나라 경제가 동맥경화에 걸려 있습니다. 이를 뚫어줘야 경기가 살고 모두가 행복해집니다. 하지만 정부는 별로 그럴 생각이 없습니다. 왜일까요? 막힌 곳을 뚫어 동맥경화를 치료하려고 하니 수술을 해야 하고, 피가 나고 아프다는 겁니다. 당연한 것 아닌가요? 수술하면 당연히 아픕니다. 삼척동자도 다 아는 얘깁니다. 하지만 맨날 엄살을 떱니다. 수술이 너무 아파서 죽을 것 같다는 겁니다. 부동산 시장이 정상화 돼서 죽은 나라 한 군데도 없는데 말입니다.

부동산 시장이 무너지면 건설사가 무너지고, 건설사가 무너지면 다른 산업이 모조리 망할 것처럼 호들갑을 떱니다. 서민 중산층 무너지는 건 그렇게 관대하면서 집 가진 사람들과 건설사 무너지는 건 목에 칼이 들어와도 안 될 일이라고 합니다. 그러면서 어영부영 시간은 흘러가고 동맥경화는 점점 심해져 지금은 거의 사망 직전입니다. 자연적으로 터져버릴 위기에 와있습니다. 최악의 시나리오입니다. 이래도 죽고 저래도 죽는다면 수술이라도 해보는 게 좋을 텐데, 곧 죽어도 수술은 안 합니다. 차라리 그냥 죽겠다는 태세입니다. 일관성 하나는 끝내줍니다. 어떻든 정부의 의지와 상관없이 집값은 하락 일로를 걷고 있습니다. 이젠 우리 스스로 현명하게 대처할 일만 남았습니다. 집값 떠받치려고 계속 발악을 하더라도 앞으론 화내지 맙시다. 어차피 내려갈 건데 건강이라도 챙겨야죠.

임차인을 위한
부동산 상식

깡통전세 해결법

앞서 말한 것처럼, 부동산 거품이 꺼지다 보니 일부 지역에선 전세가가 매매가를 역전했습니다. 이제껏 겪어보지 못한 기상천외한 일들이 생겨 낭패 보는 사람들이 생기기 시작합니다. 피와 땀으로 벌어들어간 아파트 전세금을 홀랑 날릴 위기에 처한 사람들이 급증하는 겁니다. 전세 들어올 때는 은행 근저당이 별로 문제가 안 됐는데, 매매가가 전세가보다도 낮아지는 요지경이 벌어지니 깡통전세들이 생기기 시작한 것입니다. 이런 일이 생기리라고 누가 상상이나 했겠습니까? 높은 전세가 부담도 돌아버리겠는데, 깡통전세로 두 눈 뻔히

뜨고 몇천, 몇억 원을 날리게 생겼으니 이건 정말 돌아가실 지경입니다. 이럴 때일수록 현명하게 대처해야 합니다. 주의사항과 몇 가지 대처법을 통해서 간략하게 상식을 쌓아봅시다.

 부자 아빠 필수 상식

1) 대항력이란?

이미 발생하고 있는 법률관계를 제3자에게 주장할 수 있는 효력을 말합니다. 주택임대차에서 대항력이란, 임차인이 임대인 또는 임대인에게 소유권을 양수한 제3자로부터 임대차계약기간 동안 그 임대주택에서 퇴거당하지 않고 살 수 있는 권리를 말하고, 입주자가 임대보증금의 전액을 다 받을 때까지는 그 임대주택에 거주하며 대항할 수 있다는 것을 말합니다. 한마디로 빚쟁이가 와서 나가라고 해도 계속 살 수 있는 권리입니다. 이 대항력을 갖추기 위해서는 등기를 하거나, 전입신고와 점유취득(실거주)을 동시에 만족해야 합니다.

2) 확정일자란?

확정일자란, 법원이나 동사무소에서 주택임대차계약을 체결한 날짜를 확인해 주기 위하여, 임대차계약서 여백에 찍어 주는 도장에 표시된 날짜입니다. 경제적 약자인 임차인이, 집 주인이 꺼리는 전세권 등기를 요구하기 어려운 현실을 감안하여, 입주(실거주)와 전입신고를 한 임차인에게 경매 시 배당에 참여하여 후순위 담보물권자보다 우선적으로 보증금을 받을 수 있도록 한 제도입니다. 일반적으로 가장 많이 이용하는 방법은 읍·면·동사무소에서 확정일자인을 받는 것으로, 주민등록 전입신고와 동시에 확정일자를 받을 수 있어 가장 손쉬운 방법입니다.

3) 경매 시 배당 순위

1순위	소액 임차보증금 중 일정액 근로자의 최종 3개월분 임금채권, 3년분 퇴직금채권, 재해보상금채권
2순위	당해세(경매부동산에 부과된 국세, 지방세)와 체납가산금
3순위	선순위 국세, 지방세
4순위	담보물권, 임차보증금
5순위 이하 생략	

임대차계약에서 가장 중요한 건 역시 등기부등본 확인입니다. 큰 계약인 만큼 뭐든 꼼꼼하게 확인해야 합니다. 설렁설렁하면 큰 코 다 칩니다. 등기부등본은 대법원 인터넷등기소에서 누구나 쉽게 조회하고 발급 받을 수 있으니 참고하시기 바랍니다. 임대차계약을 할 때는 꼭 등기부등본을 발급 받아서 소유자 본인이 맞는지 확인하고, 반드시 소유자 본인과 계약을 해야 합니다. 만일 대리인이 계약하는 경우는, 대리인에게 대리권이 있는지를 확인한 후 계약해야 하고요. 대리인과 계약할 때는 임대인 본인이 서명하고, 인감도장을 날인한 위임

장, 인감증명서와 대리인의 신분증을 확인하고 계약해야 합니다.

그다음에 등기부등본을 뗐으면, 저당, 근저당, 가압류, 가처분, 가등기 등의 권리가 설정되어 있는지를 확인해야 합니다. 본인보다 먼저 설정된 권리가 있으면 집이 경매로 넘어갔을 때 보증금을 못 받을 수 있으므로, 가능하면 선순위 권리가 없는 집을 고르는 것이 좋습니다. 그러나 선순위 권리가 있는 집을 계약하고자 할 때는 선순위 권리를 꼼꼼히 들여다봐야 합니다. 근저당이 설정되어 있을 때는 채권최고액과 본인의 임차보증금을 합친 금액이 시세의 최대 70%를 넘지 않는 것이 좋습니다. 그렇지 않으면, 경매로 넘어갈 때 시세하락과 유찰에 의해 보증금을 못 받을 가능성이 높습니다.

다음으로는 반드시 전입신고를 하고 확정일자를 받아둬야 합니다. 전입신고를 하지 않으면 대항력이 없고, 확정일자를 받아두지 않으면 경매로 넘어갔을 때 우선변제권이 없습니다. 만일 보증금을 올려서 재계약하고자 할 때는, 재계약 전에 등기부등본을 발급 받아 그동안 새로운 근저당이 설정되어 있는지, 다른 선순위 권리가 생긴 것은 없는지 확인합시다. 새로운 근저당이 있다면, 채권최고액을 보고 주택시세를 고려해서 재계약 여부를 판단해야 합니다. 재계약을 할 때는 보통 이런 과정을 생략하고 하는 분들이 많은데, 그러면 안 됩니다. 재계약을 한 후에도 확정일자는 반드시 받아둬야 하며, 새 계약서와 기존의 계약서를 함께 보관해야 하고, 새로 체결한 계약서에는 기존 임대차 계약서가 유효하다는 특약사항을 기재해 넣어야 합니다. 아는 것이 힘입니다.

그럼 이사를 가야하는데 주인이 전세보증금을 안 주거나 못 줄 때는 어떻게 할까요? 이때는 우선 법원에 '지급명령'을 신청해야 합니다. 지급명령은 소송을 거치지 않고 법원이 서류 심사만으로 지급명령을 내려, 채권분쟁을 빠르게 해결해 주는 제도입니다. 법원에 계약서, 내용증명 등 관련 자료를 제출하기만 하면 신속하게 처리됩니다. 주인이 명령 받은 뒤 2주 안에 이의신청을 하지 않거나, 이의가 각하되면 지급명령이 확정되고, 세입자는 집주인의 재산에 대해 강제 집행할 권리를 갖게 됩니다.

지급명령 외에 '보증금반환 청구소송'도 있습니다. 재판은 1회를 원칙으로 하며, 집주인이 재판에 출석하지 않거나 답변서를 내지 않으면 그 자리에서 바로 세입자 승소 판결이 납니다. 지급명령이나 보증금반환 청구소송 승소 후에도 돈을 돌려주지 않으면, 마지막 방법으로 집주인의 재산을 압류하고 경매를 신청하여 경매낙찰금에서 보증금을 배당 받는 것이 마지막 방법입니다. 이렇게까지는 안가야 되겠지만, 최악의 경우를 대비해 알아두는 것은 반드시 필요합니다. 일부러 보증금을 주기 싫어 안 주는 집주인은 거의 없고, 대부분 사업 실패나 여타 경제적 상황 때문에 못 주는 경우가 대부분이므로, 보증금을 받을 수 있는 법적 절차를 아는 것은 중요합니다. 채권 채무관계에서 믿을 건 법밖에 없습니다. 보증금을 받지 못하고 이사를 해야하는 상황이라면, 법원에 '임차권 등기명령'을 신청해서 등기가 완료

된 후에 이사 가야 합니다. 이러면 만기일로부터 보증금을 반환받는 날까지의 지연일수에 대해서 기한이익 상실분을 집주인에게 청구할 수 있습니다. 즉, 늦게 받은 만큼 그만큼의 이자를 받는 것이죠.

 부자 아빠 필수 상식

임차권 등기명령 제도란?

임대차 종료 이후 보증금을 반환 받지 못한 임차인이 단독으로 임차권 등기를 할 수 있도록 하여 주거 이전을 자유롭게 보장하기 위한 제도입니다. 전세 만기 이후라면, 임차인은 집주인의 동의 없이 법원에 임차권 등기명령을 신청할 수 있습니다. 임차권 등기 명령이 결정되면, 법원은 등기소에 임차권을 등기할 것을 촉탁하므로, 별도로 임차인이 등기할 필요가 없습니다. 이는 대항력과도 관련이 있습니다. 임대차보호법에서는 '주택의 인도'와 '전입신고'를 대항력의 요건으로 규정하고 있기 때문에 해당 주택에서 이사를 가거나, 주민등록을 옮긴다면 임차권의 대항력과 우선변제권을 잃게 됩니다. 즉, 임차권 등기 없이 이사를 갈 경우, 해당 주택이 경매로 넘어가게 되면 경매 낙찰 대금에서 전세금을 배당받지 못합니다.

전세로 살고 있는 집이 경매로 넘어가게 되면?

우선 본인이 직접 그 집을 경매로 낙찰 받아 매입하는 방법이 있습니다. 배당순위가 밀려 다른 사람의 손에 경매로 넘어가 어차피 보증금을 날릴 상황이라면, 자신이 대출을 끼더라도 이자부담을 지고 집을 사는 것이 나으니까요. 다만 시세와 이자부담액을 따져 계산기는 한번 튕겨봐야 합니다. 최근은 아파트 시세가 떨어져 전세보증금과 매매가의 차이가 크지 않은 경우가 많기 때문에 충분히 고려해 볼 수 있는 방법입니다. 단, 해당 주택의 시장상황을 꼼꼼하게 조사하고, 매입 시 발생할 대출금액의 상환플랜 등을 확실하게 세운 후 행동에 들어가야 합니다. 급한 마음에 무턱대고 질렀다간, 하우스푸어 신세로 전락합니다. 또한 이 경우엔 반드시 내가 경매로 낙찰 받아야 하기 때문에 예상 낙찰가보다 다소 높은 가격을 써야 합니다. 몇 푼 아끼려다 다른 사람에게 넘어가면 낭패도 이런 낭패가 없습니다. 빈대 잡으려다 초가삼간 태우는 격이지요. 자괴감에 족히 몇 년 동안은 밤잠 설칠 수도 있습니다.

또한 대위변제를 통해 해결하는 것도 한 방법입니다. 대위변제란 이해관계자가 채무자를 대신해서 돈을 갚는 것을 말합니다. 다시 말해 집 주인의 빚을 내가 대신 갚아주는 것이죠. 이렇게 하면, 나의 순위가 최우선으로 격상되어 낙찰자는 나에게 전세보증금을 내줘야 합니다. 또한 대신 갚아준 채권에 대한 권리도 확보하여 낙찰대금에서 배당 받을 수 있습니다. 보통 이런 해법은 선순위 권리금액이 그리

크지 않을 때, 즉 내가 충분히 커버 가능한 수준일 때 많이 사용합니다. 어떻든 호랑이한테 물려가도 정신만 차리면 됩니다. 중요한 것은 전세로 살고 있는 집이 경매로 넘어가 돈을 홀랑 날릴 위기가 되더라도, 멘붕으로 우왕좌왕 시간 보내지 말고, 권리분석과 경매실무에 능한 전문가들과의 상담을 통해 발 빠르게 대응하는 것이 필요하다는 겁니다. 전문가도 아닌 지인들 말만 듣고, 이래저래 허송세월하다가는 집 잃고 돈도 날립니다.

끝내주는 이야기, 임대아파트

시내 한복판에 번듯하게 들어선 최신 아파트도 10년 넘은 아파트 시세보다 싸게 들어가 살 수 있는 게 임대아파트입니다. 임대아파트에 10년 이상 살면 주거비용이 최소 몇천은 절약되죠. 자동차 한두대 값은 나옵니다. 당첨되는 순간, 거의 절대적인 주거 안정이 마련되어 심리적인 안정감도 큽니다. 많은 경우 가계상황이 전반적으로 안정권에 들어서게 됩니다. 더 좋은 것은 전세보증금이나 임대료의 상승이 크지 않아 계약 갱신 시 스트레스 받을 일이 별로 없다는 것입니다. 유세 떠는 집주인도 없습니다. 사실 이 부분이 가장 메리트가 큰 부분입니다. 가격을 보면 최근 모집공고를 했던 마곡지구 국민임대 59㎡ 평형이 보증금 6천만 원에 월 40만 원 선이고, 장기전세가 1억 6,000만 원 선이었습니다. 과거보다 오르긴 했지만, 주변 오래된 아파트 전세나 월세 시세보다도 쌉니다.

　다만 임대아파트 입주는 돈 들어오는 대박이 아니라 돈을 덜 쓰게 되는 대박입니다. 사람 마음이라는 게 참 이상해서 돈 들어오는 대박엔 모두가 열광하는 데 비해, 덜 쓰는 대박엔 상대적으로 관심이 적습니다. 어차피 주거비용은 나가게 돼 있는 건데, 참 이상하죠? 몇천만 원을 벌어서 주거비용으로 쓰나, 주거비용 자체를 몇천만 원 줄이나 결과는 동일한데 말입니다. 하지만 한 번 더 생각해 보면 그리 이상할 것도 없는 게, 사람이 원래 미래보다는 현재, 안 보이는 것보다는 보이는 것에 집착하게 되어 있습니다. 예를 들어 5천만 원이 내 통장에 꽂히면 그것은 눈으로 확인할 수 있는 잔고이지만, 들어갈 5천만 원이 절약되는 것은 통장잔고로 찍히지 않기에 내 눈에 보이지 않습니다. 또한 5천만 원이라는 돈이 통장에 꽂히는 건 현재적 사건으로 강하게 인식되지만, 살면서 5천만 원을 아끼는 것은 긴 시간 동안 나누어 발생하는 미래적인 사건으로 인식됩니다. 그래서 인간은 항상, 아끼는 것보다 버는 것에 더 집착하고 열광합니다. 소비 관리가 잘 안 되는 이유이기도 합니다. 어리석은 짓이죠. 서민층 가정을 많이 만나 보면, 주거비용으로 인해 엄청난 경제적 고통을 받고 있으면서도 임대아파트가 도대체 뭔지도 모르는 사람들이 널리고 널렸습니다. 이러면서 막연히 부는 이루고 싶다고 말합니다. 어불성설입니다. 이런 마인드와 자세로는 평생 가난을 벗어나기 힘듭니다. 요행수나 생기면 모를까.

임대아파트 혹은 장기전세아파트는 내 집 마련이 힘든 저소득층이라면, 반드시 잘 알고 있어야 할 제도적 혜택입니다. 정부에서는 매 정권마다 이런 임대아파트를 많이 짓겠다고 공약을 하지만, 약속대로 다 이행한 정권은 한 번도 없었습니다. 생색내기용으로 찔끔찔끔 줄이다가 흐지부지 끝나죠. 왜 그럴까요? 이걸 너무 많이 지으면 주택시장의 가격에 큰 하락이 올 수 있기 때문에 그렇습니다. 투자가치를 완전히 배제시키고 사용가치로만 집을 거래하고, 회사가 가져가는 마진도 일반 민간건설사보다 훨씬 적기 때문에 대량공급될 경우 주택시장에 미치는 파급력이 어마어마합니다. 애초부터 가격 거품을 싹 걷은 채로 거래하는 것이 바로 임대아파트입니다.

사정이 이러니 빚내서 집 산 사람들은 옆 동네에 임대아파트 단지가 들어오면 배가 아픕니다. 인생 한 방, 빚내서 집에 모든 재산을 올인했는데, 바로 옆에 싼 값으로 같은 아파트에 입주하는 사람을 보면 배가 안 아플 리 없겠죠. 인간적으로 이해는 됩니다. 그들도 사람이니까요. 하지만 문제는 여기서 끝나지 않습니다. 배만 아프고 끝나면 상관이 없겠는데, 그 영향으로 우리 아파트 시세까지 떨어질 수 있으니 미치고 팔짝 뛸 노릇입니다. 벌어서 빚 갚을 능력은 안 되고, 오로지 집 값 오르기만을 오매불망하고 있었는데, 임대아파트 때문에 빚 못 갚아 인생 막장으로 치달을 판이니 오장육부가 뒤틀립니다. 그래서 임대아파트라고 하면 아주 꼴도 보기 싫어합니다. 망할 것들이란 소리가 절로 나옵니다. 결국은 함께 모여 플랜카드를 붙입니다. '교통대책, 교육대책 없는 임대아파트 건설 반대한다'는 문구가 도로변에 난무합니다. 그런데 이상한 건 똑같이 교통대책, 교육대책이 전혀 없어도, 집값이 오를만한 건물이 옆에 들어오면 별 소리가 없다는 겁니다. 결국 핑계인 것이죠. 관심은 오로지 집값입니다.

어떻든, 없는 서민들 주거 안정을 위해서 정부가 임대아파트를 짓겠다는 것을, 내 집 시세 떨어진다는 명분으로 대놓고 반대하기는 뭔가 찔리니까, 이러지도 저러지도 못하고 속에선 천불이 납니다. 이 뒤틀린 마음을 어떻게 표현할 길이 없습니다. 그래서 결국엔 아이들에게 이상한 방식으로 표현하기 시작합니다. 어떻게? 은근히 임대아파트에 사는 못 사는 아이들과 어울리지 말라고 가르칩니다. 이 정도면 갈 데까지 간 겁니다. 임대동을 지나갈 때마다 이 동은 임대동이고, 못 사는 사람들이 들어와 사는 아파트고 어쩌고저쩌고, 미주알고주알 하면서 주체할 수 없는 화를 은연중에 아이들에게 다 토해냅니다. 겉으로는 교양 있는 척하면서 은근히 이런 말들을 흘립니다. 우리는 임대아파트 사는 사람들과 레벨이 다르다고 가르칩니다. 우리는 임대인이 아니라 자가인이기에 종자가 다르다는 겁니다. 그러면 아이들은 또 그런가 보다 하면서 잘사는 동에 사는 프라이드를 가지고, 자기 레벨에 자긍심 갖고 무럭무럭 자랍니다. 애들이 부동산을 뭐 알겠습니까? 부모가 그렇다면 그렇게 아는 거죠.

이런 현상이 일부에서 간혹 발생하다 보니, 임대아파트에 들어가고 싶어 하는 서민들은 또 불필요한 공포에 휩싸입니다. 임대아파트

들어가는 건 좋은데, 우리 자식이 학교에서 왕따 당할까 걱정입니다. 이 정도면 걱정도 팔자라는 소리가 절로 나옵니다. 부모가 자가니 임대니 전세니 월세니 하면서 아이들에게 집으로 편 가르도록 가르쳐 인성이 삐뚤어진 아이는 있어도, 임대아파트 사는 것 때문에 왕따 당해 잘못된 애들은 없습니다. 인류 역사상 그런 사례는 단 한 건도 보고되지 않고 있으니 걱정하지 맙시다.

단언컨대 임대아파트는 서민에게 가장 완벽한 물건입니다. 어떻든 애들 왕따 걱정하는 그 마음속을 적나라하게 들여다 보면, 자녀 운운하면서 굳이 임대주택을 피해 집을 사려고 하는 것은, 자녀 생각보다는 부모가 자기 자존심을 세우고 싶어서 그런 경우가 많습니다. 자녀를 통해 임대아파트 산다고 놀림 받았다는 소리가, 아이보다는 자신의 열등감을 건드려 참기 힘들기 때문입니다. 이미 스스로 임대아파트 사는 걸 창피해하고 있기 때문에 아이 핑계를 대는 것이죠. 없는 사람들 살기 힘들다고 마냥 이해만 할 일도 아닙니다. 집을 사고 싶은 열망은 이해하겠는데, 이 정도면 중증입니다. 본인 혼자 정상이라 착각하고 있을 뿐입니다. 이젠 제발 집 사고 파는 데 있어서 아이들은 끌어들이지 맙시다. 나중 되면 애들도 다 압니다. 부모로서 최소한의 도리는 지키면서 살아야 하지 않을까요?

이 시대의 필수, 주택청약종합통장

어떻든 수도권에서 주거비용을 획기적으로 낮추고 주거안정을 꾀하기 위해서는, 주택청약종합통장(이하 '청약통장') 활용이 필수입니다. 청약통장은 민영분양을 받느냐, 공공분양을 받느냐, 국민임대를 노리느냐, 장기 전세를 노리느냐에 따라 활용전략이 크게 달라집니다. 그리고 각각의 내용도 쉽지 않고 복잡하여, 한두 시간 공부해서 모든 내용을 파악할 수 있는 것도 아닙니다. 좀 더 세분화되고 전문적인 입주전략을 가지고 가시고자 하는 분들은 SH공사와 LH공사 홈페이지를 즐겨찾기로 등록하여 수시로 들어가 공부하고, 관련 내용에 익숙해져야 합니다. 분양이나 청약 공고를 문자로 발송해 주는 서비스도 있으니 이용하시기 바랍니다. 혼자 공부하다가 어려우면 인터넷에서 '장기전세'나 '국민임대', '공공분양' 등으로 검색하여 회원수가 많은 카페에 가입해 더 많은 정보와 경험사례를 취하시기 바랍니다. 본인이 모르는 사이에 엄청나게 많은 사람이 이것에 큰 관심을 갖고, 치밀하게 준비하고 있다는 사실에 놀라게 될 것입니다. 뒤처지는 기분이 들 수도 있습니다. 이런 자극은 좀 받고 살면 좋습니다. 주식이나 펀드에 몇백만 원 투자해서 몇백만 원 버는 것보다도, 청약통장을 잘 활용하여 원하는 결과를 얻어내는 것은 이와는 비교할 수 없이 큰 영향을 인생과 가계 전반에 미치게 되므로 반드시 공부하시길 권합니다. 어떻든 여기서는 서민 중산층을 위주로 하여 민영아파트 분양을 제외한 공공분양이나 장기전세, 국민임대 등을 위한 기초적인 사실만 짚어보고 가기로 하겠습니다.

일단, 청약통장이 없는 사람은 무조건 청약통장을 개설해야 합니다. 과거에는 '청약저축, 청약부금, 청약예금'의 세 가지 형태로 가입 목적에 따라 처음부터 상품이 갈렸지만, 현재의 주택청약종합저축은 이 세 가지를 하나의 상품으로 모아 놓은 것이기 때문에 누구나 다 계좌를 개설할 수 있습니다. 즉, 이제는 자격 기준을 계좌개설 시점이 아닌, 청약시점에서 보겠다는 것입니다. 예전에는 임대나 공공분양 등은 청약저축, 평수가 작은 민영아파트는 청약부금, 평수가 큰 민영아파트는 청약예금 등으로 목적하는 바에 따라 가입할 상품이 처음부터 달랐었습니다. 그러나 지금은 이게 다 하나로 합쳐진 것이죠. 어떻든 지금 우리가 관심 있는 공공분양이나 장기전세, 국민임대 등은 무주택 세대주여야만 청약이 가능한 것들인데, 위에서 말한 것처럼 현재는 계좌개설 시점이 아닌, 청약시점에서 기준을 따지기 때문에 무주택자가 아니더라도 청약통장을 개설할 수 있습니다. 미리 미리 준비하면서 전략적으로 활용할 수 있다는 장점이 생긴 것입니다. 상술하자면 지금은 유주택자이지만, 차곡차곡 불입 횟수와 총금액을 늘려 청약시점에 가서 무주택자의 기준을 만족시키면 청약할 수 있는 길이 열리는 것입니다.

간혹 부모님이 자식 명의로 주택을 구입하여 본인의 의사와 전혀 상관없이 유주택자가 된 경우들이 있는데, 이런 사람들은 하루 빨리 부모님과 상의하여 명의를 다시 부모님으로 돌리고, 본인은 무주택자 자격으로 청약통장을 활용한 공공분양이나 임대, 장기전세 입주를 준비해야 합니다. 이런 경우에 해당하는 사람들에게는 청약저축에 가입이 제한되었던 예전보다, 하나로 합쳐진 현재의 청약통장이 더 유리하게 된 것입니다. 어떻든 가장 기본적이고 중요한 기준이 무주택자라는 사실을 잊지 마시기 바랍니다. 본인뿐만이 아닌 세대원 모두가 무주택자여야 하기 때문에, 내 명의의 집이 없더라도 배우자나 함께 사는 세대원이 본인 명의의 주택이 있다면 청약자격이 안 됩니다. 꼼꼼하게 챙깁시다.

그리고 월 불입액은 10만 원으로 하는 게 최곱니다. 위 세 가지 목적으로 청약통장을 활용하고자 할 때는, 월 10만 원 이상을 넣는 부분에 대해서는 금리에 따른 이자만 붙을 뿐, 청약자격에서의 메리트는 없기 때문에 이 이상을 넣을 필요는 전혀 없습니다. 따라서 월 10만 원씩 불입하면서 납입횟수와 납입총액을 계속해서 키워가는 것이 가장 효과적입니다. 같은 1순위라 하더라도 납입총액이 더 많으면 동 순위 내에서 더 유리한 위치를 점할 수 있기 때문입니다.

그런데 간혹, 최소금액인 월 2만 원씩만 납입하고 나중에 가서 한번에 더 많은 금액을 채워 넣는 것은 어떠냐고 묻는 분들이 있는데, 이보다는 월 10만 원을 설정해 놓고 나중에 채워 넣는 것이 더 좋습니다. 왜냐면 나중에 가서 채워 넣는 것은 월 불입이 되지 않은 달, 즉 이가 빠진 달의 돈을 채워 넣는 것으로 인식되기 때문에 월 2만 원으로 설정했을 경우, 2만 원이 납입된 그 달의 여분 8만 원은 영원히 빈 채로 남아 채워 넣을 수 없기 때문입니다. 월 2만 원을 넣는 것보다는, 월 10만 원을 한 번 넣고 계속해서 납입을 쉬다가, 청약 직전에 가서 2회 차부터 빠진 달의 불입액을 월 10만 원으로 계산하여 한 번에 모두 채워 넣는 것이 훨씬 효과적입니다.

정리하면 무주택자여야 하고, 납입은 무조건 월 10만 원을 하라는 것, 잊으면 안 됩니다. 그리고 이 외에 임대냐 장기 전세냐 분양이냐에 따라 엄청나게 다양한 세부 기준들이 있습니다. 결혼한 지 얼마나 됐는지, 자녀가 있는지 없는지, 부양가족이 몇 명이고 고령자가 있는지 없는지, 해당 지역에 전입온 지가 얼마나 됐는지, 부동산이나 자동차는 얼마나 갖고 있는지, 무주택 기간은 또 몇 년인지 등 굉장히 많습니다. 좌우지간 여기서 이것을 모두 상술할 수는 없습니다. 본 필자가 모두 다 알고 있지도 못합니다. 이 부분은 전문가와 상담을 받아 정확한 이해와 전략을 마련하시기 바랍니다. 일반 공급이 아닌 특별공급 조건에 해당이 되는 사람들은 일반 공급과 비교해서도 훨씬 더 큰 메리트가 있기 때문에 모르면 본인만 손해입니다. 시중에는 이 특별공급 입주만 전문적으로 컨설팅하는 부동산 전문가도 있으니 활용해 보시기 바랍니다. 누차 얘기하지만, 없는 형편에 경제적으로 여유 있게 살려면 아는 게 좀 있고 똑똑해야 합니다. 부지런해야 하고요. 이상한 투자에 자꾸 눈 돌리지 말고 이런 거 공부 좀 합시다. 제발 좀!

상가 분양 받을 시
주의점

상가 투자를 위한 기본 상식

요즘은 하도 투자할 것이 마땅치 않다 보니, 장사나 임대 등의 여러 가지 이유로 테마쇼핑몰의 상가를 분양 받으려는 분들도 많습니다. 갈수록 자영업자가 늘어나는 추세이니, 간단하게 상가 투자에 있어서의 주의점도 한번 짚어보겠습니다. 평생 가야 상가 임대 받을 일 없는 분들은 그냥 넘어가도 됩니다. 내용이 내용인지라 약간 건조하고 딱딱하니 감안하고 읽어보시기 바랍니다.

상가개발비는 분양 상담 초기부터 등장하는 경우는 드물고, 보통 개발비를 얘기는 뺀 상태에서 상담이 진행되다가 계약 진행 단계가 되면 등장하는 경우가 많고, 문제 발생은 보통 개발비를 수령하는 주체와 운영 과정의 투명성 그리고 집행의 법적 타당성 등에서 일어납니다. 그리고 개발비는 계약 초기에 일시불로 납입하는 경우가 많아 중간에 계약을 해지할 경우, 개발회사에서 개발비를 돌려주지 않는 경우가 있습니다. 판례에서도 개발비를 권리금의 일부로 보아 돌려주지 않아도 된다고 하고 있어 각별히 조심해야 합니다. 다만 분양계약서나 개발비 약정서 등에 '개발비 환불'이라고 기재해 놓으면 환불 받을 수 있습니다. 그러나 분양계약서에 이를 명시하는 경우는 거의 없죠. 본인이 개발사라면 이를 명시하겠습니까? 게다가 계약자들도 계약서 내용을 상세히 검토하지 않는 경우가 많습니다. 그러니 꼼꼼하게 확인하여, 개발비 환불 조건이 없으면 계약서에 환불내용을 추가하여 분쟁을 방지해야 합니다.

 부자 아빠 필수 상식

상가개발비란?

주로 개발업체에서 테마쇼핑몰의 향후 상권 활성화를 위해 임차인 모집에 드는 홍보비와 공동공간 인테리어 비용, 오픈 후 마케팅 비용 등의 제반 경비를 분양 대금과는 별도로 수분양자들에게 추가로 부담시키는 것을 말하는데, 보통 분양가의 10%선을 개발비로 받습니다.

테마쇼핑몰에서 계약과 동시에 부과되는 개발비는 대체로 상가개발사가 지정한 관리운영사의 집행처 위주로만 내용이 공개되고 있을 뿐, 수분양자의 이해를 돕기 위해 투명하고 상세하게 공개되는 현장은 거의 전무합니다. 특히 이런 집행내역을 확인하기 위해서는 수분양자들도 현실적인 영향력이 필요한데, 수분양자들의 수가 워낙 많아 한 번씩 모임을 갖기도 어려운 것이 현실이다 보니 개개인의 요청은 거의 무시당하기 일쑤입니다. 결국 내역 공개를 구하는 재판에서야 개발비의 사용 내역을 알 수 있게 됩니다. 그리고 개발비는 보유성 자산 성격이 아니라 지출성 비용이기 때문에 상가 투자자의 입장에서는 보전 받을 수 있는 안전장치도 없는 자금입니다. 그러니 더욱더 두 눈 똑바로 뜨고 봐야 합니다.

테마쇼핑몰의 경우, 점포 수가 수백 내지 수천 개에 달하고, 점포별로 부과되는 개발비가 수백만 원에서 수천만 원에 달하다 보니, 전체 상가에서 조성되는 개발비의 규모는 굉장합니다. 이런 막대한 자금의 규모에도 개발비를 납부한 투자자가 사용 용도에 대한 감사청구권이 없다는 것은 사실 현실적인 문제점이라 할 수 있습니다. 그러니 알아야 안 당합니다. 개발비는 상가 활성화를 위한 성격의 자금이기에, 대다수의 투자자들은 오픈 시점에 홍보마케팅 비용으로 사용되는 것이라고 알고 있는데, 실은 이와 더불어 공용공간의 인테리어 비용이나 영업을 활성화하기 위한 우수상인 유치비 등과 같이 다른 개념의 비용으로 집행되기도 합니다. 이런 문제점을 갖고 있어서 공정거래위원회는, 임대 분양된 테마쇼핑몰과 관련한 개발비 내역에는 원래 임대인 등 점포를 공급한 주체가 부담해야 할 상가조성비용을 임차인이 부담하는 경우가 있을 수 있으므로, 임차인이 부담할 성격이 아닌 개발비는 임대차계약 해지 시나 종료 시에 임차인에게 반환해야 한다고 하고 있습니다. 즉, 공급사업자가 어떠한 경우에도 반환하지 않겠다는 것은 약관법 위반으로 보는 것입니다.

그리고 10%에 해당하는 개발비에 부가가치세를 부담하는 부분도 문제가 됩니다. 당연히 개발비 역시 부가가치세를 부담해야 함에도 분양업체에서 이러한 사실을 모르는 경우가 많습니다. 시행사가 개점 전 상가활성화를 위하여 개발비를 받고 용역을 공급하는 경우, 법 규정에 따라 부가가치세가 매겨지고, 개발사업자는 분양계약자들에게 각각 세금계산서를 교부해야 합니다. 따라서 상가에 투자하는 투자자의 입장에서는 자신이 납부한 개발비의 투명한 집행내역을 파악하기 위해, 내용을 제대로 알고 수분양자들의 결속을 강화해 집행내역에 대한 감사권 등을 강화할 필요가 있습니다. 큰 회사들이 알아서 작은 개인을 잘 챙겨주는 경우는 별로 없습니다. 씁쓸하지만 살아보니 세상이치가 그렇더군요.

선임대 상가

이 부분에서 설명하려는 내용은 아주 일부의 분양영업사원들에 대한 것입니다. 참고삼아 알아두시기 바랍니다.

상가 투자에는 상권이 활성화되어 임대차 시장이 안정화되기까지 소요되는 시간이 생각보다 길다 보니, 투자 후 임대가 원활하게 진행되지 않아 자칫 단기적인 임대차 불황에 낭패를 보는 투자자가 있고, 상가의 상권 활성이 예상보다 저조하여 장기간 자금이 묶여 마음고생을 하는 투자자들도 있습니다. 이런 사정 때문에 상가 투자를 하려는 투자자들에게 이미 임대가 완료된 상가는 투자물건으로 상당히 매력이 있습니다. 그러나 조심해야 합니다. 간혹 이런 심리를 이용하는 속칭 '허위 임대차 계약'이 있기 때문입니다. 명품만 짝퉁이 있는게 아니라 임대차 계약도 짝퉁이 있는 거죠.

허위 임대차 계약은 영업사원의 이익이 이 계약 작성에 들어간 금액보다 많은 데서 일어나는 일종의 영업기교입니다. 별 재주를 다 부리죠? 여하튼 선임대 계약을 체결한 경우는 임차인이 입주하기까지 오랜 시간이 남아 있어, 임차인 입장에서는 계약금을 많이 내지 않는 것이 보통입니다. 점포의 규모에 따라 수천의 계약금을 내기도 하지만, 보통 500만 원이나 1,000만 원 정도의 계약금을 납부하고 임대차 계약을 체결하는 경우가 많습니다. 나머지 금액에 대해서는 준공 후에 바로 입점이 가능한 시점에 잔금을 지불하기로 계약을 체결하는 현실을 영업적으로 악용하여 이익을 챙기는 영업사원들이 간혹있으니 각별히 주의해야 합니다.

선임대 계약의 함정은 다음과 같습니다. 영업사원이 상가 분양을 성사시키면 1,000만 원의 수당을 받는다고 가정해 봅시다. 이때 영업사원은 제3의 인물을 내세워 계약금 500만 원에 선임대 계약을 체결하고, 그 후에 투자자를 찾아 분양계약을 체결합니다. 분양 받는 사람은 이미 임대가 되어 있으니 편한 마음으로 계약을 한 것이죠. 그런데 계약 이후에 곧바로 선임대 보증금계약금에 해당하는 500만 원이나, 이에 얼마의 수고비를 더하여 선임대한 사람에게 바로 넘겨주는 것입니다. 그러면 선임대한 사람의 경우는 계약금을 날려도 손해 보는 것이 없는 상황이 됩니다. 그러고 나서 시간이 흘러 입주 지정일이 도래하면, 분양 받은 사람은 선임대 계약을 한 사람에게 입점할 것과 보증금 잔액을 납부할 것을 요청하지만, 선임대 계약자는 개인적 사정이 생겨 부득이 입점이 불가능하다는 통보와 함께 계약금을 포기하겠다고 해버리는 것입니다. 분양 받은 사람 입장에서는 선임대가 돼 있으니 별 걱정 없이 더 받을 보증금으로 잔금 낼 계획을 세우고, 월 임차료 사용 계획까지 세워 놓았다가 하루아침에 날벼락을 맞게 되는 것입니다.

물론 대부분의 분양영업사원들은 안 그렇지만 일부 악덕 영업사원들이 이런 방법으로 영업활동을 하고 있으므로, 투자자는 다음과 같은 방법으로 피해를 예방해야 합니다.

첫째, 선임대 계약의 임대 주체가 시행사인지 영업사원인지 확인해야 합니다. 만일 계약 주체가 시행사가 아닌 영업사원이라면, 속칭

'허위 선임대' 작전일 가능성이 큽니다. 본래 임대차 계약은 소유권이 있는 임대인과 하는 것이 원칙입니다. 분양상가의 경우엔 건물등기가 나지 않으므로, 정상적인 임대차 계약이라면 시행사와 체결한 계약서가 있어야 합니다.

둘째, 선임대 계약의 계약금을 영업사원이 보관하고 있는지 시행사가 보관하고 있는지 여부를 확인해야 합니다. 영업담당자가 보관하고 있다면, 역시 '허위 선임대 계약서'일 가능성이 큽니다. 특히 보증금과 관련한 계약금 입금 내역은 시행사의 통장으로 입금된 내역을 직접 해당 항목만이라도 확인하는 것이 좋습니다. 정상적인 선임대 계약이라면, 계약금 입금은 계약의 주체인 시행사 통장으로 입금되어야 정상이기 때문입니다. 당연한 얘깁니다.

셋째, 반드시 선임대 임차인과 만나서 임차 의지를 나름대로 확인해봐야 합니다. 이때 해당 임차인의 과거 사업경력의 여부도 확인해보는 것이 좋습니다. 관련 업종에서 과거에 창업한 경력이 있다면 다소 안심해도 될 것입니다.

넷째, 약국과 같은 특수 업종인 경우에는 해당 임차인의 면허를 확인해야 합니다. 자격증을 구비해야 영업이 가능한 업종은, 해당 임차인의 면허를 확인해 두면 다소 안전장치가 될 것입니다. 해당 면허도 없는 사람이 이 일을 하고자 한다고 하면, 임대차 계약이 가짜인지 진짜인지 약간의 긴장을 가지고 더 깊숙하게 알아볼 필요가 있습니다.

다섯째, 보증금 대비 계약금이 지나치게 작은 선임대 계약은 상당한 주의를 해야 합니다. 보증금 대비 계약금의 비중이 크다면 영업담당자가 '허위 선임대 계약'에 의해 취할 수 있는 이익이 거의 없기 때문에 선임대 계약이 아닐 가능성이 큽니다. 남는 것도 없이 이런 짓을 할 사람은 세상에 없겠죠? 아주 기본적인 산수입니다.

내 집 마련
이야기를 닫으며

부동산에 관한 이야기를 할 때마다, 만감이 교차합니다. 어느 부분에서는 답답한 마음에 화도 나고, 어떤 부분에 가서는 너무 어이가 없어서 웃음이 나기도 합니다. 우리나라에서 부동산만큼 말하기 어려운 주제도 없습니다. 꿈틀대는 본능적인 탐욕과 열망, 벗어나기 힘든 무게감과 열패감, 대박과 쪽박의 강렬한 경험, 언론과 정책의 선동 등이 한데 얽혀 뒤범벅이 되어 있기 때문입니다. 한마디로 개판이어서 중심 잡고 객관적으로 접근하기가 쉽지 않습니다. 그래서 제대로 된 이야기를 하려면 많은 사람이 불편해집니다.

하지만 어찌 됐건, 서민 중산층인 우리는 딱 두 가지만 마음에 새기면 됩니다.

첫째는, 아파트라는 괴물의 환상에 사로잡히지 맙시다. 뽀대 나는 아파트에 사는 것이 인생의 성공이라는 근거 없는 이데올로기에서만 벗어나도, 비록 눈에는 보이지 않을지라도 아파트 평수보다 훨씬 더 큰 심리적 안정과 여유를 찾을 수 있을 것입니다.

둘째는, 제발 내 집 마련에 대한 계획을 세우고 삽시다. 계획은 앞서도 말한 바처럼, '언제 집을 사겠다'에 방점을 두지 말고, '언제까지 집을 사지 않겠다'에 방점을 두시기 바랍니다. 이른바 내 집 마련 안하기 계획입니다. 그리고 집을 사지 않는 그 기간 동안에 주변에 흔들리지 말고, 현명한 가계운영과 자산 관리를 통해 작은 성취들을 쌓아가는 소중한 경험을 하시기 바랍니다. 역설적이지만, 그것이 오히려 내 집 마련의 시기를 앞당겨 줄 것이며, 당신의 내 집 마련이 결코 실패하지 않는 성공작이 되게 해줄 것입니다. 집은 더 이상 사는 '것'이 아니라 사는 '곳'입니다. 식상한 카피지만 이것만큼 진리치에 가까운 부동산 격언도 없습니다. 당신에게 집은 무엇인가요?

'내 집 마련'에 대한 핵심 메시지

1. 서민 중산층의 집에 대한 무모한 집착은 삶을 파괴합니다. 집에 대한 자기 철학을 가지는 것이 중요합니다.
2. 발품을 팔고 공부하여, 주거비용을 낮추는 방향으로 가계운영을 확립하면, 모두가 행복해집니다.

서민-중산층의 부동산에 얽힌 사연

고든리얼티파트너스 김동원 이사

사례 1. "대출이자에, 전세금 인상에 잠이 오지 않아요."

가계 부채 증가, 전세금 폭등 등으로 서민들의 삶은 팍팍해지기만 합니다. 여러 가지 문제로 다중채무를 갖고 있는 상태에서 전세금 인상으로 인해 주거까지 불안해진 50대 어느 가장의 내 집 마련을 통해 재무적인 개선을 이뤄낸 케이스를 이야기해 볼까 합니다.

대한민국 샐러리맨의 50대는 가장 외롭고 힘든 시기입니다. 사회생활 20년 동안 한 가정의 가장으로서 직장에 충성하고 주말도 없이 열심히 땀 흘려 소득활동을 하는 로봇과도 같은 시간을 지내 왔는데, 50대가 되면 더욱 힘든 일이 많아집니다. 대부분의 가정이 마찬가지이지만, 이 시기 가장이 책임져야 할 가장 큰 부분은 바로 자녀들 교육비입니다. 본인의 옷조차 제대로 사 입지 못하는 상황에서도 생활비를 줄이고 줄여 자녀들의 교육에 지장을 주지 않기 위해 알뜰하게 살아야 하는 때인 것입니다. 삶의 무게가 턱까지 차오르는 시기이고,

건강관리를 아주 잘해야 퇴직할 때까지 근무할 수 있기에 여러모로 자기관리에도 신경을 많이 써야 하는 시기입니다.

이런 50세 샐러리맨 김 씨 가정이 어려워진 것은 배우자의 사업 실패 때문이었습니다. 배우자가 여러 번의 소규모 장사와 사업을 했으나 계속 실패하면서 부채가 발생한 것입니다. 김 씨가 가지고 있는 부채는 전세자금대출과 보험약관대출, 신용대출, 신용카드 현금서비스 등 총 12종류 정도 되었습니다. 두 자녀와 노모까지 모시느라 김 씨는 원금을 갚기는커녕 이자 내기도 버거운 상태였습니다. 설상가상으로 전세 만기가 다가오면서 전세금 인상분을 해결할 방법이 없어 김 씨는 잠이 오지 않는다고 하소연했습니다.

자산 현황	부채 현황
– 전세보증금 총 1억 4천만 원 중 6천만 원(8천만 원은 대출) – 퇴직금 중도정산 가능 금액: 4천만 원	– 총 12종, 부채 잔액: 1억 1천700여만 원 – 월 상환이자: 88만 5천 원

전세금이 턱없이 오르는 것을 본 김 씨는 내 집 마련을 할 수는 없을까 하던 중에 주변의 권유로 경매로 나온 집을 알아보고 있었습니다. 서울 동작구의 전용 20평짜리 오래된 빌라에 전세로 살고 있던 그는 서울을 벗어나더라도 방 3개가 있는 전용면적 18평 이상의 주

택을 원했습니다. 출퇴근이 다소 불편해지더라도 자녀교육환경만은 포기할 수 없다는 것이 김 씨의 생각이었습니다.

그래서 먼저 김 씨의 재무상황을 분석해 보았습니다. 소득과 신용상태, 자산현황 등을 토대로 적정한 주택가격을 추산해 보니, 1억 6천만 원 이하의 주택을 구입한다면 주택담보대출을 통해 기존의 12종의 대출을 모두 상환하고, 현재 내고 있는 월 이자 금액 정도를 갚아나가면 10년 동안 원금을 모두 상환할 수 있는 것으로 분석되었습니다.

그러나 김 씨가 원하는 주거조건이 문제였습니다. 1억 6천만 원 이내의 가격으로 전용 18평형 이상의 교육환경이 우수한 곳은 매우 드물었기 때문입니다. 서울과 수도권을 모두 샅샅이 뒤져 겨우겨우 두 곳을 선정했습니다. 한 곳은 서울의 노원구, 한 곳은 일산이었는데, 이 중 일산 신도시 내의 단지형 빌라가 경매 진행 중인 것을 찾아냈습니다. 쉽지 않은 과정이었습니다. 이 빌라는 김 씨가 원하는 조건에 대부분 부합했고, 김 씨 본인도 마음에 들어 했습니다. 결국 감정가 1억 8천3백만 원의 87%인 1억 5천7백만 원에 낙찰을 받아냈고, 이로써 김 씨는 기존의 여러 대출들을 주택담보대출로 바꾸어 통합할 수 있게 되었습니다. 평균금리도 대폭 낮아졌습니다. 결론적으로 주택담보대출 9천여만 원만 남게 되었고, 이는 월 93만 원씩 10년간 원리금분할로 상환하기로 하였습니다. 퇴직 이후에는 주택연금까지 고려하기로 했습니다.

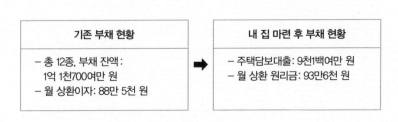

사례 2. "저소득 50대 '노후 생활비와 주거마련'을 동시에…"

일용 기술직으로 일하는 56세 박 씨. 그는 한 달에 200만 원 정도를 법니다. 배우자 민 씨도 일용직으로 일하면서 월 60만 원 정도를 벌고 있고, 두 자녀가 월 50만 원씩 보태어 주고 있습니다. 박 씨 부부는 낡은 18평형 아파트를 보증금 3천만 원에 월세 30만 원을 내면서 살고 있고, 월 150만 원씩 열심히 저축하고 있어 보증금 외에도 약 1억 원을 연금상품으로 모아두었습니다. 이 돈은 더 이상 일을 못하게 될 경우를 대비한 박 씨 부부의 '노후자금'이었습니다.

그런데 전세금 인상의 여파가 박 씨 부부에게 들이닥쳤습니다. 집주인은 지난 4년간 월세를 한 번도 안 올렸으니 이번에는 월세를 50

만 원으로 올리겠다고 통보해온 것입니다. 박 씨 부부는 전세로 이사하자니 노후 자금을 깨서 전세 보증금으로 써야 할 판이고, 월세를 올려주자니 돈이 너무 아까웠습니다. 또 나이는 계속 들어가는데 소득도 끊어진 노후에 전, 월세로 전전할 것을 생각하니 눈앞이 캄캄했습니다. 그래서 이참에 내 집 마련을 하는 것은 어떨까 하는 생각에 알아보던 중 신규 분양하는 빌라(전용면적 18평형, 분양가 2억 1천만 원)를 보게 되었습니다. 넓고 깨끗한 새 빌라에 엘리베이터도 있고, 주차장도 있어 마음에 들었습니다. 이 빌라를 살까 하는 생각을 가지고 있던 박 씨 부부는 누군가에게 상의를 하고 싶어, 자신들의 연금을 관리하고 있던 FP를 통해 저희 회사를 찾게 되었습니다.

우리는 먼저 박 씨 부부가 원하는 주거 조건을 파악했습니다. 이 부부는 강서구 일대에서 오랫동안 살아왔고, 친지들과 지인들도 강서구에 있어 이곳을 떠나고 싶어 하지 않았습니다. 그리고 부부가 모두 시내로 출퇴근하기에 전철 이용이 편리해야 하는 조건과, 가능하다면 작더라도 햇볕이 잘 드는 아파트를 원했습니다.

기존				자산	
근로소득	260만 원	생활비	110만 원	예금	4,000만 원
자녀 용돈	50만 원	보험료	40만 원	연금	5,000만 원
		저축(연금)	150만 원	임차 보증금	3,000만 원
합계	310만 원	합계	310만 원	합계	13,000만 원

박 씨 부부의 재무 상태

가진 돈은 1억 3천만 원이 전부였고, 박 씨 부부는 앞으로 최소 5년 이상은 현재처럼 일을 할 수 있어 어느 정도 대출을 감당할 수 있었습니다. 재무상황을 종합적으로 고려한 결과 박 씨 부부가 사고자 하는 빌라는 이들에게 부적합했습니다. 가격(2억 1천만 원)도 무리였고, 향후 이 빌라의 가격도 떨어질 것이 예상되었기 때문입니다. 이 빌라를 샀을 경우, 가진 돈을 모두 주택 구입에 쏟아 붓고, 향후 5년간 열심히 대출 갚고 났더니 가격은 떨어져 있고 매매도 어려운 상황이 될 가능성이 매우 높았습니다. 하우스푸어로의 전락이 염려됐습니다.

  이들에게 적합한 주택 가격은 최대 1억 8천만 원 선이었습니다. 이들이 원하는 주거조건을 갖춘 주택 중에서 가격은 낮으면 낮을수록 좋고, 적어도 나중에 가격이 떨어지지는 않아야 하는 까다로운 조건이었습니다. 여러 방법을 조사하고, 강서구 일대의 시장상황을 샅샅이 조사한 결과 꽤 괜찮은 솔루션이 나왔습니다. 강서구에는 몇 개의 소형아파트 단지들이 있는데, 그중 이들의 예산에 부합하는 물건들이 있었으며, 경매로는 시세의 80%선에서 취득이 가능했던 것입니다. 이들에게 최적의 물건으로 선정된 것은 5호선 **역 바로 앞에 있는 아파트 22평형이었습니다. 모든 면에서 이들이 원하는 조건에 부합했으나 가격(1억 9천~2억 1천만 원)은 다소 부담스러웠습니다. 그런데 경매의 경우 감정가(2억 1천만 원) 대비 80%선인 1억 6천~7천만 원 정도면 낙찰을 받을 것으로 예상되었습니다. 이 아파트를 넉넉잡아 1억 7천만 원에 낙찰 받는다면, 세금이나 각종 비용을 포함하여 대출이 약 6천만 원 정도 발생할 것인데, 이는 3~4년이면 다 상환할수 있는 규모였습니다.

박 씨 부부가 이 아파트를 낙찰 받아 거주하면서 5년 후 주택연금을 신청한다면 어떻게 될까 분석해 보았습니다. 주택연금은 '한국감정원'의 시세를 적용하여 연금을 산출합니다. 따라서 이들이 취득한가격인 1억 7천만 원이 아니라, 감정가 2억 1천만 원으로 주택연금을 받게 되는 것입니다. 물론 이 주택가격이 더 이상 떨어지지 않을경우의 이야기인데, 소형 주택이어서 큰 폭의 가격 하락은 가능성이낮았습니다. 만일 반대로 이 주택가격이 오른다면 연금액수는 더 커질 것입니다.

현재 기준으로 60세인 사람이 2억 1천만 원의 주택을 담보로 주택연금을 신청하게 되면 매월 약 50만 원을 종신연금으로 받을 수 있습니다. 1억당 월 24만 원 꼴입니다. 반면 만일 이들이 주택구입에 소요된 1억 7천만 원을 금융회사의 종신연금으로 수령하게 된다면 월약 50~60만 원 정도를 수령하게 될 것인데, 이 경우 주거 자금은 별도로 필요하게 됩니다. 즉, 우리가 제시한 솔루션대로 한다면 박 씨부부는 내 집에 평생 마음 편히 살면서 따로 연금을 준비한 것과 비슷한 연금을 받을 수 있게 되는 상황이었습니다. 박 씨 부부는 모든 고민이 해결되었다며 환호했습니다. 이제 그들은 부푼 꿈을 안고 경매 입찰 기일만을 기다리고 있습니다.

BEFORE	AFTER
– 18평 아파트 월세 거주 (보증금 3천만 원, 월 30만 원)	– 22년형 아파트 내 집 마련 (감정가 2억 1천만 원, 낙찰가 1억 7천만 원)
– 월 저축 150만 원	– 대출 6천만 원 발생
– 신규 빌라 분양 (총 비용 2억 2천만 원)	– 대출 상환 3.5년 소요
– 대출 9천만 원 발생	
– 대출 상환 5년 소요	
↓	↓
∨부채 과다	∨내 집 마련
∨주택 미래가치 불안	∨평생 내 집에서 거주
∨노후 자금 불안	∨종신연금 월 50만 원 확보 예상

사례3 : "임차한 주택에 경매 참여로 전세보증금 전부 보존해"

세 들어 살고 있던 집이 경매로 넘어가게 되었을 경우, 대항력과 우선변제권이 있다면 경매 낙찰대금에서 배당을 받을 수 있습니다. 그런데 확정일자를 받아두지 않아 우선변제권을 확보하지 못했거나 보증금의 일부를 떼이면서 집을 비워줘야 하는 경우라면 세입자에게는 엄청난 손해가 생기게 됩니다. 이런 경우에 검토해 볼 수 있는 대안을 사례를 통해 보여드리겠습니다.

남편을 먼저 보내고 혼자 아들과 함께 살고 있는 52세 김 씨는 2009년 서울 마포에 25평형 아파트를 보증금 1억 6천만 원에 전세로 들어가 살다 2011년에 전세보증금 3천5백만 원을 올려 재계약했습니다. 그런데 1년 뒤, 남부지방법원으로부터 온 등기우편을 보니 집주인이 은행이자와 원금을 변제하지 못해 은행으로부터 경매신청이 되어 경매가 진행 중이니 배당 종기일까지 배당신청을 하라는 것이었습니다. 법원에 직접 찾아가 확인해 보니 정말 사실이었습니다. 김 씨는 벼락 맞은 심정으로 변호사를 찾아가 상담을 했는데, 보증금 중 약 8천만 원 정도만 회수할 것으로 예상된다는 답변을 듣고는 큰 충격에 빠졌습니다. 보증금 중 1억 1천5백만 원을 하루아침에 날리게 된 것입니다.

[김 모 씨 주택에 등기된 권리사항]

- 2006년 6월 19일 **새마을금고 근저당(채권최고액 3억 9천5백만 원, 원금과 이자 2억 2천만 원)
- 2009년 4월 8일 전입신고 및 확정일자 신고(보증금 1억 6천만 원)
- 2009년 11월 19일 가압류 이**
- 2011년 4월 10일 전세보증금 인상분(3천5백만 원) 확정일자 신고
- 2012년 7월 23일 새마을금고 임의경매 신천

　　이 주택의 예상 낙찰가는 3억 1천만 원 안팎이었습니다. 만일 3억 1천만 원에 낙찰된다면, 가장 먼저 각종 경매비용을 제외한 후 최선순위 권리자인 **새마을금고가 원금과 정상이자 및 지연이자를 포함한 2억 2천만 원을 배당 받고, 나머지를 김 씨가 배당 받게 됩니다.

때문에 약 8천만 원(3억 1천만 원-경매비용-2억 2천만 원)만 배당받게 되는 것입니다. 김 씨는 어떻게 하면 보증금을 회수할 수 있을지 고민하다 전문가의 상담을 신청하게 됐습니다. 이 경우는 주택가격에 비해 너무 많은 금액의 근저당(채권최고액 3억 9천5백만 원)이 설정된 주택에 전세를 들어갔던 것이 화근이 된 경우입니다. 전세보증금 인상 시에 등기사항증명서를 확인했다면 가압류가 설정되어 있는 것을 알았을 텐데 이런 절차가 없었던 것에 대한 아쉬움이 있는 상황입니다.

이대로 경매가 진행되어 낙찰된다면 김씨는 1억 원이 넘는 돈을 떼일 뿐더러 임차권도 소멸되므로 당장 이사를 나가야 합니다. 김 씨를 만나 모든 가능성을 열고 상담해 봤습니다. 소득과 지출, 자산내역 등을 꼼꼼하게 체크하고, 이 아파트의 시장상황을 조사하고, 김 씨 가족들과 몇 차례 상의한 끝에 이 아파트에 경매 입찰하여 낙찰 받기로 했습니다.

[김 씨 주택 시장 조사 결과]

- 인근 매매 시세: 4억 1천만 원
- 전세 시세: 2억 3천~2억 5천만 원
- 예상 낙찰가: 3억~3억 1천만 원

우선 김 씨가 보유한 금융자산은 6천8백만 원이었습니다. 경매입찰가격은 3억 2천6백만 원으로 잡았습니다. 김 씨는 반드시 낙찰 받

아야 하는 상황이어서 예상 낙찰가보다 높게 쓸 수밖에 없었습니다. 또한 이런 경우에는 높은 가격에 낙찰 받더라도, 김 씨가 배당 받는 금액 역시 그만큼 늘어나므로 자금만 가능하다면 높은 낙찰가는 문제가 되지 않습니다. 예상대로 김 씨가 낙찰을 받았으며 은행에서 담보대출(80%)을 받아 잔금을 납부했습니다. 김 씨는 배당 기일에 전세보증금 중 9천5백만 원을 배당 받아 대출을 일부 변제하였습니다. 당장은 1억 6천3백만 원의 대출이 생기게 되었지만, 이 아파트는 3억 9천만 원 선에서 급매도가 가능한 상황이어서 차익도 기대할 수 있었습니다. 김 씨는 당분간 이 아파트에 살다가 적당한 가격에 팔 계획입니다.

경매 참여하지 않고 배당 받는 경우		경매 참여하고 배당 받는 경우

– 배당 : 약 8천만 원(예상)
– 손실 : 1억 1천5백만 원
– 대항력 없어 이사 나가야 함
		– 입찰가격 : 3억 2천6백만 원
		– 금융자산 : 6천8백만 원 +
		  대출 : 2억 6천만 원
		– 배당 : 9천5백만 원
		– 대출잔금 : 1억 6천8백만 원
		– 주택 급매도 가능 가격 :
		  3억 9천만 원
		– 차익(약 2천7백만 원) 발생

위 사례는 임차한 주택이 경매 당하여 보증금 회수가 불가능한 상태에서 직접 입찰하여 시세보다 싸게 낙찰 받아 본인의 전세보증금을 전부 회수함과 동시에 차익도 거둔 사례입니다. 이 같은 방법은

주택의 매도 가능금액을 철저히 조사하여야 하며, 낙찰 대금과 대출금을 감당할 수 있는 상황인지 등을 철저히 따져 보고 판단해야 합니다. 김 씨는 다소 운이 좋은 경우라 잘 풀렸지만, 아무리 대안을 마련해 봐도 좋지 않은 결과가 나오는 경우 또한 많기 때문에, 전세 재계약을 할 때에는 반드시 등기부등본을 재차 확인하는 것을 잊지 마시기 바랍니다.

7장

—

맞벌이 부부를
위한 제언

Without a rich heart, wealth is an ugly beggar.
- Ralph Waldo Emerson

풍요로운 마음이 없다면, 부는 추한 거지와 같다.
- R. W. 에머슨

아빠!
아들!
별써?

현명한 맞벌이
부부의 가계 운영

사치하지 않는데 왜 돈이 없을까

흔히들 외벌이보다 맞벌이가 훨씬 더 빠른 속도로 재산을 만들고, 경제적으로 안정되고 여유로울 거라 생각하지만, 현실은 꼭 그렇지만은 않습니다. 맞벌이를 통해 한 달에 칠, 팔백만 원 이상을 벌어도 빚에 쪼들리고 맨날 돈이 모자라 카드 값에 전전긍긍하는 사람들, 주변에 수도 없이 많이 있습니다. 드러내놓고 말을 안 하니 티가 잘 안 날 뿐이죠. 외벌이 가정에, 칠, 팔백만 원 버는 맞벌이 부부 소득의 반도 안 되는 돈으로 사는 분들은 도저히 이해가 안 될 겁니다. 저 돈 벌어서 다 어디에 쓰나 싶죠? 그런데 정작 벌고 있는 본인들한테 물어 보면, 자기들은 또 별로 낭비하지 않고 산다고 대답합니다. 물론 이 분들, 사치하고 낭비하지 않습니다. 하지만 '사치하지 않는데 왜 돈이 없지?'라고 의문을 갖는 것은 분명 어리석은 일입니다. 왜 그럴까요?

사치를 하지 않는다고 해서 그것이 곧 절약하는 것이고, 그렇기 때문에 재산이 점점 늘어나야 한다는 생각은 짧은 생각입니다. 돈 문제로 어려워하고 있는 대한민국 사람들을 여의도 광장에 다 집합시켜 놓고 하나하나 물어 봐도 내가 사치해서 이렇게 힘들게 사노라 말하는 사람은 10%도 안 될 겁니다. 관건은 사치하느냐, 사치하지 않느냐가 아니라, 소비지출과 저축현황이 정확한 예산 위에서 관리되고 있느냐 아니냐에 있습니다. 사치하지 않는다고 체계적으로 돈 관리를 잘 하고 있는 것은 아니라는 거죠. 기록과 평가를 통한 체계적 관리만이 우리 가계의 현 상황과 미래 예측 그리고 소비와 저축의 선택과 집중을 이룰 수 있습니다.

소비는 더 큰 소득과 기회를 만드는 생산적인 곳으로 집중시키고, 현재의 소비가 미래의 어떤 기회비용을 만들고 있는지를 정확히 직시할 때, 돈 문제는 해결되기 시작합니다. 돈은 기본적으로 방종하는 성격을 가지고 있어, 질서와 체계를 부여해야 내 것이 됩니다. 집에 돈이 좀 있다고 위아래 모르고 근본 없이 설쳐대는 많은 사람이 이를 증명합니다. 어디 가나 한둘씩 있게 마련이죠. 전 세계적인 보편적 현상입니다. 방종하는 졸부들 말입니다.

그리고 하나 더 얘기하자면, 꼭 명품을 사고 큰 차를 사야만 사치하는 것이 아니라, 본인이 보통 수준의 소비라 여긴다고 하더라도, 자기 소득 범위를 벗어나는 잉여지출이 반복적으로 무언가 지속되고 있다면, 그것은 모두 상대적 사치라는 사실을 알아야 합니다. 중요한 것은 절대적 사치가 아니라 각자의 소득 수준에 따른 상대적 사치입니다. 상대적 사치, 이걸 잘 파악해야 돈이 모입니다. 예를 들어, 친구들과 만나 한 달에 한두 번씩 골프를 친다고 합시다. 여성이라면 친구들을 만나 맛있는 이탈리안 레스토랑에서 음식을 먹으며 수다를 떠는 것도 마찬가집니다. 이걸로 한 달에 약 삼사십만 원 정도 쓴다고 하면, 이 자체로만 두고 봐서는 절대적 사치라고 말하기 애매하겠으나, 대출상환에 허덕이며 적자가 나고 있는 상황이거나 이래저래 저축을 한 푼도 못하고 있는 상황이라면, 이는 본인에게 있어서는 사치에 지나지 않습니다.

여유로운 부는커녕 냉정한 현실

사치는 아주 비싸거나 아주 많은 돈을 쓰는 것이 아닌 그것이 반복되어 이어질 때, 나의 경제적 상황을 점점 더 나빠지게 하느냐 그렇지 않느냐에 있습니다. 만약에 멈추지 않고 계속 하였을 때 경제적 상황이 점점 더 나빠지는 방향으로 가게 된다면, 그것에 해당하는 소비는 두말할 나위 없는 사치입니다. 나보다 돈이 많은 사람에게는 사치가 아니지만, 나에게는 사치인 그런 것 말입니다. 또 현재 시점의 가계 상황에서 분수를 넘어서는 잉여적 소비 혹은 과도한 관계적 소비라고도 할 수 있겠지요. 다만 본인이 그걸 인정하기 싫을 뿐입니다. 왜일까요? 겨우 이걸 가지고 사치라고 하니 본인의 삶이 너무 초라하게 느껴지기 때문일 겁니다. 솔직히 자존심 상하는 일입니다. 그런 면에서 이해는 합니다만, 그러면 대책없이 계속 그렇게 살 수밖에 없습니다. 삶의 패턴이 이미 본인의 소득을 넘어서는 방향으로 습관화되어 있기 때문에 여유로운 부를 이루기는 매우 힘들어지죠. 냉정한 현실입니다. 부를 아예 꿈꾸지 말거나, 아니면 확실한 가계 관리를 시작하거나 둘 중 하나를 선택해야 합니다. 물론 소득을 획기적으로 늘리는 방법도 있겠죠. 하지만 이는 정말 어렵습니다. 샐러리맨이라면 더더욱.

그런데 곧 죽어도 이렇게는 살기 싫다면? 방법이 있긴 있습니다. 미혼이라면 돈 많은 배우자를 찾는 데 모든 노력을 집중하면 됩니다. 다만 너무 많은 거 바라지 말고, 오로지 돈만 보고 결혼해야죠. 그래야 실현가능성이 높아집니다. 실현가능성이 없는 계획은 뭐라고 했죠? 네, 망상입니다, 망상. 인격과 학식과 유머감각과 가정적인 자상함 이런 걸 다 갖춘 사람은 결코 돈 보고 달려드는 사람과 결혼하지 않습니다. 이런 사람들일수록 자기 소득 하에서 차분히 미래를 설계하며 성실하게 사는 사람들을 선호합니다. 세상 이치가 그렇습니다. 거울 똑바로 보고 현실을 직시해야죠. 어떻든 돈 많은 배우자 후보를 골라 철저히 그 사람을 파악하여 맞춤 전략으로 결혼에 골인해야 합니다. 그런데 이렇게 하고도 돈 많은 배우자와 결혼을 못하면? 뭐 그건 본인이 감당할 몫입니다. 세상에 100%는 없으니까요. 본 필자 주위에 이렇게 해서 결혼에 성공한 케이스가 몇 있습니다. 집중적으로 노력하면 되는 경우가 꽤 있더군요. 물론 결혼 이후 가정의 행복은 잘 모르겠습니다.

만일 가정이 있는 기혼자라면, 당장 아르바이트를 시작하고 NPL, 선물 옵션, 외환 투자 등 온갖 고수익 재테크를 모두 공부하여 섭렵해야 합니다. 쓰는 걸 줄이기 싫다면, 소득을 높이고 투자수익을 높여 원하는 만큼의 돈을 더 만들어내는 것 이외에는 방법이 없습니다. 다만 하이리스크 하이리턴, 투자실패로 인한 쪽박의 위험이 늘 상존하니, 이는 본인이 감당해야 합니다. 그리고 일하고 재테크하느라 가정에 바칠 시간이 모자라 가정 내의 대화와 소통을 상당 부분 희생해야 합니다. 공짜는 없습니다. 어떻든 이 방법은 성공만 하면 돈은 확실하게 들어옵니다. 그리고 이렇게 사는 분들도, 의외로 많습니다. 돈 많은 배우자를 만나 여유롭게 쇼핑하고 사는 사람, 돈 되는 일엔 앞뒤 재지 않고 뛰어들어 한 몫 크게 쥐어본 사람, 주변에 멘토가 될 만한 사람들이 당신 주위에도 하나둘은 있을 겁니다. 관심을 가지면 안 보이던 게 보이기 시작합니다.

상대적 사치와 마이너스 인생

각설하고, 어떻든 맞벌이 부부가 부를 이루기 위해 가장 먼저 제대로 정립해야 할 것이 바로 상대적 사치에 관한 인식입니다. 칠백이든 팔백이든 많은 돈을 벌면 뭐합니까? 백화점에 가서 철마다 고급 브랜드 옷 사는 것을 당연하게 여기고, 차는 곧 죽어도 자세 나오는 걸로 둘 다 한 대씩 굴려야 하며, 해외여행은 한해에 한두 번 나가는 걸 사치가 아닌 당연한 일상으로 여기고 산다면, 낭비하지 않는다 여겨도 마이너스 인생을 평생 벗어나지 못합니다. 의외로 요즘엔 이런 부부들이 많습니다. 특히 부모가 돈이 많을수록 더 심합니다. 왜냐면, 본인의 소득 수준이 아닌, 부모의 자산 수준을 자기의 생활수준으로 착각하기 때문입니다. 일종의 유아적 의존증이 돈에 관한 정서를 지배하고 있는 것이지요. 몸만 독립했지 정신은 독립하지 못한 겁니다. 이런 분들은 뒤가 든든해 세상 무서운 줄도 잘 모릅니다. 천진난만하고 늘 해피하지요.

반면 부모가 돈이 별로 없는데도, 이렇게 흥청망청 사는 부부들도 있는데, 이들은 왜 그런 걸까요? 이건 일종의 자아박약입니다. 자본주의 사회가 주입하는, 소비와 겉치레의 가치가 본인의 세계관을 지배하고 있는 것이죠. 자본주의적 가치가 다 채워지지 않아도 소중히 지켜낼 본인만의 정신적 가치와 신념이 바로 서 있지 않은 케이스입니다. 정신 똑바로 차리지 않으면 돈의 노예가 되는 게 자본주의의 무서움입니다. 이미 노예가 지천에 널렸습니다.

한편 이런 케이스도 있습니다. 경제적으로 너무 어렵게 자라 그것에 대한 반작용으로 돈을 펑펑 쓰는 케이스입니다. 입고 싶은 옷 한 벌 맘껏 못 입어 보고, 먹고 싶은 것도 양껏 못 먹어 보고, 갖고 싶은 것도 가져본 일이 전무하게 살아왔기 때문에 소싯적 내내 돈 벌면 이 모든 걸 다 하고 살리라 무의식적으로 다짐해온 사람들입니다. 이건 일종의 한풀이입니다. 한을 푸는 건 좋습니다만, 자기 상황 똑바로 보지 못하고 평생 동안 계속 한풀이하면서 살면, 나중에 돈 때문에 더 큰 한이 생길 것입니다. 적당히 풀고 나면, 정신 차려야죠. 그만하면 됐다고 스스로를 도닥이는 결기가 필요합니다. 이 글을 쓰고 있는 필자 본인이, 바로 이 케이스에 속하는 사람입니다. 한풀이로 펑펑 쓰다 정신 차린 지 몇 년 안 됐습니다. 정신을 차리고 나니, 날린 돈이 너무 아깝다는 생각이 몰려오더군요. 그 돈만 제대로 된 곳에 썼어도 현재의 삶이 엄청나게 달라졌을 것을 깨달았기 때문입니다. 그러나 시간은 돌릴 수 없습니다. 뭐, 어느 정도 한은 풀었으니 그걸로 됐습니다.

그건 그렇고 다시 제자리로 와서, 결론적으로 맞벌이 부부가 외벌이 부부에 비해 더 어려워지는 이유는, 초과 소득이 저축과 투자로 연결되지 못하고 사치성 소비 지출로 다 나가버리는 경우에 생깁니다. 씀씀이만 커지게 되어 쌓이는 돈보다 소비 습관이 배로 커지는 것이죠. 거기다 거액의 빚을 내서 집까지 질러놨다면 설상가상입니다. 사람은 습관의 동물입니다. 저축하지 않는 습관이 몸에 배고, 소비하는 습관이 한 번 부풀어 오르기 시작하면, 이를 바로 잡기는 매우 어렵습니다. '이 정도는 남들 다 하는 거야.'라는 자기합리화가 상대적 사치의 습관을 고착시킵니다. 인간은 합리적인 동물이 아니라 합리화하는 동물입니다. 진짜 합리적인 사람은 자기 합리화를 하지 않는 법입니다. 이런 사람이 별로 없어서 그렇지.

상대적 사치에 관한 인식을 제대로 했다면, 맞벌이 부부는 서로 간의 가계운영에 관한 대화와 소통에 특히 더 신경 써야 합니다. 맞벌이 부부는 서로의 독립된 소득이 있고 경제적으로 의지하고 있지 않기 때문에, 재무적인 의사결정을 할 때 자기주장이 강한 경우가 많습니다. 나름 자기만의 사회적 지위도 있고 하니 더욱 그렇습니다. 자존심이 센 거죠. 예를 들어 아내는 아껴 쓰고 차곡차곡 모아 저축하자는 주의이고, 남편은 어차피 쓰기 위해 버는 건데 쓸 건 좀 쓰면서 남는 돈으로 저축하고 공격적인 투자를 해야 한다는 주의라면, 십중팔구는 가계운영 방식에 대해 합의가 안 됩니다. 연애할 때야 남편이 돈을 척척 내니 좋았겠지만, 결혼하고 나니 상황이 바뀌는 겁니다. 네 돈 내 돈 별개이던 것이 갑자기 우리 돈이 된 것이죠. 이런 부부는 서로가 서로에게 불만이 생깁니다. 아내가 보기에 남편은 대책이 없는 사람입니다. 나는 아끼는데 남편은 두둑한 지갑 꺼내 가오 잡고 척척 써대니 억울합니다. 남편이 보기에 아내는 자린고비에 답답한 사람입니다. 한 번 살다 가는 인생, 얼마나 살 거라고 저렇게 궁상맞게 사나 싶습니다.

규모의 경제 만들기

사실 부부가 돈에 관한 가치관과 행동패턴이 다른 것은 너무 당연한 일입니다. 30년이라는 시간을 서로 다른 가정에서 서로 다른 경제적 수준에서 살아왔기 때문에 보고 배운 것이 다르고, 무의식적으로 내면화한 돈에 대한 인식이 다를 수밖에 없습니다. 물론 그렇다고 이게 조율하기 쉬운 건 아닙니다. 허나 쉽지 않다고 해서 서로의 경제관과 재무성향을 제대로 공유하지 못하면, 결국 일원화된 가계운영을 하지 못하게 되고, 결국은 그냥 각자의 소신대로 네 돈은 네 돈, 내 돈은 내 돈 하는 식으로 따로 관리하게 됩니다. 이렇게 되면 소득을 하나로 모아서 관리하는 맞벌이의 시너지 효과를 내지 못하게 되어, 잃게 되는 기회비용이 상당합니다. 은근히 상대방이 조금은 모아놓고 있을 거라 의지하는 마음이 생기게 될 것이고, 그 결과 소비를 통제하는 마음가짐이 흐트러지고 맙니다. 합의된 하나의 목표에 따라 투자와 소비가 이뤄지지 않기 때문에 효율성도 살지 않고, 규모의 경제가 안 이뤄집니다.

때로는 서로 간에 불신의 벽이 생기고 의사소통이 제한되는 원인이 되기도 합니다. 대체 얼마의 돈을 어디에 쌓아두고 있는지 모르니, 말 못할 의심이 커지기도 합니다. 어디 부부 문제 중에 돈이 결부되지 않는 문제가 얼마나 있던가요? 그래서 맞벌이 부부는 재무적인 성향과, 돈과 관련된 어릴 적 경험과 그로 인해 형성된 가치관을 공유하는 과정이 절실히 필요합니다. 부부가 평생 동안 같이 살면서 제

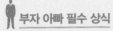

규모의 경제란?

규모의 경제는 경영경제 분야에서 쓰는 용어입니다. 각종 생산요소를 투입하는 양을 증가시킴으로써 발생하는 이익이 증가되는 현상입니다. 일반적으로는 대량생산을 통해 단위당 들어가는 비용을 절감하여 이익을 늘리는 것을 목적으로 하지만, 최근은 특히 설비를 증강하여 생산비를 절감하는 것에 목적을 둡니다. 대량생산이 아니라 기술혁신을 통해 이익 증대가 완성되는 것은 '규모의 이익'이라고 합니다. 본문에서는 그냥 쉽게, 부부가 함께 소비를 계획해서 지출을 줄이는 것과, 혼자 가진 적은 돈보다는 둘이 번 돈을 함께 투자하여 더 큰 투자수익을 내는 정도의 의미로 썼습니다. 작은 예로 은행을 가더라도 맡기는 돈이 커야 금리를 더 주니까요.

일 많이 하는 것이 서로 말하는 것이고, 두 번째가 돈 쓰는 것입니다. 재무적 의사소통은 아무리 강조해도 지나침이 없습니다. 이런 공유 과정을 통해 부부는 서로의 소득과 재산을 더 효율적으로 관리할 수 있고, 상호 이해도 깊어져 심도 있는 소통이 가능하게 됩니다.

최근에는 전문적으로 돈에 관한 심리상태와 장애를 전문적으로 다루는 재무심리 검사라는 것이 시중에 유통되고 있으니, 부부가 함께 서로를 이해하는 계기로 활용하면 금상첨화겠습니다. 원래 돈이라는 주제가 그냥 마주 앉아서 '여보, 우리 돈 얘기 한번 해보세.' 이런다고 해서 잘 되는 게 아니거든요. 오히려 다툼만 생기는 경우가 다반사입니다. 그래서 전문가들이 존재합니다. 다 경험에서 나온 말입니다. 전문적인 재무심리 검사를 통해서 상대방이 돈에 대한 어떤 고정관념이 있는지, 부자가 되기 위한 심리적 장애를 어떤 부분에서 가지고 있는지를 상세하게 알 필요가 있습니다.

모두가 파편화된 경제관만 가지고 있을 뿐, 돈을 벌어 쓰고 불리고 나누는 영역을 체계적으로 자각하고 있지 못합니다. 부를 만드는 것은 부를 이루는 행동적 습관이 만드는 것이고, 행동적 습관은 결국 돈에 대한 나의 인식과 마음에서 비롯됩니다. 그러므로 돈에 대한 인식과 마음에 문제가 있다면, 백날 가봐야 팍팍한 신세를 면하기 어렵습니다. 현장에서 재무심리 검사를 통해 젊은 맞벌이 부부들을 들여다 보면, 생각보다 유아형의 패턴을 가진 사람들이 많습니다. 직장에서 열심히 일하고 가정에서 각자의 책임과 의무를 다하며 살고는 있지만, 돈에 대한 가치관과 태도에 있어서는 체계적으로 교육 받아본 일이 없는 것입니다. 그저 부모님들 하는 것을 보고 무의식중에 그대로 흡수하거나, 아니면 부모님에 대한 반발적인 성향을 내면화하거나, 그것도 아니면 은연중에 부모에 대한 의존적 태도를 형성하면서 살아온 것이죠.

자기 자신이 가진 돈에 관한 의식이 남들의 평균적인 의식에 비해 얼마나 더 즉흥적이고 소비적인지, 혹은 의존적인지, 혹은 지나친 자린고비인지 전혀 의식하지 못하고 살아갑니다. 그로 인해 미래의 가계상황에 위험이 닥칠 것이 뻔히 보이는데도 본인들은 자각하지 못합니다. 누구도 옆에서 이야기해 주거나 말해 주지도 않습니다. 그리고 말해 줘도 잘 안 받아들입니다. 객관적 근거나 데이터가 없기에 잔소리라고 여길 뿐이죠. 이는 우리나라의 경제교육 부재가 낳는 사회적 문제라고 할 수 있습니다. 30대, 20대로 내려갈수록 돈에 대한 통제력이 더 약한 경우가 많습니다.

부부 간에 뜨겁게 이해하기

예외 없이 내 집 마련은 맞벌이 부부에게도 가장 큰 관심사입니다. 내 집 마련에는 맞벌이, 외벌이, 남녀노소 구분이 없습니다. 하지만 집에 대한 가치관도 부부가 서로 다른 경우가 많습니다. 그래서 이 부분도 의사소통과 합의가 필요하고, 합의가 있어야만 내 집 마련에 대한 플랜을 세울 수가 있습니다. 흔한 예를 들어 보면, 한 명은 무조건 빨리 무리한 대출을 해서라도 내 집 마련을 하고 싶어 하고, 한 명은 아이가 학교 들어가기 전까지는 내 집 마련을 조금 늦추면서 자산을 더 만들고 싶어 하는 경우가 있습니다. 한 명은 "집 없이는 쪽 팔려 못 살겠다."하고, 한 명은 "쪽 좀 팔리면 어떠냐 실속이 우선이지."라고 말합니다. 이런 경우엔 굳이 누가 옳고 그른가를 따지며 논쟁하기보다는, 자라면서 집에 대해 느끼고 경험한 것이 다르다는 것을 충분히 공감하는 과정이 필요합니다. 쪽팔림도 그 사람에게는 나름의 유구한 경험적 배경이 있는 겁니다.

그러니 이 책을 읽었다고 배우자를 마구 몰아세우면 안 됩니다. 사람은 하루아침에 어떻게 안 변합니다. 배우자인데 어떻게 하겠습니까? 집에 대한 생각이 다르다고 이혼할 순 없지 않습니까? 무조건 열린 자세로 들어주고 대화하는 것이 우선입니다. 그런 이후에, 내 집 마련을 어느 시기에 어떠한 방법으로 할 것인지에 대해 서로 합의하고 플랜을 마련해야 합니다. 구체적으로는 다음과 같은 사항의 합의가 필요합니다. 일단은 내 집 마련의 목표 '시기'를 합의해야겠습니다. 최대한 시기를 당겨 다른 부분을 졸라매고 갈 것이냐, 아이가 태어나고 학교에 들어가는 시기로 맞추어 갈 것이냐, 최대한 뒤로 미루면서 자산의 투자효과를 더 살릴 것이냐 등 말입니다. 시기에 대한 합의가 있어야 저축과 투자에서 내 집 마련에 할애할 금액의 비율을 정할 수 있습니다.

다음은 청약통장의 활용방안에 대해 정확히 알아야 합니다. 공공분양이나 장기전세 등을 활용하기 위해 일찍부터 준비하는 것은 남들보다 10년을 앞서가는 발판이 됩니다. 도시에 사는 무주택자에겐 굉장히 중요한 영역입니다. 인터넷 카페 중에 이것과 관련한 전문 카페들이 많고, 좋은 정보가 있으니 꼭 활용해 보세요. 다음으로 대출 활용방안에 대한 대체적 합의가 있어야 합니다. 어느 시기에 얼마의 돈을 빌릴 것이며, 그로 인한 이자비용은 얼마나 발생할 것으로 예상

되는지, 원금과 이자를 상환할 능력은 되는지, 된다면 어떻게 계획을 잡아 실천할 것인지 등에 대해서 말입니다. 다만 서로의 소득활동이 언제까지 지속될 것인지에 대한 고려가 있어야 하며, 특히 아이가 태어난 후에도 한 쪽의 소득활동이 안정적으로 지속될 수 있을지도 심도 있게 생각해 봐야 합니다.

주택담보대출을 상환하는 도중에 맞벌이 부부의 한 쪽 소득이 끊어지는 상황은 가계를 무너뜨리는 대표적인 사례에 속합니다. 미국 하버드대의 엘리자베스 워런 교수가 쓴『맞벌이의 함정』이라는 책을 보면, 이런 이유로 인해 무너지고 파산하는 맞벌이 가정에 관한 객관적인 데이터와 연구 결과가 있습니다. 이 책의 저자는 '쌍둥이 신'이라는 표현을 써가며, 맞벌이 부부의 '주거비'와 '교육비'에 관한 과도한 집착적 행태가 가족을 모두 일터로 보내게 되고, 결국엔 경제적 위험이 올 경우 파산을 낳는다고 말합니다. 어떻든, 순간의 선택이 10년을 좌우합니다. 특히 우리나라는 직장 여성의 자녀양육이 너무 힘들기 때문에, 가족 관계라든지 여타 여러 가지 요인에 의해서 자녀가 태어난 후 소득활동이 중단되는 경우가 많습니다. 이를 꼭 고려해야 합니다. 당장 집 사는 게 중요하지 않을 수도 있습니다.

소비 지출의 주도권자 정하기

다음으로 생활비의 예산을 잡고 소비 지출의 주도권을 잡을 사람을 정하는 것이 좋습니다. 생활비를 아무 기록과 평가 없이 서로 내가 번 돈 내가 쓴다는 식으로 가버리면 맞벌이 가정의 경제적 시너지는 전혀 없습니다. 벌고 불리는 만큼, 돈을 쓰는 것을 관리하는 것은 상당히 중요한 부분인데, 과연 이 생활비를 누가 주도하여 기록하고 관리할 것이냐 하는 것은 이 중에서도 핵심에 속합니다. 인사가 만사입니다. 좀 더 소비통제력이 강한 사람이 이 부분의 주도권을 잡되, 반드시 소비생활을 기록하고 평가하여 예산을 잡고, 그에 맞춰보는 작업이 필요합니다. 그렇다고 배우자가 돈 좀 쓴다고 너무 야박하게 잔소리하거나 비난해서는 안 됩니다. 돈 관리는 행복하라고 하는 것이지, 싸우라고 하는 것이 아닙니다. 시간이 필요한 부분이 있는 겁니다. 여하튼 이런 건 대체로 성향의 문제인지라, 이런 부분을 잘 감당할 수 있는 성향을 가진 사람이 생활비 지출을 주도하는 것이 좋습니다. 이런 배우자 만나는 것도 큰 복이죠.

그리고 수익률보다는 목돈 형성에 더 집중해야 합니다. 불리기보단 모으라는 겁니다. 소득 수준이 높더라도 만들어 놓은 목돈이 없다면, 지금 당장 수익을 많이 내는 것은 그다지 중요하지 않습니다. 10억 원은 1%만 수익이 나도 1,000만 원이지만, 100만 원은 10% 수익이 나도 10만 원밖에 안됩니다. 수익률 높아봐야 별 영양가가 없습니다. 영양가 없이 기분만 좋습니다. 이런 걸 근자감이라 하죠? 근거 없는 자신감. 없는 돈에 수익률 1~2%에 연연할 필요가 없다는 말입니다. 더 중요한 것은 하루빨리 목돈을 모아 조금의 수익이 나더라도 큰 액수가 되는 판을 만드는 것입니다. 체급이 헤비급 정도는 돼야 한 방이 있는 것이지, 미니멈급에서 백 날 한 방 노려봐야 소용없습니다. 수익률은 자금이 어느 정도 사이즈가 되었을 때 의미를 갖는 것입니다.

자금이 깨지지 않고 큰돈을 만들려면 부부가 함께, 반드시 함께 원하는 위시리스트를 작성해야 합니다. 꿈을 꾸고 그것을 눈앞에 보이게 기록해야 합니다. 사람은 자기가 원하는 것을 위해 돈을 모을 때, 강력한 동기 부여가 생깁니다. 돈 모으는 동안 그것을 깨야 하는 상황과 유혹은 끊임없이 발생합니다. 갑자기 돈 빌려달라는 친구부터, 갑작스레 고장이 나서 스트레스 주는 가전제품, 걸핏하면 수리 들어가는 자동차, 뜻하지 않은 사고나 병으로 지출되는 부모님의 의료비 등, 이런 일들이 계속해서 생기게 마련입니다. 세상은 불확실한 사건으로 점철되어 있고, 한 치 앞을 내다보기 힘든 것이 인생입니다. 바로 그렇기 때문에 흔들리지 않기 위해 동기 부여가 강력해야 하고, 이것이 가장 중요한 요소입니다.

목돈 마련의 목적이 내 집 마련이든, 사업체 설립이든, 가족 간의 여행계획이든, 부모님 칠순에 효도할 자금이든, 그것이 무엇이든 간에, 부부가 함께 서로를 기쁘고 들뜨게 만드는 위시리스트를 작성하고 합의해 한 곳을 바라보기 바랍니다. 흐지부지 잘 부스러지던 돈이 단단해질 것입니다. 한 사람이 다소 시큰둥해져도 다른 한 사람이 중심을 잡아줍니다. 상호보완의 효과가 생깁니다. 결과적으로 돈이 깨지지 않습니다. 시너지가 작동하는 것입니다. 이런 과정을 통해 목표한 목돈형성을 한 번이라도 완주해 낸다면, 당신은 이미 원하는 경제 수준의 절반은 달성한 것이나 다름없습니다. 뭉칫돈 만드는 체력이 생겼기 때문이죠. 진정 모을 줄 아는 당신이 이 나라의 챔피언입니다.

'부자 부부'가 되는 핵심 메시지

1. 맞벌이 부부는 소득 대비 지출이 더 늘어나지 않도록 하는 것이 중요합니다.
2. 상대적 사치와 한 쪽의 소득 중단에 대한 주의가 없으면 경제적으로 한 방에 갈 수도 있습니다.
3. 맞벌이 부부는 서로 간의 소통이 중요하며, 돈 문제로 갈등이 많다면 함께 재무심리 검사를 받아보는 것이 좋습니다.

부부 재무심리검사

DNY머니코칭 정반석 PB

30대 중반의 신혼부부. 남편은 낮에는 키즈카페, 저녁에는 일반카페로 운영하는 카페의 경영자로서 업을 시작한 지는 이제 3년이 되었고, 아내는 작은 무역회사의 경리였다가 출산을 하여 전업주부가 되었습니다. 저와 이 부부는 교회에서 친분이 있던 사이로, 두 사람이 결혼하기 전부터 이미 알고 지내온 사이였고, 결혼 후에도 지속적인 친분을 유지하고 있었습니다.

3년 전 '맘스카페' 분야의 사업을 시작한 남편은 사업에서 재무적인 부분의 궁금증 및 문제해결을 종종 문의해 왔었고, 도움을 줄 수 있는 범위 내에서 함께 고민하며 사업을 이끌어 왔습니다. 그럼에도 불구하고 자리를 잡지 못하고 힘들어하던 사업으로 인해, 남편은 계속적인 고민과 사업성장을 위한 여러 가지 방법을 모색해오고 있었습니다. 그런 남편에게 사업을 더욱 안정화시키고 부부 간의 돈 문제에 관한 원활한 소통을 위해 재무심리상담을 제안했습니다. 남편은 노력하고 있음에도 나아지지 않는 현 재무상태를 정확히 알아보기 위해 아내와 함께 재무심리검사를 받게 되었습니다. (당시 남편은 계속적인 적자로 인한 빛 때문에 상당히 심각한 고민을 하고 있었습니다. 남편은 이러한 고민을 출산을 앞둔 아내에게 말하지 못했고, 이것이 이어져 출산 후에도 혼자 속앓이를 하는 중이었습니다)

검사 결과는 전반적으로 다소 의외였는데, 아내는 남편보다 재무적인 치밀성이 대단히 뛰어났고, 물 샐 틈 없는 철두철미한 성향을 가지고 있었습니다. 반면, 남편의 경우 삶의 활력부분은 더 높았지만, 여러 부분에서 문제점이 도출되었습니다. 특히 사업을 시작한지 3년 정도 되는 상황에서 일에 대한 집중력이 떨어진 것이 큰 문제였습니다. 또한 사업은 남편이 하고 있었지만, 재무적 집중력이 약한 무념형에 가까운 유형이었고, 사업가적 유형인 모험가형 기질은 오히려 아내에게서 더 크게 나타나고 있었습니다. 머니 스크립트상의 결과는 둘 다 '돈은 많으면 많을수록 좋다'는 생각이 1순위를 차지하고 있었지만, 현실은 넉넉하지 못해 자식이 태어남으로 인해 다가올 미래에 대해 불안해하고 있었습니다.

이 부부의 해법으로 제시한 것은 우선 남편의 현 상태를 아내와 공유하는 것이었습니다. 이로 인해 어렴풋이 짐작하고 있던 부분이 아내와 함께 공유됨으로써 부부는 서로를 이해하는 계기를 가지게 됐습니다. 그 다음의 해법으로 가계 관리의 주도권을 아내에게 넘기는 것을 제시했습니다. 아내의 치밀성은 '완벽하다'고 할 수 있을 정도로 높은 성향이었기 때문에, 가계부를 쓰고 예산을 짜는 습관만 들인다면 아주 빠른 속도로 재무상황이 좋아질 것으로 보였습니다. 남편은 자기 자신이 '돈 쓰는 능력'에서 매우 취약하다는 것을 파악했기에 이 제안을 흔쾌히 동의하였습니다. 또한 남편에게 다소 부족한 '돈 버는 능력'과 관련하여, 성공적인 사업에 필요한 습관과 사업가로서의 마인드를 키워야 함을 강조했습니다. 현재 상태에서 사업을 계속하게 되면 분명히 적자를 반복하다 정리할 것이고, 미안한 말이지만 돈에 대한 전반적인 의식의 개선 없이는 사업을 몇 번을 하든지 성공하기 어려울 것이 검사결과로 뚜렷이 나타났기 때문입니다.

놀라운 사실은 이 상담을 진행한 후 3일 뒤에 남편이 정말로 사업을 정리하였다는 사실입니다. 상담을 기초로 하여 자신의 현 상태를 정확히 파악했고, 아내와의 대화를 통해 현재의 규모보다 약 1/4 정도 되는 크기의 카페를 운영하기로 결정했다는 것입니다. 돈의 관리는 아내가 전적으로 맡아서 하기로 하였고, 남편도 어느 정도의 관리 능력을 키우기 위해서 노력하고 있다고 합니다.

상담을 통해 서로의 인식과 능력의 차이가 있음을 인지시켰습니다. 남편에게는 '어떻게든 되겠지.'라는 생각이 아닌 '내가 죽도록 일해서 가족을 먹여 살려야겠다.'라는 생각을 가지고 일에 집중할 것을 권했으며, 아내에게는 흔히 말하는 내조와 더불어 남편에게 부족한 돈을 쓰는 영역의 통제를 본인이 맡아 해야 함을 강조했습니다. 상담 전에 남편은 사업으로 인해 말할 수 없는 여러 가지 일로 계속적으로 괴로워하고 있었는데, 상담을 진행하면서 아내와 그 부분에 대한 공유가 이루어지고 위로가 이어지면서 부부 관계가 더욱 돈독해 지는 것이 느껴져 보람이 컸습니다.

아직 신혼인 부부가 현재의 어려움에 대해서 막연하게만 인식하고 계속 현재의 상태를 유지했다면, 큰 실패의 구덩이로 끌려갔을 수도 있었던 상황이었습니다. 현재의 상태를 직시하고, 개선하려는 노력으로 인해 되지 않던 사업을 빠르게 정리하고 현재의 상황에 맞는 사업으로 재출발할 수 있는 기회를 잡을 수 있게 도와주게 되어 저도 매우 뿌듯하게 상담을 마친 사례였습니다.

8장

—

주식 투자라는 계륵

Endless money forms the sinews of war.

- Cicero

무한한 돈은 전쟁의 핏줄이 된다.

— 키케로

아빠!
엉아
벌써?

주식 투자에 대한
분명한 자기 입장

자산 관리의 계륵, 주식 투자

개인 자산 관리라는 입장에서 볼 때, 주식 투자는 관심 없는 일반인들에게 하라고 권하기도 뭣하고, 하고 싶다고 하는 사람에게 절대하지 말라고 말리기도 힘든, 계륵 같은 애매한 그런 것입니다. 최근의 저금리 추세와 부동산의 대세 하락 등을 고려할 때, 사실상 펀드를 빼놓고는 일반인들이 쉽게 접근하여 물가를 이겨낼 수 있는 투자수익을 만들기가 쉽지 않기 때문이죠. 워낙에 투자 대안이 없는 시대이다 보니, 날이 갈수록 일반인들이 주식 투자에 노출되는 빈도는 높아지고 있고, 투자자의 수도 늘어나고 있는 실정입니다. 기대할 수 있는 수익률도 괜찮고, 거래비용도 저렴하며, 거래하기도 쉽기 때문에 한 번쯤은 주식 투자에 대해 생각을 하고 가게 되어 있습니다. 자산 관리에 조금이라도 관심과 열정이 있는 사람이라면 그게 정상입니다.

그런데 주식 투자를 또 쉽게 하라고 권하지도 못하는 것이, 이게 너무나 많은 시간과 에너지를 요하는 일이기에 그렇습니다. 게다가 별 노력 없이 슬쩍 묻어서 한 몫 잡으려는 거지근성도 주식 투자 영역에서 자주 발동이 됩니다. 해보신 분들은 알겠지만, 처음 주식 투자를 시작하게 되면 온통 머릿속이 주식 생각으로 가득 차게 되어 있습니다. 이리 봐도 주식, 저리 봐도 주식, 누워서 천장을 봐도 주식, 바닥을 내려다 봐도 주식, 세상이 주식으로 도배되는 경험을 하게 됩니다. 참 신기하죠. 100만 원, 200백만 원만 넣어놔도 1분 1초가 멀다하고 주가가 어떻게 됐는지 HTS를 열었다 닫았다 하게 되고, 직장에서 증권 관련 인터넷 검색을 못하면 스마트폰을 열어서라도 자꾸 쳐다보게 됩니다. 얼마 되지도 않는 돈인데도 가격이 오르내림에 따라 기분이 온탕 냉탕을 계속 왔다 갔다 합니다.

주식 투자는 바로 이런 식의 중독성을 가지고 있기 때문에 정신 똑바로 안 차리면 직장에서의 업무집중도나 가정에서의 살림살이 충실도를 현저히 떨어뜨리는 단점이 있습니다. 물론 이는 초기 증상이기는 합니다. 오랫동안 못 벗어나는 사람도 있고, 빨리 벗어나는 사람도 있습니다만, 대체로는 한동안 주식에 빠져 헤매기 십상입니다. 실

시간으로 내 자산이 마구 위아래로 요동치는 걸 보기 시작하면, 정말 경험치 못한 신세계가 주는 스릴에 빠져 한동안 정신 줄을 놓게 되는 거지요. 어떻든, 직장에서도 보면 주식 투자 하느라 정신 팔려 업무는 대충 보고, 일상의 모든 독서와 공부와 관심이 주식에만 쏠려 있는 사람들이 심심치 않게 있습니다. 주식 투자가 힘든 부분이 바로 이 부분입니다. 균형 있는 시간 배분을 하고, 일터에서 업무집중도가 떨어지지 않도록 자기 중심을 잘 잡고 투자해야만, 주식 투자로 성공적인 결과를 볼 수가 있는 것이지요. 이걸 못하면 주식으로 돈을 조금 번다고 하더라도 더 큰 것을 놓치는 우를 범할 수 있습니다.

가장 훌륭한 재테크는 자기 자신의 업무전문성을 높이고 성과를 쌓아가며, 조직 내에서의 평판을 잘 유지하는 것이라는 걸 잊으면 곤란합니다. 여하튼 공부해야 할 것도 많고, 성공을 위해 경험해야 할 실패의 케이스도 많은 것이 바로 주식 투자입니다. 그래서 주식 투자는 항상 자산 관리의 계륵 같은 존재입니다.

어떻든 중요한 것은, 자산 관리에 관심이 있는 사람이라면 주식 투자에 관한 한은 분명한 자기 입장이 있어야 합니다. 누차 이야기하지만, 최근 같은 저금리와 부동산 하락기의 경제상황에서는 주식 투자라는 이슈를 피해가기가 힘듭니다. 어떤 루트를 통해서든 주식 투자를 한번 해보고 싶은 상황이나, 지인으로부터 주식 투자를 권유받는 상황 등, 관심을 갖고 들여다보게 되는 상황은 오고야 맙니다. 주가가 한창 대세 상승기로 접어들면, 옆에 앉은 직장 동료들이 1,000만 원, 2,000만 원 벌었다고 하는 소리들이 심심치 않게 들려옵니다. 이런 소리를 자꾸 들으면 나만 투자에 너무 어둡고 우둔하게 사는 것 같고, 왠지 시대에 뒤쳐져 안정적인 길만 추구하다 결국 가난하게 살게 되는 건 아닌가 하는 마음이 생깁니다. 주식시장의 언저리를 기웃거리게 되는 것이죠. 자연스런 현상입니다. 그러다가 덜컥 '에잇! 나도 한번!' 이런 마음에 큰 맘 먹고 질렀는데, 상투 잡고 하락기로 몰려 재미 한번 못 보고 손실 보고 나오는 사람도 많습니다. 초심자의 행운조차 없는 최고로 운 없는 케이스죠. 그러니 남들이 주식으로 돈 벌었네, 돈 잃었네 할 때, 그때 가서 할까 말까 망설이지 말고 평소에 생각을 해놔야 합니다. 분명한 자기 입장이 있어야 흔들리지 않고 투자를 하든 안 하든 하는 것이지, 아무 생각 없이 살다가 혹하는 마음에 발을 들이게 되면 반드시 돈과 시간과 에너지를 낭비하고야 말게 됩니다. 주식 투자는 꽤 큰 수업료를 요구하는 전쟁터입니다. 결코 만만하게 보고 덤벼서는 안 됩니다. 하려면 잘 활용하든지, 안 하려면 미련을 버려야 합니다.

투자와 투기

주식 투자 얘기를 하기에 앞서서 투기와 투자에 대해 한번 생각해 봅시다. 자, 과연 투기와 투자는 뭐가 다를까요? 이 두 가지는 무엇이 같고, 무엇이 다르다고 생각하나요? 이게 얼핏 생각하면 쉬운 것 같아도 정확하게 정의내리기가 결코 쉽지 않습니다. 그냥 쉽게, 투기는 나쁜 것, 투자는 좋은 것이라고 생각하나요? 그럼 투기는 왜 나쁘고, 투자는 왜 좋은 것일까요? 투기는 불법적인 것이고, 투자는 합법적인 것인가요? 그럼 카지노에서 전 재산을 걸고 배팅을 하는 것은 합법적인 것인데, 이는 그런 면에서 투자인가요? 따지고 생각할수록 이 문제가 그렇게 쉽게 구분이 되지 않습니다.

그럼 시각을 좀 바꿔서 수익률이라는 측면에서 한 번 더 생각해 봅시다. 아주 큰 수익을 노리면서 욕심을 많이 내는 것은 투기이고, 욕심을 적당히 부리는 것은 투자일까요? 만약 그렇다고 생각한다면, 정확히 몇 %의 수익률 이상을 욕심내야 투기일까요? 5%? 아니면 10%? 이도 아니면 50%? 이 역시도 깊이 들어가면 들어갈수록 투기와 투자를 정확히 가르는 수익률이란 존재하지 않는다는 것을 알게 됩니다.

그럼 한 번만 더 다른 측면에서 생각해 봅시다. 정보와 확신이라는 측면에서 생각을 해보죠. 어떤 투자 대상에 대해 정확히 알고 정확한 정보를 가지고 하면 투자이고, 잘 모르는 상태에서 막연한 감만 가지고 지르면 투기일까요? 그렇다면 고위 공직자가 정부 정책을 국민들보다 훨씬 먼저 정확하게 알고서 이를 통해 돈을 지르면, 이것은 정확한 정보와 확신을 가지고 했으니 투기가 아닌 투자일까요? 기실 우리는 이러한 정치인이나 고위 공직자들의 행태를 '부동산 투기'라고 부르면서 비난하고 있죠. 이렇게 본다면 아마 이런 행태 역시 분명 투자는 아닐 겁니다.

일별해 본 것처럼, 투기와 투자는 합법, 불법이라는 기준으로 보나, 수익률이라는 관점에서 보나, 정보와 확신이라는 측면에서 보나, 그 정확한 변별점을 찾기가 쉽지 않습니다. 더 놀라운 사실은, 두 단어의 사전적인 의미가 사실상 동일하다는 겁니다. 이 이야기를 하면 많은 사람이 놀라더군요. "정말 사전적 뜻이 똑같아?"라고 물어보는 사람이 많습니다. 정말 실제로 똑같습니다. 거짓말 아닙니다. 네이버를 통해 어학사전에 나온 뜻을 보면, 투자는 '이익을 얻기 위하여 어떤 일이나 사업에 자본을 대거나 시간이나 정성을 쏟음'이라고 되어 있고, 투기는 '기회를 틈타 큰 이익을 보려고 함. 또는 그 일'이라고 되어 있습니다. 자, 뜻이 다른가요, 같은가요? 투기의 뜻풀이에는 '기회를 틈타'와 '큰 이익'이라는 다소 부정적인 뉘앙스가 있긴 하지만, 투자라고 기회를 틈타지 않는 것도 아니고, 큰 이익을 노리지 않는 것은 아니니 결국 대동소이한 같은 뜻이라고 보는 것이 맞겠습니다. 사전조차도 투기는 뭔가 나쁜 것 같기는 한데, 아무리 생각해도 정확히 투자와 뭐가 다른지를 알 수가 없으니 괜히 '기회를 틈타'나 '큰 이익' 이런 말을 슬쩍 끼어 넣은 것으로 보입니다. 참 웃기죠? 사전이나 일반인이나 이 구분에 있어 감이 없는 건 매한가지인 것 같습니다.

투기꾼과 현명한 투자차

서두에 이 이야기를 길게 하는 이유는, 투자와 투기가 결코 객관적으로 쉽게 구분하기가 쉽지 않다는 말을 하기 위함입니다. 그런데 이것이 쉽게 구분이 어렵다는 사실이, 도대체 나와 무슨 상관일까요? 하지만 큰 상관이 있습니다. 하나의 예를 들어보겠습니다. 오래간만에 추억의 이름, 철수와 영희를 불러보도록 하겠습니다.

철수는 돈을 따기 위해 정선 카지노에 갔습니다. 그리고 카지노에서 몇 가지 게임에 베팅을 하며 하루를 보냈습니다. 반면 영희는 미래에셋 디스커버리 주식형 펀드에 투자했습니다. 그것도 안전하다는 적립식으로 펀드에 가입을 했습니다. 여기까지 들으면 마치 철수가 투기꾼이고, 영희가 투자자 같죠? 하지만 반전이 있습니다. 철수는 카지노에서 게임을 하긴 했지만, 가기 전에 자기가 할 게임에 대해 철저한 데이터와 확률을 파악해 어떤 방식으로 얼마씩 나누어 베팅을 할지 철저한 연구를 하고 갔습니다. 그리고 정확한 예산을 편성해서, 딱 100만 원만 카지노에서 게임을 하고 이걸 다 잃으면 절대로 하지 않겠다고 확실한 가이드라인을 정했습니다. 심지어 기대수익률도 50%로 정확하게 가지고 갔습니다. 아무리 게임이 재미있어도, 아무리 필 받아서 더 수익이 날 것 같아도, 50%의 수익을 달성하면 카지노에서 엉덩이 탁 털고 일어나리라 기준을 세우고 간 것이죠. 그리고 한 가지를 더 마음에 품고 갔습니다. 이것으로 50%의 수익을 내서 50만 원을 벌게 된다면, 아들이 너무 가지고 싶어 했던 자전거를 한 대 사주기로 다짐을 한 겁니다. 이런 철수가 투기꾼으로 보이십니까, 투자자로 보이십니까?

반면, 영희는 다릅니다. 미래에셋이라는, 이름만 들으면 다 아는 큰 회사의 공식적인 금융상품에 돈을 넣긴 했지만, 철수와는 달리 별 생각이 없었던 것이죠. 가입하는 펀드의 과거 데이터와 상품 특징을 전혀 파악하지도 않았고, 펀드매니저가 누군지도 모릅니다. 게다가 '요즘 누가 적금 드냐? 다 펀드하지.'라는 동료의 말 한마디에, 정확한 예산을 잡지 않고 그냥 있던 적금 깨서 홀라당 가입을 해버린 겁니다. 기대수익률이라는 게 아예 뭔지도 모르니 당연 기대수익률을 정하지도 않았고, 그저 막연히 '적금보단 돈이 좀 되겠지.'라는 생각으로 가입한 겁니다. 더불어 펀드 투자해서 번 돈으로 무엇에 어떻게 쓸지에 대해서도 아무런 생각이 없습니다. 자, 이런 영희가 투자자로 보이십니까, 투기꾼으로 보이십니까?

'영희가 투기꾼이다!'라고 강하게 규정짓기는 좀 애매할 수 있겠지만, 철수와 영희의 행태를 대조해서 본다면, 분명 철수보다는 영희가 훨씬 더 투기적인 행태를 보이고 있다는 데에 대부분이 동의를 할 수 있을 겁니다. 사실 영희의 이런 행태는 일반 대중 대부분의 이야기이기도 하죠. 많은 사람들이 이런 영희와 같은 태도를 취하고 행동하고 있다는 것에 동의가 된다면, 바로 여기에서 하나의 교훈을 얻어낼 수 있습니다. 무엇이냐? 대부분의 사람들이 바로 '투기적 행태'를 취하고 있으면서도 본인이 '투자'를 하고 있다고 착각을 하고 있다는 사실입니다. 이게 중요합니다. 일반 가정에서 주식을 해서 돈을 잃는 경우의 대부분은, 바로 주식 '투자'의 실패가 아니라 주식 '투기'의 실패입니다. 그리고 투기는 설령 운이 좋아 돈을 좀 벌었다 하더라도, 궁극적으로 결코 좋은 영향을 끼치지 않습니다. 그래서 투기자라는 말은 없고 투기꾼이라는 말을 쓰는 겁니다. 그래도 투자는 투자자라고 하지, 투자꾼이라고 하지 않습니다. 우리 모두 투기꾼이 되지 말고 현명한 투자자가 됩시다.

다시 돌아와서, 가계 운영의 관점에서 투자와 투기를 심리적이고 행태적인 관점에서 구분을 해보면 몇 가지의 기준을 찾아낼 수 있습니다. 첫째는, 투자의 의미와 목적이 있느냐 입니다. 계속 이야기했던 돈의 꼬리표입니다. 돈을 얼마를 투자해 얼마를 불리겠다는 전략이 있더라도, 그 돈의 용처와 쓰임에 대한 의미부여가 없다면 이는 몰가치적 투기 행태에 가깝습니다. 둘째는, 확실한 투자전략이 있느냐 입니다. 예상 투자 기간, 기대수익률, 리스크 감내 범위 등이 모두 여기에 포함됩니다. 투자전략도 개뿔 없으면서, 내가 돈을 넣으면 왠지 오를 것 같은 기분에 질러대는 것은, 그냥 유아적인 투기 행태 외에 아무것도 아닙니다. 셋째는, 예산편성이 뒤따르고 있느냐 입니다. 당장 눈에 보이는 돈으로 질러댔다가, 좀 오르면 좋다고 헤벌레 하면서 있는 돈 없는 돈 다 때려넣고, 좀 내려가고 재미없으면 이건 나랑 안 맞는다고 하면서 투덜대고 돈을 빼는 것은, 자산 관리라는 큰 체계 없이 기분 따라 흘러가는 즉흥적 투기 행태입니다. 이런 투기 행태에 대한 정확한 자각 없이 주식 투자를 하겠다고 달려들면, 한두 번 용돈 벌이는 할 수 있을지 모르나, 결코 가계 운영에 있어서 주식 투자가 긍정적인 영향을 미치는 일은 없습니다. 반드시 깊게 새기고 들어가야 합니다. 주식 투자가 쉬운 게 아닙니다. 전 세계에서 공부 좀 하고 똑똑하다는 사람들이 모두 모여 피 튀기게 경쟁하는 곳이 바로 주식시장입니다.

올바른
주식 투자

주식 투자를 하고자 한다면?

그러면 서민 중산층의 일반 가정에서 주식 투자를 하고자 할 때 반드시 지녀야 할 올바른 태도는 무엇일까요? 가계 운영이라는 관점에서의 주식 투자 역시, 가장 중요한 것은 예산 편성입니다. 소비를 하든, 집을 사든, 자녀 용돈을 주든, 주식 투자를 하든, 아무튼 돈과 관련된 그 무엇을 하든 간에, 비가 오나 눈이 오나 항상 잊으면 안 되는 것이 예산 편성입니다. 아무리 강조해도 지나침이 없습니다. 가령 애초에 1,000만 원을 가지고 주식 투자를 하고자 했다면, 이를 철저히 지켜내야 합니다. 절대 늘리거나 줄이면 안 됩니다.

주식시장에는 초심자의 행운이라는 것이 있습니다. 이상하게도 아무것도 모르고 처음 시작한 주식 투자 초심자들이 돈을 곧잘 따게 되는 현상을 말합니다. 볼링을 쳐도 처음엔 점수가 좀 잘 나오곤 하죠. 그와 비슷한 현상을 일컫는 말입니다. 그런데 이게 사람 잡는 경우가 많아 문젭니다. 아는 사람이 좋은 종목 있으니 한번 해보라는 말에, 밑져야 본전이라는 심정으로 500만 원을 가지고 처음 주식 투자를 시작했다 칩시다. 어라, 그런데 이게 한 달 만에 700만 원이 됩니다. 며칠 동안 오르락내리락 하더니 상한가를 연달아 몇 번 때려줍니다. 그러면서 급등주로 분류되어 일사천리로 마구 올라갑니다. 개미들이 붙고 거래량이 살면서 순식간에 40%의 수익을 내버립니다. 이게 웬일입니까? 한 달 월급 되는 돈을 주식으로 너무 쉽게 벌어버린 겁니다. 이쯤 되니, 슬슬 주식을 본격적으로 한번 해봐야겠다는 생각이 듭니다. 그래서 적금을 깨서 돈을 1,000만 원으로 올립니다. 책을 한두 권 보고, 지인들에게 조언을 구해 다시 투자했더니 이게 또 몇백 만 원 수익을 내버립니다. 단숨에 400~500만 원이 생겨버린 겁니다.

여기까지 오고 보니 이제는 내가 왠지 주식에 소질이 있는 것 같아 들뜨고, 입이 근질근질해 주변에 자랑질을 해대기 시작합니다. 한 번까지는 운이려니 생각했는데, 나름 공부해서 두 번째에도 큰 수익을 내니 집에 있는 가족들도 보는 눈이 달라집니다. 그래서 세 번째 투자에 들어갈 때에는 돈 없다고 그렇게 잔소리하던 아내가 이것도 한

번 같이 해보라며 슬쩍 몇백만 원을 건넵니다. 골로 가는 수순을 정확히 밟고 있는 것입니다. 그래서 가족들 돈까지 다 모아서 세 번째로 회심의 일타를 날립니다. 그런데 웬걸, 여기서 맛이 가기 시작합니다. 찍기만 하면 오르던 종목들이 이상하게 계속 하락을 칩니다. 다른 종목은 다 오르는데 내가 산 종목만 내려갑니다. 일시적인 것이려니 했는데, 끝 간 데를 모르고 계속 바닥을 칩니다. 같이 돈을 태웠던 가족들도 어떻게 된 거냐며 슬슬 압박이 들어옵니다. 그래도 자존심은 있어 조금만 더 기다려 보라고 어르고 달래다가, 결국은 아무리 가도 오르지 않는 주가를 못 버티고 큰 손실을 보고 돈을 뺍니다. 그러면서 다시는 주식을 하지 않으리라 다짐합니다.

생각해 보면 주식은 아무 잘못이 없는데 사람 망치는 게 주식이라며 주식을 탓합니다. 그런데 자세히 뜯어 보면, 결국 이 사람은 2승 1패의 훌륭한 성적을 거둔 셈입니다. 세 번 투자해서 두 번을 이겼으니, 승률은 66%입니다. 한 번을 잃은 것을 감안해도 한 번 더 이긴 만큼의 수익이 주머니에 남아있어야 합니다. 그런데 남은 돈이 없죠. 왜일까요? 예산 편성을 하지 않고 기분 따라 계속해서 금액을 키워 왔기 때문입니다. 그래서 사이즈가 커진 맨 마지막 투자가 모든 것을 집어 삼키는 것입니다. 잽 두 대 날렸으나, 훅 한 방 맞고 정신을 잃은 것이죠. 초심자의 행운과 예산 편성 없는 투기 행태가 만났을 때 빈번하게 일어나는 전형적인 케이스입니다. 본인이 특별히 운이 없어 하필 승부수를 띄었을 때 주가가 내린 것이 아니라, 많은 실패자들이 겪는, 남들 다 밟는 그 뻔한 늪에서 허우적댔다는 사실을 본인만 모르고 있을 뿐입니다.

두 번째는, 예산 전체에 대한 기대수익률을 정하고 들어가야 한다는 점입니다. 예를 들어 15% 정도면 만족한다고 애초에 마음먹었으면, 더 이상 욕심을 안 부려야 합니다. 정확한 기대수익률이 없으면 매도타이밍이 안 잡힙니다. 물론 고수들은 잘 잡습니다. 하지만 우리는 고수가 아닙니다. 물론 고수들도 한 번씩 맛이 가는 게 주식 투자이긴 합니다. 여하튼 기대수익률 결여와 손절 원칙의 미비로 인해 일반인들에게는 매수보다 매도 타이밍을 잡는 게 더 어렵습니다. 왜냐면 매수는 꽂혔을 때 질러대면 되지만, 매도는 주가가 오르면 오르는 대로 기대심에 못 팔게 되고, 주가가 내려가면 내려가는 대로 원금의 미련을 못 버려 망설이게 되기 때문입니다.

주식 투자에서 중심을 잃지 않으려면, 한두 종목 손실이 나도 주식에 배정된 예산 전체의 기대수익률이 달성되면 미련을 버리고 나와야 합니다. 주식시장은 기본적으로 탐욕과 공포로 움직이는 시장입니다. 전 세계에 퍼져 있는 전문가 집단과 세력들이 들락날락 하면서 공포심과 탐욕을 자극해서 개미들을 쥐락펴락 하는 판입니다. 따라서 명확한 원칙 하에서 자신의 투자심리를 정확히 제어하지 못하면, 백전백패일 수밖에 없습니다.

세 번째로, 주식 투자에 성공하기 위해서는 정신적인 활동과 육체적인 활동의 밸런스가 중요합니다. 다소 의외일 수 있겠으나, 주식 투자에서 성공한 세계적인 투자자들의 경우, 인문학과 예술적 소양이 풍부한 사람들이 많습니다. 다만 경제신문을 펼쳐놓고 매일 매일 한자도 빼지 않고 정독하는 건 정신적 활동이 아니고, 그냥 투자활동의 연장일 뿐입니다. 인문학 독서나 규칙적인 운동이 중요합니다. 이런 베이스가 있을 때, 더 강력한 초과수익을 얻는 경우가 많습니다. 왜 그럴까요? 통찰력 있는 투자원칙이나, 흔들림 없이 일관된 실천력이 바로 이런 활동 속에서 강해지기 때문입니다. 주식 투자는 정보 하나하나에 일희일비하면 실패로 가는 지름길입니다. 자신만의 통찰이 중요합니다. 운동을 규칙적으로 하면 스트레스에 강해집니다. 주식시장에서 펼쳐지는 심리게임, 즉 세력에 의한 변동성에 대해 심리적으로 의연해질 수 있습니다. 인문학적인 소양이 있는 사람들은 자기 안의 확신과 통찰에 의해 움직이기 때문에 주식시장의 탐욕과 공포의 소용돌이에 한 발 떨어져서 냉철한 시각을 잘 견지합니다. 이게 남녀 간의 연애에서의 심리게임이랑 비슷한 측면이 있습니다. 상대의 한 마디 한 마디에 전전 긍긍하는 착한 남자 스타일은 주식시장에서 성공하기 힘듭니다. 약간 나쁜 남자 스타일이 주식 투자를 잘 할 수 있습니다. 다만 내공 있는 나쁜 남자여야죠.

자, 그럼 예산 편성도 지킬 수 있고, 기대수익률도 정확하게 세우고, 육체활동과 정신활동의 균형마저 갖추었다면 이제 구체적으로 어떻게 해야 할까요? 첫째는, 경제적인 흐름을 파악할 수 있어야 합니다. 단순하게 눈에 보이는 언론에 나타난 경제흐름에 관한 기사를 보고 투자하라는 것이 아니라, 관심 산업분야를 정해 놓고 표면적으로 쉽게 드러나지 않는 그 분야의 흐름을 간파할 수 있는 능력을 키우는 것이 중요하다는 말입니다. 그래야 해당 산업이 오르는 장으로 진입하는지 내리는 장으로 진입하는지 본인만의 판단을 내릴 수가 있습니다. 같은 기사를 보더라도 단발적으로 인터넷 기사를 보고 넘기지 말고, 신문 스크랩을 하면서 시계열상으로 펼쳐두고 면면에 흐르는 산업의 방향을 읽을 수 있어야 합니다. 인터넷은 일회성으로 지나가기 때문에 시간에 따른 흐름을 간파하기 어렵습니다. 신문에 나오는 소위 주식 전문가들이라는 사람들은 허구한 날 '상저하고'라고 말합니다. 올해도 상저하고, 작년도 상저하고, 내년도 상저하고……. 상고하저는 절대 없습니다. 왜? 연초에 나와서 상고하저라고 그러면 누가 투자를 하겠습니까? 올해의 주식시장은 상고하저로 예상됩니다, 시간이 가면 갈수록 내려갈 것입니다……. 이러면 세상 누가 투자를 하겠습니까? 귀담아 들을 말이 못됩니다.

다음으로 자신만의 매매기법을 확립하고 경제와 산업과 기업에 관련된 수많은 변수와 정보 중에서 자신의 매매에 활용할 변수를 골라내는 능력이 필요합니다. 환율, 경기선행지수, 기업매출, 경제성장률, 산업동향, 차트상의 가격정보 등. 이런 변수를 해석하고 선별하는 능력은 매매에 있어서 핵심적인 역량에 속합니다. 이 정도 혜안도 없이 감으로 찍어 큰돈을 벌 수 있는 시장이 절대 아닙니다. 운 좋으면 간혹 용돈벌이야 되겠지만, 주식 투자에 일정 자산을 배분하여 장기적으로 가계 운영에 반영할 생각이라면, 헐렁하게 들어가서는 절대로 안 됩니다. 장삼이사들의 거지근성이 가장 강력하게 발휘되는 곳이 기실 주식시장입니다. 쉽게 먹으려 들면 쉽게 먹힙니다.

 또한 나에게 온 정보는 이미 정보가 아니라는 마인드가 필요합니다. 핵심 소수의 상위 그룹에서 이미 해먹을 대로 다 해먹은 정보라고 생각해야지, 어디서 하나 주워들었다고 믿고 달라 들었다가는 엄청난 리스크를 지게 됩니다. 금융 산업의 핵심 인사가 아니라면, 이미 내게 건너온 대단한 정보라는 것이 사실은 너덜너덜한 휴지조각에 불과하다는 생각으로 접근하시기 바랍니다. 그게 정신건강에 좋습니다. 물론 간혹 지인이 찔러준 정보로 한두 번 재미볼 수도 있습니다. 그러나 그런 방식은 결코 지속가능하지 못합니다. 신이 준 선물이라 여기고 거기서 그쳐야 합니다. 반드시 자기만의 투자기법과 스타일이 필요합니다. 사람은 누구나 경험, 기억과 과거의 노예입니다. 쉽게 얻은 정보로 쉽게 보고 달려들어 쉽게 벌어도 문제입니다. 그게 왜 문제냐? 쉽게 얻은 정보로 한 달 만에 두 배 장사를 한 번 하고 나면, 그때부터는 연 5%, 10%는 눈에 보이지도 않습니다. 그래서 그다음부터는 그 정도 수익되는 것만 찾아다닙니다. 인생, 도박판으로 가는 것이죠.

증권정보 제공업체

위에서 말한 것처럼 주식 투자가 결코 쉽지 않고, 더불어 많은 시간과 에너지를 요구하다 보니 최근에는 주식 매수 매도 가격과 타이밍을 찍어주는 증권정보 제공업체의 서비스를 이용는 분들이 늘어나고 있습니다. 이런 회사의 대표주자들은 다들 자칭 주식 투자 고수라며 인터넷에서 쓰던 아이디를 내세우면서, 몇백 퍼센트, 몇천 퍼센트 수익을 냈노라 개인투자자들에게 어필하는 경우가 많습니다. 물론 개중에는 진짜 그런 사람도 있고, 그렇지 않은 사람도 있고, 다소 과장이 있는 경우도 있습니다만, 일반 회원의 입장에서는 이걸 판별해 내기가 쉽지 않죠. 그 사람의 과거를 일일이 캐보고 확인할 수도 없는 노릇이니까요. 그러나 개인 투자자인 일반 회원의 입장에서 중요한 건, 이런 수익률이 사실인지 아닌지를 떠나, 너무 터무니없는 수익률을 제시하는 업체는 주의할 필요가 있다는 점입니다. 그런 수익률은 내기도 어려울 뿐더러, 한두 번 낸다 하더라도 지속적으로 유지하기가 어렵고, 유지한다 하더라도 정상적인 방법으로는 더더욱 힘들기 때문입니다.

업체의 수익률을 광고하기 위하여, 주가에 쉽게 영향을 끼칠 수 있는 소형주(소위 잡주라고 하죠) 위주로 주문을 내고, 본인들의 주문에 따라서 순식간에 주가가 오르락내리락 하도록 하여 눈에 보이는 수익률을 높여, 이를 대대적으로 광고하는 업체들이 간혹 있으니 이런 부분들은 세심히 살펴야 할 것입니다. 사이즈가 작은 주식종목들은 가격을 왜곡시키기가 쉽기 때문에 몇몇 업체들이 동시 주문을 회원에게 내보내면 순식간에 가격이 올라갔다 떨어지는 경우가 있습니다. 회원들이 어리버리 하는 사이에 고가를 찍고 바로 내려오는 것이죠. 이러면 그 정보를 받아 투자하는 회원들은 가격 변동의 속도를 따라가지 못해서 매매도 못하고 닭 쫓던 개처럼 지붕만 쳐다보다가, 결국은 업체 좋은 일만 시키고 본인은 재미를 못보고 마는 경우가 종종 있습니다. 허나 업체 입장에서는 어쨌든 자기들이 추천한 종목이 반짝하는 순간이나마 그 가격을 찍었기 때문에 수익률을 달성했노라며 광고로 활용할 수 있는 것입니다. 증권정보 제공서비스를 이용하려는 개인 회원 입장에서는, 생활인인 내가 따라갈 수 있는 속도로 리딩을 하는가를 반드시 짚어볼 일입니다.

또 한 가지 주의점은 하락 폭이 큰 종목에 대하여 손절매를 빨리 하지 않고, 장기보유 관점으로 지지부진하게 계속 끌고 가는 행태입니다. 손절매를 자주 하게 되면, 어쨌든 회원 입장에서는 손실이 자꾸 발생하니 민원도 많아지고 투자 수익률에 대한 불만이 발생하게 됩니다. 그래서 손실이 큰 종목을 계속해서 쥐고 가면서 오를 때까지 기다리고 보자는 심산으로 시간을 질질 끄는 일들이 가끔 발생합니다. 이렇게 오래 가다 보면 결국 언젠가는 주가가 오를 수야 있겠지만, 투자를 하는 회원 입장에서는 투자금이 오랫동안 묶이는 유동성 고갈 상황이 발생하기 때문에 좋은 추천주가 들어와도 매수를 못하는 상황들이 생깁니다. 또 오랜 손실을 견디다 못해 자의적으로 매도를 해버리게 되어 손실률이 더 커지는 일도 생깁니다. 오랫동안 장기로 묶이는 종목이 두세 종목을 넘어가면 기실 투자자 입장에서는 투자금이 없어 정보를 받으나 마나한 상황이 되는 경우도 있어, 본의 아니게 투자예산을 더 늘려야 하는 일도 빈번하게 발생합니다. 이런 점도 업체를 고를 때 중요하게 보아야 하겠습니다.

알고 보지 않으면 이런 것들은 잘 보이지 않습니다. 주식 투자에 있어서 원칙적인 손절매는 매우 중요한 부분이므로 한두 종목이 손실 났다고 마음이 불안하여 위축된다면, 이런 분들은 주식 투자를 하지 않는 것이 좋습니다. 원칙 없이 조금 내려갔다고 무작정 팔아치우는 것도 문제지만, 손절매에 대한 원칙이 없는 것은 더욱 큰 문제이기 때문입니다. 주식 투자는 냉정하고 굳건한 일관성이 있어야 성공할 수 있습니다. 어떻든 주식정보 제공서비스를 이용하면서 쉽게 돈을 벌 수 있을 거라 생각한다면, 이 역시도 실패하는 지름길입니다. 정보 제공서비스도 결국은 자기 자신의 투자에 참고적인 역할을 하는 것이지, 절대적인 지침이 아니기 때문입니다. 아무것도 안하고 주식정보만 오매불망 기다리면서 살 수도 없는 노릇 아니겠습니까? 모든 투자의 책임은 결국 다 본인이 지는 것이라는 사실, 잊어서는 안 되겠습니다.

'서민 중산층의 주식 투자' 핵심 메시지

1. 서민 중산층 가정에서, 주식 투자는 계륵 같은 존재입니다.
2. 쉽게 보고 뭣 모르고 덤비다가는 돈 잃고 시간 잃고 일 못하는 게 주식 투자입니다.
3. 초심자의 행운이나 요행수에 매몰되지 말고, 적정한 기대수익, 꾸준한 공부와 인내, 이 모두를 가지고 가야만 주식 투자에서 성공을 맛볼 수 있습니다.

주식 투자와 손절매

전 삼성증권 애널리스트 박노현

1. 잃은 돈을 만회하기 위해 투자하는 개미들

주위에서 많은 사람들이 주식 직접투자를 하는 것을 보게 됩니다. 펀드나 자문형 랩에 가입했다가 손실을 보고, 이럴 바엔 내가 직접 하겠다는 마음으로 뛰어들거나 주변에서 누가 주식 투자로 돈을 벌었다더라 하는 말에 나도 벌겠다는 일념으로 하는 경우가 많지요. 간혹은 도박처럼 일확천금을 생각하고 접근하는 사람들도 있습니다. 이렇게 주식 투자에 나서는 개인들을 일컬어 우리는 '개미'라고 부릅니다.

그런데 개미들 중 90% 이상은 손실을 보고, 9% 정도는 본전치기에 머무르며, 수익을 내는 것은 1% 정도밖에 되지 않습니다. 이 말을 바꾸어 말하면, 개미들 중 90%는 돈을 따기 위해 투자하는 것이 아니라 잃은 돈을 만회하기 위해 주식 투자를 하고 있다는 말입니다. 애초에 돈을 벌기 위해 시작한 주식 투자인데, 잃은 돈을 만회하기 위해 금쪽같은 시간을 쪼개어 투자하고 있다니, 이 얼마나 안쓰러운 일인가요?

본능과 반대로 행동하라: 손실은 빨리 확정하고 이익실현은 천천히! 주변에 있는 평범한 사람들에게 한번 물어보시기 바랍니다. 만약 만 원짜리 주식을 샀는데 그 주식이 팔천 원이 되었다면, 어떻게 하겠느냐고. 대부분의 사람들은 만 원 이상이 될 때까지 기다린다고 할 것입니다. 그렇다면 역으로, 만 원짜리 주식을 샀는데 만이천 원이 되었다면? 20%의 수익이 났으니 혹시 떨어지기 전에 팔 것이라고 대다수는 대답할 것입니다. 그런데 바로 이러한 마인드 때문에 개미들이 주식 투자를 하면 90% 손해를 보고 나오는 것입니다. 주식 투자로 성공을 하고 싶다면, 이와는 정반대로 행동해야 합니다. 만 원짜리 주식이 팔천 원이 되었다면, 더 떨어지기 전에 즉시 팔아버리고, 만이천 원이 되었다면 더 오를 가능성이 높으니 그대로 쥐고 가야 하는 것입니다. 물론 모든 경우에 이런 것은 아니지만, 기본적인 마인드가 이렇게 형성돼야 한다는 것입니다. 이렇게 투자하면 주식 투자로 성공할 확률은 크게 높아집니다.

하지만 이는 굉장히 실천하기가 어렵습니다. 왜냐하면 사람들의 본능에 반하는 행동이기 때문입니다. 자본주의 사회에서 사람들은 자신의 손실을 받아들이지 않으려 하고 이득은 빨리 확정 짓고 싶어 합니다. 그래서 손실 나는 주식은 잘 팔지 않습니다. 그 손실을 받아들일 수 없기 때문입니다. 언젠가는 이득을 볼 것이라는 마음으로 들고 있게 되죠. 주변에서 손절매를 해야 주식 잘하는 것이라 알려주어도 이론으로만 받아들이지 실제로 잘 실천하지 못하게 되는 것입니다.

2. 손절매의 중요성

그런데 조금만 곰곰이 생각해 보면 손절매가 왜 중요한지 알 수 있습니다. 쉬운 예를 하나 들어보겠습니다. 코스피가 해외 악재로 인한 주가 폭락으로 2,000p에서 1,000p에 도달했다가, 3년 후 다시 회복하여 2,000p가 되었다고 해봅시다. (실제 2008년 글로벌 금융위기 이후 있었던 일입니다) 그리고 코스피 2,000p에서 손절매를 할 줄 모르는 김개미라는 사람이 100만 원을 주식 투자했다고 가정해 봅시다. 업종 대표 우량주에 분산 투자하여, 대충 주식 투자 원금이 지수와 비슷하게 움직였다고 보면, 김개미 씨의 원금은 100만 원에서 코스피 1,000p까지 갔을 때 50만 원이 되었을 것입니다.

김개미 씨는 속은 쓰리겠지만, 절대 손절하지 않는 사람입니다. 그래서 오를 때까지 주구장창 기다리면서 스스로 자신을 장기투자자라고 위안합니다. 3년 동안 도 닦는 마음으로 기다린 김개미 씨의 평가액은 코스피 2,000p에서 다시 100만 원이 됩니다. 그제야 환매를 하고 소중한 원금을 찾은 김개미 씨. 안도의 한숨을 쉬며 다시는 주식 투자를 안 하리라고 다짐합니다.

이에 비해 같은 시기 같은 자금을 투자한 이손절 씨가 있다고 합시다. 이손절 씨는 이름처럼 손절매를 현명하게 할 줄 아는 사람입니다. 그는 주식 투자를 하며 15% 손절 원칙을 세웠습니다. 100만 원 평가액이 85만 원이 되었을 때, 일단 손절한다는 것이죠. 따라서 코스피가 2,000p에서 1,000p로 하락하는 도중 평가액이 85만 원이 되자 재빨리 전액 현금화했습니다.

코스피가 1,000p로 떨어지는 동안 관망하며 재차 투자기회를 노리던 김손절 씨. 코스피가 1,000p를 찍고 올라서는 모습을 보이자 재차 투자 적기라고 판단하여 손절한 85만 원을 전액 재투자합니다. (1,000p라는 바닥에서 바로 투자를 집행하기는 현실적으로 불가능하므로, 코스피 1,200p선에서 재투자했다고 가정하겠습니다) 코스피가 2,000p가 되자, 이손절 씨의 원금은 얼마가 되었을까요? 85만 원이 140만 원이 되어 수익률은 40%가 됩니다. 3년 전 똑같이 100만 원을 투자한 김개미 씨와 이손절 씨의 원금은, 단 하나의 원칙 차이로 수익률 0%와 40%의 차이가 된 것입니다.

	코스피 2,000p	코스피 1,000p	코스피 2,000p	3년간 수익
김개미	100만 원 주식 투자	그대로 보유 원금 50만 원	평가액 100만 원	0%
이손절	100만 원 주식 투자	15% 손실 시 손절 85만 원 원금으로 재투자	평가액 140만 원	40%

손절매를 통해 주식시장의 승리자가 되자: 이렇게 간단한 예시에서 알 수 있듯이 손절매는 대단히 중요한 원칙입니다. 투자 적기를 재차 살필 수 있게 해주며, 자금의 기회비용을 줄여줍니다. 종목별 손절매를 한다면 그대로 보유했을 때 추가 손실을 입었을 경우를 예방하고, 주가가 오를 수 있는 다른 종목에 재투자하는 기회도 제공합니다. 투자에서 중요한 시간가치를 지켜 주고, 자금의 기회비용을 줄여 준다는 점에서, 손절매는 정말 중요하다는 것을 명심해야 하겠습니다.

이 글을 다 읽으신 개미 여러분들! 실천하기 어렵더라도 이제부터 직접 주식 투자를 할 때에는 손절매를 정확히 지키시는 것은 어떠할는지요? 그래야만 냉엄한 주식시장에서 당신과 당신 가족의 소중한 돈이 잘 지켜질 수 있을 것입니다.

9장

—

펀드 투자

Investing without study is like playing poker
without seeing cards.
- Peter Lynch

연구하지 않고 투자하는 것은 포커를 하면서
카드를 전혀 보지 않는 것과 같다.
– 피터 린치

아빠!
나랑
놀래?

복잡하고
어려운 펀드?

예적금도 아닌 것이, 주식도 아닌 것이

자, 너도 나도 다 하는 펀드 이야기 한번 해봅시다. 2000년대 중반 한때는, 재테크의 꽃이라고 불리던 게 바로 펀드죠. 주식시장의 대세 상승기에는 엄청난 인기를 구가했었고, 그때보다는 열기가 식기는 했지만, 지금도 꾸준한 인기를 끌고 있는 것이 펀드입니다. 장점도 굉장히 많고, 조금만 전략을 잘 가지고 들어가면 비교적 수익을 내기도 쉬워 서민 중산층에서 투자수단으로 가장 많이 활용하고 있는 금융상품입니다. 주식 직접투자보다는 지식과 노력이 그렇게 많이 필요하지도 않고, 제도적인 안정성도 상대적으로 더 갖추어져 있기에 많은 시간과 에너지를 뺏기지도 않습니다. 그런데 이상한 건, 펀드 투자에서도 꾸준히 재미를 보는 사람들이 별로 없다는 사실입니다. 참 이상하죠? 결국 또 모든 게 기본적인 마인드와 태도의 문제로 귀결됩니다. 펀드야말로 돈에 관한 경영마인드가 절실히 요구되는 상품입니다.

일단 본격적인 투자 이야기에 앞서 예금자보호부터 짚고 넘어갑시다. 아시다시피 펀드는 예금자보호의 적용 대상이 아닙니다. 흔히들 이렇게 얘기를 하면 펀드는 전혀 '보호'가 되지 않는, 벼랑 위에 내동댕이쳐진 무슨 버려진 자식처럼 생각을 하여 매우 위험한 것으로 인식하는 경향이 있는데, 이는 예금자보호라는 이름이 가져오는 단어적인 착각에 불과합니다. 예금자보호가 되지 않는다는 것은, 아무런 보호 장치가 없다는 소리가 아니라, 예금자보호'법'의 적용 대상이 아닌, 다른 법의 적용을 받는다는 것을 의미합니다. 그러니 중요한 건, '보호'가 아니라 '법'이라는 겁니다. 예금자보호 적용을 받는 은행의 예적금은 1인 1금융기관당 5,000만 원까지라는 금액한도가 정해져 있습니다. 즉, 철수가 우리은행에 5,000만 원, 국민은행에 5,000만 원, 기업은행에 5,000만 원씩 있으면, 이 모든 은행이 망해 없어진다 하더라도, 예금보험공사에서 이를 보장해 준다는 겁니다. 물론 철수가 신한은행에는 특별히 많은 돈을 넣어 7,000만 원을 예치했었다고 가정하면, 신한은행이 망할 경우엔 5,000만 원밖에 받지 못합니다. 그래서 5,000만 원 이하에 대해서는 매우 안정적인 보장을 받지만, 5,000만 원이 초과되는 돈에 대해서는 아무런 보호조치가 없습니다. 그냥 망한 은행이 내 돈 돌려주기만을 손꼽아 기다리고 있어야 하는 수밖에요.

 부자 아빠 필수 상식

예금자 보호

금융기관이 영업정지나 파산 등으로 고객 예금을 지급하지 못할 경우 해당 예금자는 물론 전체 금융 제도의 안정성도 큰 타격을 입게 됩니다. 이러한 사태를 방지하기 위하여 우리나라는 예금자보호법을 제정하여 고객의 예금을 보호하는 제도를 갖추고 있는데, 이를 '예금보험제도'라고 합니다. 예금보험은 '동일한 종류의 위험을 지닌 사람들이 평소에 기금을 적립하여 만약의 사고에 대비한다'는 보험 원리를 이용하여 예금자를 보호하는 제도입니다. 즉, 예금자보호법에 의해 설립된 예금보험공사가 평소에 금융기관으로부터 보험료(예금보험료)를 받아 기금(예금보험기금)을 적립한 후, 금융기관이 예금을 지급할 수 없게 되면 금융기관을 대신하여 예금을 지급하게 되는 것입니다. 보호대상 금융회사는 은행, 보험회사, 투자 매매업자, 투자 중개업자, 종합금융회사, 상호저축은행 등입니다. 새마을금고는 현재 예금보험공사의 보호대상 금융회사가 아니며, 관련 법률에 따른 자체 기금에 의해 보호되고 있습니다. 1997년 말 IMF 사태 이후, 금융 산업 구조조정에 따른 사회적 충격을 최소화하고 금융 거래의 안정성을 유지하기 위하여 2000년 말까지 한시적으로 예금 전액을 보장하였지만, 2001년부터는 예금부분보호제도로 전환하여, 2001년 1월 1일 이후 부보금융기관이 보험 사고(영업정지, 인가 취소 등)가 발생하여 파산할 경우, 원금과 소정의 이자를 합하여 1인당 최고 5,000만 원까지 예금을 보호하고 있습니다. 한편, 예금보험공사로부터 보호받지 못한 나머지 예금은 파산한 금융기관이 선순위채권을 변제하고 남은 재산이 있는 경우 이를 다른 채권자들과 함께 채권액에 비례하여 분배 받음으로써 그 전부 또는 일부를 돌려받을 수 있습니다. (출처: 네이버 시사경제용어사전)

　반면, 펀드는 이와 구조가 좀 다릅니다. 상식선에서 알아두도록 합시다. 펀드는 기본적으로 판매사, 운용사, 수탁사의 3자 구조로 이루어져 있습니다. 일종의 금융 3권 분립이 되어 있는 겁니다. 다시 말해, 내가 삼성증권에 가서 펀드에 가입했다 하더라도, 그 돈을 삼성증권이 가지고 투자하는 것이 아니라 별도의 운용사 수탁사가 따로 있다는 것이죠. 삼성증권 영업점에서 가입했지만, 가입 상품이 미래에셋 디스커버리 주식형 펀드라고 하면, 이는 판매사가 삼성증권이고, 운용사가 미래에셋자산운용이 되는 것입니다. 이를테면 삼성전자 TV를 하이마트에서 산 것과 같은 겁니다. 따라서 만일 삼성증권이 망한다고 하더라도, 이 펀드에 들어가 있는 돈에는 아무런 문제가 생기지 않습니다. 하이마트가 없어져도 삼성전자에서 AS를 받을 수 있는 것과 마찬가지입니다. 즉, 내가 투자한 돈을 삼성증권이 가지고 있지 않다는 말입니다.

그런데 만약, 운용을 하던 미래에셋자산운용이 망하면 어떻게 될까요? 돈을 굴리던 운용사가 망했으니 내 돈이 날아갈까요? 그것도 아닙니다. 그래도 펀드에 들어간 내 돈은 안전합니다. 미래에셋 자산운용은 펀드에 담긴 내 돈을 이렇게 저렇게 굴리라고 지시만 할 뿐, 자기들이 가지고 있는 것이 아니기 때문이죠. 그러면 이 돈은 대체 어디에 있느냐? 바로 수탁사에 있습니다. 돈을 수탁사에서 가지고 보관하고, 운용사는 이 돈을 일종의 원격조종을 하는 셈입니다. 그럼 수탁사는 또 뭐하는 회사냐? 한마디로 돈을 보관만 해주는 역할을 하는 회사를 말합니다. 운용사가 원격조종하는 대로 두 눈 부릅뜨고 지켜보고 있는 것이죠. 보통은 은행이 이 업무를 주로 합니다. 미래에셋 디스커버리 주식형 펀드의 경우는, 국민은행이 이 역할을 맡아 하고 있습니다.

그럼 마지막 질문. 수탁사가 망하면 어떻게 될까요? 돈을 가지고 있는 회사가 망했으니 내 돈이 날아갈까요? 이것도 아닙니다. 수탁사가 망하더라도 수탁 받아 가지고 있는 돈에 대해서는 임의로 인출하여 쓸 수 없도록 법제화돼 있기 때문에, 수탁사가 다른 회사로 바뀔 뿐, 돈에 대한 안정성은 변함이 없는 구조입니다. 수탁사가 망하면 다른 수탁사로 돈이 넘어가 잘 보관됩니다. 그러니까 은행의 예적금과 비교해 보면 5,000만 원 이상의 돈이 들어간다고 할 때는, 회사가 망할 경우 예적금보다도 오히려 펀드가 더 안전할 수도 있는 것이지요. 물론 펀드는 운용 결과에 따라 원금 손실의 위험이 있을 수는 있습니다. 고객은 투자손실에 대한 위험만 지는 것이지, 금융기관의 파산에 따른 원금 손실은 없는 구조입니다. 펀드에 많은 돈을 넣어 투자하면서도 이걸 정확히 아는 사람은 많지 않습니다. 내가 하고 있는 투자상품에 대해서도 제도적인 부분을 잘 모른다는 것, 바로 이런 것이 서민 중산층 일반투자자들이 가지는 문제의 핵심입니다.

성공 노하우

　주식형 펀드를 위주로 해서 펀드 투자 성공 노하우를 알아봅시다. 펀드 투자의 성공 공식은 아주 간단합니다. 내가 들어간 원금보다 펀드 평가액이 더 높을 때 환매하면 됩니다. 아주 쉽죠? 그런데 이상한 건, 이렇게 간단한 일을 많은 사람들이 잘 못한다는 데에 있습니다. 그럼 도대체 왜 이렇게 간단한 것을 잘 못하는 것일까요? 이유 중 하나는 가격이 오르는 그 시기를 정확히 알 수 없다는 것이고, 다른 하나는 펀드 가격이 오르긴 오르되, 구체적으로 몇 퍼센트나 올랐을 때 환매하고 나와야 하는지에 대한 기준이 없다는 것입니다. 즉, 여기서도 대부분의 투자자들이 기대수익률을 정하지 않는 것입니다. 기준이 없으니 기준에 따른 행동 역시 없습니다.

　먼저, 펀드 가격이 도대체 언제 오를지를 정확히 알 수 없다는 부분부터 살펴봅시다. 분명 언젠가 한 번 오르긴 오를 텐데, 코스피 지수가 대체 어느 시점에서 상승곡선을 탈지는, 일반인이 예측하기는 매우 어렵지요. 주식형 펀드는 기초자산인 주식의 편입비중이 제도적으로 정해져 있기 때문에 주식시장이 좋다고 하여 펀드매니저가 주식에 집중투자를 할 수도 없고, 주식시장이 나쁘다고 해서 모든 돈을 주식에서 다 뺄 수도 없습니다. 항상 일정 수 이상의 종목에 분산투자를 해야 하고, 아무리 주식시장이 안 좋아도 일정 비율 이상은 무조건적으로 주식에 묻어두어야만 합니다. 그래서 주식형 펀드의 상품 개수는 엄청나게 많지만, 대부분이 코스피 지수의 움직임과 대동소이하게 움직일 수밖에 없습니다. 펀드매니저의 재량 범위가 넓지 않기 때문입니다.

국내 주식형 펀드 중에서 코스피 지수가 계속 빠지는데 이와는 반대로 계속적인 상승을 기록하는 펀드는 없습니다. 이와 반대로 코스피 지수가 계속 오르는데 계속적으로 손실을 기록하는 펀드도 없죠. 투자자 보호를 위해서 제도적으로 펀드의 투자 패턴을 제한하다보니 생기는 현상들입니다. 어떻든 그렇기 때문에, 주식형 펀드에 투자하여 가격 상승을 맞춘다는 것은, 결국 코스피 지수가 언제 오를지를 맞추는 것과 별반 다름이 없습니다. 자기 일에 바쁜 일반인에게는, 사실상 불가능한 일입니다. 뭐 그걸 정확히 예측할 수만 있다면, 직장생활을 할 이유도 별로 없겠지요.

몇 가지 전략

그러면 우리는 정확한 상승 시기의 예측이 불가능한 현실 앞에서, 몇 가지의 전략을 세워볼 수 있습니다. 첫째는 투자기간을 길게 잡고 들어가는 것입니다. 누가 뭐라든 투자기간을 일단 길게 잡고 들어가면, 짧은 기간 투자하는 것보다 그 사이에 한 번이라도 오를 확률이 더 큰 건 당연지사입니다. 열 번 찍어 안 넘어가는 나무 없다, 뭐 이런 원리입니다. 무작위로 반복되는 홀짝게임을 할 경우, 홀이나 짝 중 하나를 택해 계속적으로 한 쪽으로만 배팅하다 보면 반드시 한 번 맞추게 되는 것과 별반 다를 바 없습니다. 다만 홀짝 배팅에는 돈이 계속 공급돼야 하지만, 펀드 투자에서는 시간을 오래 끌고 가면 된다는 것만이 다르겠지요. 물론 운이 엄청 없어서 대한민국 역사상 주가가 최고에 올랐을 때 펀드 투자를 하여 5년, 10년을 기다려도 오르지 않는 경우도 있긴 하겠으나, 이 역시도 피해갈 수 있는 전략은 있습니다. 바로 거치식으로 투자하는 것이 아니라, 자금을 잘게 쪼개어 적립식으로 투자하는 것입니다. 흔히들 얘기하는 코스트 애버리지 효과를 노리는 것이죠. 물론 이것도 앞서 말한 것처럼 완벽한 대안이되는 것은 아닙니다만, 어쨌든 펀드 투자에 있어 분명히 효과가 있는 전략이기는 합니다. 초장기 변액보험에서보다는 중단기의 펀드 투자에서 더욱 효과가 있습니다. 다른 말로는 분할매수 전략이라고 하지요.

분할매수 전략으로 다달이 나누어 펀드를 사면, 당연히 한 번에 왕창 돈을 넣는 거치식 투자보다는 손실위험이 조금 줄어듭니다. 왜? 하필이면 재수 없게도 최고점에서 모든 돈이 투자되는 최악의 상황은 어쨌든 피할 수 있기 때문입니다. 최고점에서도 조금 사고, 그보다 낮은 가격에서도 조금 사고, 그보다 더 낮은 가격에서도 조금 사게 되기 때문에, 펀드를 산 가격이 들어간 횟수만큼의 평균가격에 맞춰지는 효과가 있습니다. 그런데 이런 분할매수 전략도 한계는 있습니다. 나는 있는 돈을 모두 나누어 넣었는데도, 주구장창 코스피 지수가 떨어질 수도 있기 때문입니다. 이런 상황에서는 긴 호흡으로 잘게 나누어 넣고, 편안한 마음으로 기다리는 게 상책이긴 합니다만, 사람이 심리적으로 오랜 기간 하락이 계속되고, 손실폭이 커지다 보면, 견디기 힘든 고통과 불안이 오는 것이 인지상정이라, 무조건 넣놓고 기다릴 수만도 없습니다.

자, 그러면 장기간 긴 호흡으로 펀드 투자를 했고, 심지어 분할매수 전략으로 코스트 애버리지 효과까지 보면서 투자를 하고 있는데도 지속되는 하락장에 마음이 불안하여 투자를 지속할 수 없다면 어떻게 해야 할까요? 이럴 경우엔, 마음이 불안하지 않도록 자기를 보호할 수 있는 리스크 회피 전략이 필요합니다. 예를 들면 이런 겁니다. 코스피 지수가 왕창 떨어져서 -20%를 기록하고 있는데, 나는 일정한 기준을 가지고 리스크 회피 전략을 써서 -10%만 기록하고 있다고 칩시다. 사람이란 게 참 묘한 동물이라, 이럴 경우에는 비록 손실이 나고 있긴 하지만, 마음이 그렇게 미치도록 고통스럽진 않습니다. 상대적으로 시장 하락폭에 비해서 선방하고 있다는 안도감 때문이지요. 또 이 안도감은 상승시의 안정적인 수익에 대한 기대감으로 이어집니다. 그런데 코스피 지수가 왕창 떨어지는 흐름을 함께 타면서 똑같은 손실을 기록하고 있거나, 펀드 성적이 좋지 않아 코스피 지수 하락 폭보다 더 큰 손실을 기록하고 있다면, 이는 불안감에 투자를 계속할 수 있는 확률이 떨어집니다. 무언가 안전장치가 없이 무방비로 시장 흐름에 노출되어 있다는 느낌은 투자심리를 크게 위축시키기 때문입니다. 게다가 급하게 돈이 필요한 상황까지 겹치면, 게임 끝입니다. 우리는 기계적으로 움직이는 투자기계가 아니라, 시시각각 변하는 감정을 가진 사람이라는 사실이 중요합니다. 더군다나 투자전문가도 아니고 일상을 사는 생활인일 뿐입니다. 그러므로 마음을 제어할 수 있는 전략이나 기준이 없다면 투자는 백전백패죠.

덧붙여, 펀드에 들어가는 시기적인 전략을 가집시다. 펀드 투자에 실패하는 많은 사람들은, 펀드가 호황을 이루고 주가가 오랜 상승을 거쳐 고점에 올라, 투자자 모두가 축배를 들고 있을 무렵에 들어갑니다. 이유는 간단합니다. 그럴 때에는 여기저기서 펀드로 돈 벌었다는 소리가 많이 들려오고, 언론에서도 연일 최고 수익을 기록한 펀드를 대서특필하면서, 마치 펀드 안하면 바보인양 생각이 되고, 나도 슬쩍 돈을 얹으면 왠지 그 분위기에 편승해서 콩고물이라도 얻어먹을 수 있을 거라 여겨지기 때문입니다.

일반인으로서 펀드 투자에 성공하려면

여기서 또 상식적인 얘기 하나 해봅시다. 그럼 그런 분위기에서 펀드로 돈 번 사람들은, 펀드 투자를 시작한 시기가 언제였을까요? 주가가 한창 올라 있었을 때였을까요, 아니면 주가가 올라 큰 수익이 난 시기보다 주가가 훨씬 낮아서 사람들이 펀드에 별 관심을 갖지 않았을 때였을까요? 두말할 필요없이 주가가 낮았을 때 들어갔으니 주가가 올랐을 때 큰 수익이 났겠죠? 너무 지당하고 당연하신 말씀이라 하나마나한 소립니다. 모든 훌륭한 결과에는 그것을 이루기 위한 보이지 않는 인고의 시간이 있는 것은 당연하겠죠? 그런데 펀드 투자 영역에만 오면 많은 사람들이 그걸 모르고, 이미 상승을 지나 주가가 고점을 찍고 투자자 모두가 축배를 들고 있을 때 돈다발 싸들고 들어오니 참으로 답답한 노릇입니다. 많은 사람들이 모여 놀고먹고 즐긴 후에, 먹을 것 다 떨어진 잔칫집에 뒤늦게 입장료 내고 들어가는 꼴이죠. 모두가 배가 부르고 흥에 겨워 시끌벅적하지만, 내가 먹을 음식은 남아있지 않습니다. 남들 먹다 남은 찌꺼기라도 몇 점 얻어먹으면 그나마 다행입니다.

결론적으로 펀드 투자에 성공할 수 있는 진입 시기는, 사람들이 공포에 질려 너도 나도 팔아제낄 때이거나, 혹은 낮은 주가가 박스권에서 벗어나지 못하고 지지부진하여 모두가 펀드에 별 관심을 안 가질 때입니다. 실례로, 2008년 서브프라임모기지 부실로 인한 경제위기 때 펀드를 적립식으로 시작한 사람이 지금까지 5년 가까이 적립식 투자를 지속했다면, 연평균 15%가 넘는 굉장한 수익을 냈을 것입니다. 이는 펀드의 과거 데이터가 입증해 주는 확인할 수 있는 사실입니다.

　머리가 복잡한가요? 별로 복잡하지 않으니 차분하게 정리를 한번 해봅시다. 코스피 지수가 언제 오를지 그 시기를 정확히 알 수 없다는 위험은 몇 가지 방법으로 나누어 대비할 수 있다고 했습니다. 하나는 기간을 오래 잡고 들어가는 것, 또 하나는 몰빵하지 않고 돈을 쪼개어 적립식으로 분할매수하는 것, 다음은 시장 하락기에 리스크 대비 전략을 가지고 적절히 손실을 방어하는 것, 마지막으로 모두가 주식시장을 쳐다보지 않을 때 저가 시점에서 진입하는 것입니다. 그런데 처음의 두 가지와 마지막은 투자전문가가 아니라 일반인이라도 할 수 있는 일이지만, 리스크 대비 전략이라는 것은 일반인이 스스로 할 수 있는 영역이 아닙니다. 일반인이 코스피 지수의 추세를 분석하여 펀드를 빼고 다시 넣는 기준을 잡기는 사실상 불가능합니다. 그래서 이 부분은 전문적인 관리를 하는 회사나 담당자를 통하여 코칭을 받아야 합니다.

　시장에 관한 정보를 제공받고, 그렇게 복잡한 전략이 아닐지라도 일관된 리스크 관리 전략을 통해 펀드를 넣고 빼면서 관리한다면 펀드 투자의 안정성은 훨씬 커집니다. 어쨌든 이는 전문적인 영역이니 이 정도로 넘어가도록 하고, 이건 못하더라도 나머지 세 가지는 반드시 지켜 투자하길 바랍니다. 긴 호흡과 저점에서의 분할매수, 하락기의 진입 말입니다. 이것만 또박또박 지켜내는 것도 쉽지 않은 일입니다. 다른 말로는, 지켜내기만 하면 분명 좋은 결과가 있다는 이야기입니다.

그리고 하나 더 있습니다. 위에서 말했던 기대수익률입니다. 코스피 지수가 오르긴 올랐는데, 대체 언제까지 어디까지 더 오를 것인지 정확히 아는 사람은 세상에 아무도 없습니다. 신의 영역이죠. 이걸 정확히 아는 사람이 있다면, 이 사람은 아마 전 세계를 단숨에 정복할지도 모릅니다. 세상 모든 돈이 그 사람에게 다 몰릴 테니까요. 뭐 그건 그렇고, 어쨌든 기대수익률을 반드시 가지고 펀드 투자에 임해야 합니다. 이게 있어야 펀드를 환매하고 수익을 실현할 타이밍을 잡을 수가 있습니다. 아무리 더 오를 것 같아도, 무조건 기대수익률이 달성되면 빼야합니다. 주식도 마찬가지고 펀드도 마찬가지입니다. 늘 매수보다는 매도 타이밍을 잡는 게 어렵습니다. 그렇기에 기대수익률이 확고하게 정해져 있지 않으면 환매 타이밍의 기준이 사라지게 되어 미련한 짓을 계속 반복하게 됩니다. 기대수익이 달성되면 쌓인 목돈은 무조건 다 빼야 합니다. 그리고 이 돈을 다시 잘게 나누어 분할매수로 재투자하기 바랍니다. 그래야 적정한 수익을 계속해서 달성해 나갈 수가 있습니다. 펀드로 일확천금 벌려고 하지 말고, 은행보다 괜찮은 수익을 지속적으로 이뤄나간다는 마인드로 접근하면, 펀드 투자의 성공은 이미 반은 이룬 셈입니다. 대박의 환상을 버리고 중박을 연속적으로 이어나가는 전략인 것이죠.

많은 사람들이 대체로 정확한 재무계획이 없이 살기 때문에, 긴 호흡으로 투자를 한다고 해도 불쑥불쑥 돈 쓸 일들이 많이 생깁니다. 펀드 투자에 실패하는 가장 많은 유형이 바로 여기서 생깁니다. 별 생각 없이 돈만 넣다가 수익률과 아무런 상관이 없이 자기 돈 필요할 때 펀드를 환매하는 행태가 반복됩니다. 아니, 코스피 지수가 무슨 나 돈 쓸 때를 기다리고 있다가 때 맞춰 올라준답니까? 펀드에 가입할 때는 이 펀드 저 펀드 수익률 실컷 비교해 놓고서는, 막상 투자가 이루어진 다음에는 수익률에 아무 관심 없는 사람들이 태반입니다. 혹은 얼마 되지도 않는 돈 넣어놓고 한시가 멀다하고 쳐다보면서 일희일비 하고 있죠. 다시 말하지만, 펀드는 돈이 필요할 때 환매하는 것이 아니라, 기대수익률이 달성됐을 때 환매하는 거라는 사실, 절대 잊으면 안 되겠습니다. 이런 당연한 얘기를 해주는 사람도 금융기관도 없다는 게 참으로 한심한 노릇입니다. 온통 상품 마케팅뿐, 수익 전략이 없습니다.

장삼이사의
펀드 투자 형태

　일단, 펀드를 고를 때부터 어리석음은 시작됩니다. 가장 흔히 하는 실수가 과거수익률을 대충 보고서 냅다 지르는 겁니다. 그것도 내가 투자할 기간에 맞추어 검토하면 좀 낫겠는데, 창구에서 직원이 보여주는 단기수익률 종이 쪼가리 하나 보고서 '우와, 이 펀드 수익 좋네.' 하고 가입하는 경우가 허다합니다. 예를 들어 나는 3년을 투자할 마음으로 펀드에 가입했다고 칩시다. 그렇다면 과거 수익률 데이터 중에서 1년 수익률이 더 의미가 있을까요, 3년 수익률이 더 의미가 있을까요? 당연 3년 수익률이 더 의미가 있을 겁니다. 왜? 펀드는 펀드의 성격과 펀드매니저의 스타일에 따라 장·단기적인 투자패턴이 서로 다르기 때문입니다. 마라톤 선수가 단거리 주법을 익히면 안 되는 것과 마찬가지로, 단기 투자와 장기 투자는 매매패턴이 확연히 구별됩니다. 길게 투자할 사람은 길게 갔을 때 수익이 좋은 펀드를 드는 것이 당연한 거고, 짧게 투자할 사람은 짧게 갔을 때 수익이 좋은 펀드를 드는 것이 당연한 것인데도, 이렇게 하는 사람이 별로 없는 게 현실입니다. 금융회사에서 이런 걸 안내해 주지 않고, 그 어디에서도 펀드 투자에 관한 지침을 들어본 적이 없기 때문이죠. 금융교육이 전무하니 가정에서 부모가 똑똑하게 행동하지 않는 이상 많은 국민이 금융맹 수준을 못 벗어나는 게 대한민국 현실입니다. 그러니 이 글을 읽는 독자들만큼은 금융맹이 아닌 현명한 돈 경영인으로 마인드 업 하시길 바랍니다. 그래야 자녀도 덩달아 잘 됩니다. 가정교육이 별 거 없습니다. 부모가 행동으로 본 보이는 것이 최고의 가정교육입니다. 교육비로 돈만 쏟아 부을 게 아니라 돈을 잘 벌고 다룰 수 있도록 본을 보입시다.

적립식 투자 오해형

다음으로 적립식 투자를 하다가 납입을 멈추는 경우를 봅시다. 남들이 다 적립식 투자를 하면 안전하고 좋다고들 하니, 처음에 별 생각 없이 적금 넣느니 펀드 넣겠다는 생각으로 몇십만 원씩 불입하는 펀드를 하나 듭니다. 그래서 몇 달은 꾸준하게 잘 불입을 합니다. 그런데 이게 6개월 지나고 1년이 지나고 2년이 다 돼 가는데도, 도무지 오를 생각을 하지 않고, 계속해서 손실을 기록하는 겁니다. 이때부터 덜컥 불안해지기 시작합니다. 역시 안전하게 적금할 걸 괜히 펀드했다는 생각에 납입을 멈추고, 그 돈으로 적금을 넣기 시작합니다. 그러면서 이젠 손실 볼 일 없다며 좋아라 합니다. 이런 케이스가 일반 서민 중산층 가정에서 무척 많은데, 이렇게 되면 자신은 모르지만 결과적으로 최악의 투자패턴을 실천한 꼴이 됩니다. 이렇게 미련한 짓을 하는 이유는, 바로 적립식 투자가 어떤 원리에 의해서 상대적으로 안전한 투자방법인지를 정확히 인지하지 못하고 있기 때문입니다.

적립식 투자는 투자 초기에 주가가 내려가면 내려갈수록 큰 효과를 발휘합니다. 지금 당장이야 눈앞에 마이너스가 보일지 모르나, 시간이 가면 갈수록 주식을 싼 값으로 많이 사는 효과가 생기기 때문에 나중에 조금만 시장이 상승하더라도 금방 원금을 회복하고 플러스로 돌아서게 되는 것이죠. 초등학생들한테 일 분만 설명해줘도 다 이해하는 내용입니다. 하지만 멀쩡하게 생긴 수많은 성인들이 이걸 모른 채, 안절부절 못하다가 주가 높을 때 비싼 가격에 실컷 펀드를 사놓고서, 주가 낮을 때는 납입을 멈추고 펀드를 사지 않아 결국 고점에서 돈이 다 물려 아무리 기다려도 수익이 나지 않는 상황에 몰리게 되는 겁니다.

설상가상으로 이렇게 주구장창 기다리다가 또 자기 돈 필요할 때 환매하고서 손실을 보고 나옵니다. 두 가지 미련함이 겹으로 뭉쳐 쌍

쌍파티를 벌이고 있습니다. 상품도 문제없고, 그 누구도 그렇게 투자하라고 말한 것도 아닌데, 본인이 분별없이 달려들어 내키는 대로 기분대로 투자하다가 피 보는 대표적인 케이스입니다. 참 답답하지요. 적립식으로 투자하고자 한다면, 주가가 아무리 내려가더라도 그것이 오히려 기회라는 것을 인지하고 꾸준한 납입으로 펀드를 계속 싸게 매수해야 합니다. 지금의 마이너스는 내일의 플러스를 위한 일시적인 움츠림이라는 것을 알아야 합니다. 움츠리지도 않고 뛰는 개구리는 없습니다.

말이야 바른 말이지, 펀드든 배추든 그 무엇이든 간에, 일단 싸게 사놓아야 나중 가서 비싸게 팔든 말든 할 거 아니겠습니까? 싸게 사는 건 싫으면서 비싸게 팔기만 바라면 도대체 뭘 어쩌자는 걸까요? 상식을 가집시다. 일반적으로 많은 사람들이 펀드 투자를 시작함과 동시에 주가가 오르기를 바라지만, 사실 적립식으로 투자할 때는, 주가가 투자 초기에 크게 오르는 것은 별로 좋은 일이 아닙니다. 초기에 주가 올라본들, 수익이 얼마 되지도 않기 때문에 환매하지 않고 그대로 계속 납입하게 됩니다. 괜히 실익도 없이 기분만 좋아지는 현상이 발생하죠. 환매하지 않는 이상 그건 숫자일 뿐, 내 돈이 아닙니다.

여하튼 오른다고 좋아서 헤벌레 하다 보면 어느 순간엔가 주가는 다시 떨어지기 시작합니다. 그럼 이때부터 손실이 빠른 속도로 커집니다. 왜? 주가가 한창 오를 때 비싼 가격에 펀드를 많이 사놓았기 때문이죠. 그래서 또 납입을 멈추고 속으로 이렇게 생각합니다. '펀드가 초기엔 괜찮더니 뒤로 갈수록 별로구나.' 이렇게 말이죠. 펀드가 별로인 게 아니라, 펀드 투자에 대한 본인의 마인드와 지식이 별로인 겁니다. 이건 모르고 맨날 남 탓, 펀드 탓하다가 재미 한 번 못 보고 펀드에 등 돌리는 사람 많습니다. 펀드는 아무 잘못이 없는데 말이죠. 펀드는 그저 시장의 오르내림에 따라 수익과 손실을 반복할 뿐입니다.

펀드는 늘 그렇게 움직이고 있을 뿐, 당신에 대해 그 어떤 감정도 없습니다. 그냥 오르내릴 뿐입니다. 그걸 보는 투자자의 마음이 오르락내리락 하면서 일관성 없이 행동하는 것이 문제일 뿐, 펀드는 파도가 물결치듯 늘 그렇게 출렁이고 있을 뿐입니다. 파도치는 바다를 보고 나쁘다고 말하는 사람은 없겠죠? 그 물결의 원리를 이해하고 투자심리를 잘 다스리는 것이 투자자의 몫이라는 것, 그게 핵심입니다. 이 책임을 다하고 싶지 않다면, 당신은 펀드 투자를 하면 안 되는 사람입니다. 그냥 적금 드세요.

막무가내 투자형

더 대책 없는 사람들도 많습니다. 듣도 보도 못한 해외 펀드나 실물 펀드에 거치형 투자로 냅다 지르는 사람들입니다. 살면서 해외여행 한 번 안 가보고, 무역업에 종사하지도 않고, 해당 국가에 대한 지식도 없으면서, 창구 직원 말 듣고 혹은 지인의 말 몇 마디 듣고 몇

백, 몇천만 원씩 해외 펀드에 몰빵하는 사람들, 많습니다. 몇 년 전 유행했던 카자흐스탄 펀드도 그랬고, 러시아 펀드, 아프리카 펀드, 물펀드, 럭셔리 펀드 등 종류도 무지하게 다양합니다. 이런 펀드들이 들어보면 이름이 참 그럴싸한 것들이 많죠. 괜히 멋있어 보이기도 하고. 허나 펀드 이름 멋있다고 돈 버는 건 아닙니다.

이런 펀드에 목돈을 질러대는 분들은 세상이 다 자기 기대대로 움직일 걸로 착각을 합니다. 우리나라 시장도 하루이틀을 예측하기 어려운 게 현실인데, 대체 한 번 가보지도 못하고 책 한 권 읽어본 적 없는 산업이나 국가에 쉽게 쉽게 질러대는 사람들을 어떻게 이해해야 할까요? 사실 이런 분들은 옆에서 바른 말을 아무리 해줘도 별로 답이 없습니다. 답은 오직 하나, 본인 스스로 뜨거운 맛을 보아야 그때 비로소 무지막지한 묻지 마 투자행태를 되돌아보기 시작합니다. 이런 식의 펀드 투자는 하락으로 손실이 나기 시작하면, 불안감이 더욱 커집니다. 왜? 대체 언제까지 어디까지 떨어질지 가늠하기가 어렵기 때문입니다. 공포는 근본적으로 무지에서 비롯되는 것이라, 이럴 경우의 공포는 더 배가 됩니다.

주위에 조언을 구해 봐도, 모두가 각양각색의 짧은 의견만 피력할 뿐 아무도 안심되는 이야기를 해주지 못합니다. 좋다고 투자해 보라던 증권사 그 직원은 이미 인사이동으로 그 지점을 떠난 뒤라, 영업점에 찾아가도 온 데 간 데 없습니다. 대체 어디 가서 하소연 하오리까. 모두가 내 탓이오, 열 번만 반복하면 되겠습니다. 필자에게도 종종 이런 걸 물어오는 사람들이 있는데, 이럴 땐 정말 대략 난감합니다. 솔직하게 '모르겠습니다.' 하고 싶지만, 체면상 그렇게 대놓고 얘기할 순 없고, 그저 뻔한 소리 몇 마디 해주고 끝나기 일쑤입니다. 전화 끊고도 뒷맛이 찜찜합니다. 우리나라 주가도 맞추기 어려운데, 대체 아프리카나 카자흐스탄 같은 곳을 어떻게 예측하란 말입니까? 이런 건 본인이 알아서들 공부할 일입니다.

브랜드 맹목형

펀드를 브랜드 보고 가입하는 분들도 있습니다. 펀드가 무슨 가전제품도 아니고, 브랜드는 별 의미 없으니 신경 끄시기 바랍니다. 가전제품이야 대기업 제품이 아무래도 AS도 좋고, 영업망도 많아 각종 민원처리가 수월하지만, 펀드가 무슨 AS 받을 일 있는 것도 아니고, 유명한 회사에서 운용한다고 하여 모든 펀드가 다 수익률이 좋은 것도 아닙니다. 펀드가 발달한 국가들일수록 브랜드보다는 펀드매니저를 보고 가입하는 경우가 많은데, 우리나라는 위에서 말한 것처럼 제도적인 제약이 많아 사실상 펀드매니저를 보고 가입하는 것도 그렇게 결정적인 고려사항은 못 됩니다. 펀드의 운용 철학이나 스타일을 보고, 펀드전문 평가 사이트들을 통해 각종 펀드 지수를 확인하고 들어가는 것이 제일 유용합니다. 인터넷에 정보는 널렸습니다. 지수에 대해서는 약간의 공부가 필요한 부분인데, 참고로 대표적인 몇 가지라도 알아두면 도움이 됩니다.

 부자 아빠 필수 상식

1) BM초과율: 벤치마크(BM, BenchMark)란 펀드 수익률을 평가하기 위한 기준 잣대라고 보면 되고, BM초과율이란 펀드수익률에서 벤치마크 수익률을 뺀 값입니다. 다시 말하면 목표를 얼마나 초과하여 수익을 기록했는가를 측정하는 비율로, 보통은 주식시장 전체가 벤치마크가 되므로 높을수록 전체 시장대비 수익률이 좋다는 뜻입니다.

2) 표준편차: 표준편차는 수익률의 변동성(연환산)을 뜻하는 것으로 수치가 적을수록 좋습니다. 표준편차가 크면 클수록 수익률이 크게 오르락내리락하여 변동성이 크다는 것을 의미합니다. 단, 표준편차가 높다고 수익률이 나쁘다는 뜻은 아니고, 수익률과 표준편차는 동시에 높을 수 있습니다.

3) 샤프지수: 표준편차를 이용하여 펀드의 성과를 평가하는 지표를 말합니다. 펀드가 한 단위 위험자산에 투자함으로써 얻은 초과수익의 정도를 나타내는 지표로 펀드 선택의 기준으로 삼아야 합니다. 이 샤프지수는 수익률을 표준편차로 나눈 값으로 1이라는 위험(변동성)을 부담하는 대신 얻은 대가, 즉 위험 대비 수익이 얼마인가를 측정하는 지표로서, 따라서 지수 값이 높으면 높을수록 운용이 효율적이고 투자성과가 성공적이라고 할 수 있습니다.

4) 베타(β)계수: 개별증권 또는 포트폴리오의 수익이 증권시장 전체의 움직임에 대해서 얼마나 민감하게 반응하는가를 나타내는 수치를 의미합니다. 일반적으로 상승장에서 베타계수가 높은 종목이 투자수익률이 높고, 이런 펀드는 다른 펀드보다 가격 변동 폭이 크기 때문에 상승국면에서 가격 상승폭이 크고 하락국면에서 가격 하락폭이 크게 마련입니다. 따라서 시장이 상승국면에 있을 때는 베타계수가 높은 종목을 선정하는 것이 유리합니다. 기준이 되는 변수에 대한 특정변수의 민감도라 할 수 있습니다.

5) 트레이너 지수: 트레이너 지수란, 펀드 수익률이 출렁일 위험(베타, β)을 무릅쓰면서 무위험 수익률(CD금리)에 비해 얼마나 좋은 성과를 달성했는지를 알아보는 지표를 말합니다. 트레이너 지수는 펀드수익률에서 무위험 이자율을 차감한 후에 펀드 수익률의 민감성, 즉 베타로 나누어 산출하는데, 통상적으로 트레이너 지수가 높을수록 펀드 성과가 좋은 것으로 평가됩니다.

펀드에 대한
단상

가끔씩 이런 생각을 합니다. 펀드는 자동차와 참 비슷한 점이 많다고 말입니다. 자동차는 누구나 다 쉽게 가질 수 있지만, 운전 실력과 자동차에 관한 개개인의 지식수준은 천양지차입니다. 누구는 안전운전과 함께 때로는 재미난 드라이빙을 한껏 즐기는 반면, 누구는 비싼 돈 들여 최고급 자동차를 사고도 길들이기조차 제대로 못해 차량 성능을 깎아 먹습니다. 누구는 관리를 잘해 한 차를 10년간 몰아도 아무 이상이 없는 반면, 누구는 아무 관리를 하지 않아 똑같은 차를 5년도 못타고 고철로 만들어 버립니다. 빗길, 눈길에 전륜구동과 후륜구동과 사륜구동이 어떤 차이를 가지는지도 모르고, 눈이 오나

비가 오나 마구 밟아대다가 사고가 나기도 합니다. 심지어는 내 차가 전륜인지 후륜인지도 모르는 분들도 많습니다. 거기서 그치면 그나마 다행, 전륜 후륜이 뭔지 용어조차 모르는 분들도 허다합니다. 오토 미션 자동차에서 수동 변속기능이 대체 왜 있는지도 모르고, 경사가 심한 내리막에서도 오토 미션으로 고단 주행을 대책 없이 지속하면서 내가 지금 얼마나 위험한 운전을 하고 있는 건지도 모르고, 사정없이 브레이크 밟아대는 분들도 숱하게 많지요. 자동차를 조금만 아는 사람이라면, 혀를 내두를 일들이 한두 가지가 아닙니다.

펀드 역시 마찬가지입니다. '요새 어떤 펀드가 좋아?' 백날 물어봐야 별 무소용입니다. 펀드만 좋으면 뭐합니까? 펀드 운전하는 법을 모르는데 말이죠. 펀드를 운전하는 법을 알아야 비소로 좋은 펀드, 나쁜 펀드가 의미 있는 것입니다. 차는 운전을 못해도 비싼 차 몰면 남들이 감탄이라도 하지, 좋은 펀드 들어놓고 아무 생각 없으면 남들이 알아주지도 않습니다. 그냥 돈 잃고 속상하고 그뿐입니다. 고기도 먹어본 사람이 맛을 안다고, 펀드도 제대로 굴릴 줄 아는 마인드가 있는 사람이 재미 보는 것입니다.

그러니 펀드 투자를 하겠다고 한다면, 그에 걸맞은 지식과 마인드를 갖춥시다. 예적금도 아닌 것이 그렇다고 주식 그 자체도 아닌 것, 그 경계에서 적절한 지식과 관리를 요하는 것, 그것이 바로 펀드입니다. 뜨거운 줄도 모르고 달라 들어 불타버리는 불나방이 되지 말고, 제대로 펀드를 다스릴 줄 아는 펀드 경영자로 거듭나길 바랍니다. 펀드는 최근 같은 투자환경에서는 필수적인 금융아이템입니다. 앞으로 펀드를 빼고 서민 중산층 가계의 투자는 이야기할 수 없을 것입니다. 느낌 좀 알고 투자합시다.

'펀드 투자' 제대로 하는 핵심 메시지

1. 펀드는 몇 가지 상식만 제대로 알고 있으면, 수익을 내기 쉬운 금융상품입니다.
2. 펀드만 잘 알아도 일반 가정의 투자가 아주 재미있어집니다.
3. 펀드 투자의 성패는 절대 상품에 있지 않고, 나의 투자전략에 있다는 걸 명심합시다.

펀드에 대한 기술적 개념

DNY머니코칭 조대연 공동 대표이사

일반인들이 흔히 할 수 있는 투자 상품 중 결국 대표주자는 '펀드'입니다. 펀드는 아주 대중적인 투자 상품입니다. 아무리 펀드가 수익이 안 난다 재미없다고 할지라도 여전히 대중적으로 가장 선호되는 투자 상품은 펀드입니다. 일반인의 자산 관리, 재무 관리 측면에서 투자의 중요성은 아무리 강조해도 지나치지 않습니다.

투자를 하지 않고 은행에다 자산을 차곡차곡 쌓아두는 행위는, 어떤 면에서는 투자를 하는 것보다 더 위험한 행위가 될 수도 있습니다. 그 이유는 바로 '물가'라는 녀석 때문입니다. 물가상승의 체감은 1년 단위로는 잘 못 느끼지만, 5년만 지나도 여실히 느끼게 됩니다. 내 돈의 가치가 5년 전에 비해 떨어졌다는 것을 말이죠. 분명 5년 전에는 1,000만 원을 가지고 10만 원짜리 운동화 100켤레를 살 수 있었는데, 5년이 지난 현재는 78켤레만 살 수 있다는 것을 직접적으로 느낄 수 있습니다. (이 계산은 매년 4%의 물가상승이 5년간 일어났을 경우의 결과입니다)

물가상승률을 4%만 잡아도 이 정도입니다. 하지만 사실 대중이 피부로 느끼는 실질적인 체감 물가 상승률은 꽤 가파릅니다. 왜냐하면 국가 전체의 물가상승률보다 실생활에 기초가 되는 재화들이 더욱 크게 오르기 때문입니다. 아시겠지만 대중교통비, 식료품비, 농축수산물 등의 소매가 상승률을 조사해 본다면, 꽤 놀라운 수치를 발견하게 될 겁니다. (이 물가상승률로 운동화 구입 컬레수를 계산하면 더 깜짝 놀랄 겁니다) 이렇듯 물가상승이라는 것은 알게 모르게 내 돈을 야금야금 깎아먹는 어둠의 그림자 같은 녀석입니다. 그래서 근본적으로는 이것을 방어해내기 위해 투자를 필요로 하는 것입니다.

훌륭한 자산 관리를 위해서는, 두 가지가 구성되어 있어야 잘 한다고 말할 수 있습니다. 첫째는 습관이고, 둘째는 운용능력 또는 활용능력입니다. 목표한 돈을 열심히 모았다는 것은 습관이 잘 되어 있다는 것이니 훌륭한 평가를 받을 만합니다. 그 후에는 운용능력 또는 활용능력이 있어야 합니다. 서민 가계 대부분의 경우는 모으는 습관이 안 돼서 자산 관리를 못하는 현상이 발생하지만, 이렇게 잘 모은 자산을 운용·활용할 줄 몰라서 피해를 보는 현상 역시 적지 않게 발생합니다.

결국 잘 모은 자산을 물가상승률만큼이라도 보전할 수 있는 행위는 시간이 지날수록 개인 간의 경제적 차이를 만들어냅니다. 우리는 이미 100세 이상을 살아야 하는 장수시대에 살고 있고, 오래 사는 것 자체가 리스크가 되는 세월을 살아가야 합니다. 그리고 그 장수시대에는 준비된 재정이 두말할 필요 없이 중요합니다. 따라서 펀드를 바라보는 관점은 단기적인 시각에서 '몇 년 만에 더블(두 배) 없어?'라는 식으로 가면 안 됩니다. 일단 은행금리 또는 물가상승률을 넘어서는 것을 1차적인 의미로 생각하라는 말입니다. 그런 측면에서 제일 많이 질문하는 내용들을 가지고 정리를 해보고자 합니다.

1. 펀드는 적립식, 거치식 중 어떤 것으로 시작하는 게 좋을까요?

펀드 가입 시에 적립식과 거치식 중 어떤 것이 좋냐는 질문을 정말 많이 합니다. 간단하게 정리해 드리겠습니다. 시장의 흐름에 맞춰 매수, 매도시기를 정해서 직접 거래할 수 있는 지식과 노하우가 있으면 거치식을 하시기 바랍니다. 금리, 통화량, 환율, 기업실적, 원자재 가격, 개인과 기관의 수급동향 등 다양한 경제지표를 가지고 주식시장의 영향에 대해 감을 잡을 수 있는 사람이라면 거치식으로 투자해 운용해도 무방합니다. 그런데 이런 분들은 대개 펀드가 아닌 주식 직접투자를 하죠. 또는 금융 공학적으로 검증된 운용 방식을 제공할 수 있는 회사의 전략을 사용하고 계시다면, 거치식으로 투자해도 좋습니다. 보통 이러한 경우는 최소 3년에서 5년 가량을 투자할 때 예측

가능한 수익 범위의 통계치를 근거로 제시하기 때문에 감(일명 촉, 느낌)으로 상대하는 개인과는 확연히 다를 수밖에 없습니다. 우리나라에도 자산가만을 대상으로 하지 않고 일반 대중을 상대로 이러한 금융 공학적 운용을 하는 회사가 나타나고 있습니다. 우리 회사나 한국 펀드리서치 같은 회사가 대표적입니다.

위와 같은 체계 없이 은행이나 증권사에서 제공하는 1년짜리 수익률표를 보고 쉽게 들어가면 낭패 보기 십중팔구입니다. 아니, 더 정확하게는 십중팔구가 아니라 십중십구입니다. 펀드는 결코 시간이 수익을 해결해 주지 않습니다. 펀드는 장기투자적 '관점'을 가지고 전략적으로 하는 것이지, 무조건적인 장기투자를 하거나 단기로 승부 보는 것이 아닙니다.

자, 그러면 현실적으로 적립식 투자가 더 낫다는 것일까요? 네, 맞습니다. 바로 그렇습니다. 이유는 이렇습니다. 사람은 기본적으로 손실에 대한 위험보다는 수익에 대한 기대에 더욱 치우치게 되어 있습니다. 그런 성향으로 인해 짊어져야 하는 손실위험(RISK)에 대해서는 너무나 쉽게 간과합니다. 따라서 가령 펀드 투자금 1,000만 원이 있다고 한다면, 이를 한 방에 지르기보다는 24개월로 나누어 매월 42만 원씩 적립식으로 투자하는 것이 더 좋습니다. 그러면 2년의 시간 동안 한국 경제의 흐름을 탈 수 있게 됩니다. 단, 적립식 투자에서도 주의사항은 있습니다. 이른바 코스트 애버리지 효과의 허점입니다.

    만일 어떤 사람이 월 42만 원씩 1년을 납입하고 약 500만 원을 쌓았다고 칩시다. (펀드의 사업비는 일단 계산하지 않겠습니다). 그런데 갑자기 주식시장이 폭락을 합니다. 실제로 주식시장은 한 달에도 20~30% 씩 하락을 하기도 합니다. (실제 2011년 7월에도 발생한 상황) 이로 인해 쌓여 있는 500만 원이 단 한 달 만에 −20%를 기록한다면, 이때 손실액은 얼마일까요? 맞습니다. 이미 100만 원이 손실액으로 사라졌습니다. 그런데 이번 달에 내가 납입할 금액은 얼마인가요? 바로 42만 원입니다. 바로 이때 코스트 애버리지 효과를 말하는 사람들은 시장이 −20%로 하락했기 때문에 20%만큼 싸게 펀드를 더 산 효과가 생긴다고 말합니다. 네, 그것도 일면 맞습니다. 다만 42만 원의 20% 인 84,000원에 대해서만 맞습니다. 따라서 한국 주식시장이 거짓말처럼 그 자리에 멈춰서서 매달 84,000원씩을 더 살 수 있게 된다고 해도, 약 12개월을 더 사야 이미 손실 본 100만 원을 복구할 수 있습니다. 그나마 원금이 500만 원에서의 손실이라 이 정도이지, 1,000만 원 이상의 단위에서 저런 손실이 발생했다면 손실복구 시기는 기약 없이 늦어지게 됩니다.

    쉽게 말해서, 기존에 쌓여 있는 목돈에서 손실방어가 안 되면, 매달 내는 납입액의 저가매수 효과만으로는 답이 없다는 말입니다. 따라서 적립식으로 납입을 하더라도 목돈(거치화)이 되는 순간부터는 목돈에 대한 손실 관리를 하지 않으면 답이 없습니다. 즉, 적립금이 커지면 커질수록 코스트 애버리지 효과는 맥을 못추는 것입니다.

대한민국 대중들이 펀드에 어마어마한 자산을 넣고도 왜 수익이 안 나느냐 하면, 그것은 펀드가 가지고 있는 고유의 리스크를 누구도 알려주지 않았을 뿐 아니라 알려고 하지도 않았기 때문입니다. 주식 시장이 지속적인 우상향을 할 수 있다는 보장만 있다면, 펀드는 돈을 납입하는 것만으로도 우수한 대안이 됩니다. 하지만 시장은 바다와 같아서 파도처럼 오르고 내리는 것을 반복적으로 할 뿐입니다. 당신이 투자를 결정한 그 시기부터 일이 술술 잘 풀리는 그런 일은 없습니다. 결국 펀드는 내려갈 때 방어하고, 올라갈 때 타야 합니다. 잔잔할 때는 그대로 유지하는 겁니다.

따라서 이를 해결하는 방법은 아래와 같습니다.
(1) 납입하다 보면 적립액이 커져 거치화 되기 때문에, 직접 거래할 수 있는 지식을 쌓아야 합니다.
(2) 전문화된 회사의 관리 방식을 도입합니다.

결국 내 자산을 관리하기 위해서는 무언가 원칙을 세워야 합니다. 투자에서 무언가 원칙을 세우는 것은 어떤 원칙도 없는 것보다 언제나 더 좋습니다. 세상에 공짜는 없습니다.

2. 변액보험(변액유니버설, 변액연금)도 펀드가 맞습니까?

네, 보험사에서 판매하는 펀드로 보면 됩니다. 보험사 고유의 위험 보험료 및 사업비를 공제한 나머지 금액이 펀드로 들어가는 상품입니다. 변액(Variable)이란 뜻은 투자를 하기 때문에 '금액이 변한다'라고 이해하면 쉽습니다. 액수가 자꾸 변해서 변액입니다.

사업비를 공제한 나머지 금액이 펀드로 투입되는데, 변액보험은 단기간을 목표로 운용하는 상품이 아닙니다. 보통 연금자산 마련을 위한 목적 또는 장기적인 목돈마련 용도로 가입을 합니다. 한마디로 초장기 상품입니다. 그런데 그 긴 시간 동안 단 한 달도 빼지 않고 납입을 하여 목돈을 마련했는데, 막상 뚜껑을 열어 보니 그 결과가 형편없다면 기분이 어떨까요? 게다가 충분히 막을 수 있었던 손실을 막지 못해서 발생한 결과라면 또 어떨까요? 따라서 질문 1, 2의 답들이 변액보험에도 똑같이 해당이 됩니다. 아니, 오히려 변액보험은 장기납입으로 인해 펀드보다 적립금 규모가 훨씬 더 크기 때문에 사실 관리의 중요성이 더 강조되어야 할 상품입니다.

3. 그럼 펀드를 운용하는 펀드매니저는 아무것도 하는 게 없는 겁니까?

아니요. 펀드매니저들은 열심히 운용하고 있습니다. 다만 펀드가 가지고 있는 구조적 모순과 법적 규제사항을 알아야 합니다.

첫째, 펀드는 총 자산의 10%를 초과하여 특정 종목에 투자할 수 없습니다. 쉽게 말하자면 삼성전자가 수익이 많이 나도 펀드 규모의 10%를 초과하여 투자할 수 없습니다.

둘째, 특정 기업의 주식 발행 총수의 20%를 초과하여 투자할 수 없습니다. 특정 기업의 주가를 왜곡할 수 있기 때문입니다.

셋째, 주식형 펀드의 경우 시장 전체의 하락으로 인해 손실이 크게 나도 최대 40%만 채권으로 대피할 수 있으며, 60%는 주식으로 놔두어야 합니다. 쉽게 말해서 펀드 자산의 60%는 무조건 된서리를 맞아야 한다는 겁니다. 원론적으로 펀드매니저의 자산운용 유형은 세 가지 정도로 압축할 수 있습니다. 시장이 반드시 오를 것이라고 믿고 펀드 자산 전체를 주식으로 계속 보유하고 있는 형태입니다. 어떤 대응도 하지 않고 그냥 기다립니다. 다른 하나는, 시장 하락에 대응하면서 조금 더 안전한 종목으로 계속 매매하며 주식 비중을 유지하는 경우입니다.

마지막으로, 펀드 자산의 40%를 채권이나 단기용 자금으로 대피시키고, 나머지 60%만 주식으로 운용을 하는 겁니다.

결국 공모펀드는 펀드매니저의 운용 재량권으로 인해 소비자의 피해가 생길까봐 제한 규정을 만들었으나, 오히려 이런 부분 때문에 적극적인 리스크 방어가 불가능한 상황이 된 것입니다. 따라서 펀드매니저의 운용 실력은 각종 펀드지표를 통해 감을 잡아야 합니다. 그러기 위해서는 최소한의 펀드분별 능력을 기르는 것이 좋습니다.

4. 손실 관리가 그렇게도 중요합니까?

네, 너무나 중요합니다. 앞에서도 말한 것처럼 매월 납입하는 펀드는 일정 시기부터 목돈이 쌓여 거치화가 됩니다. 이때부터가 관리의 시점입니다. 그렇다면 손실 관리가 왜 중요한 걸까요? 이제부터 설명하겠습니다. 아래의 표는 손실이 났을 때, 추가로 얼마의 수익이 더 나야 원금이 회복되는지를 설명하고 있습니다.

손실률	10%	20%	30%	40%	50%	60%	70%	80%	90%
수익률	11%	25%	43%	67%	100%	150%	233%	400%	900%

손실이 10% 발생 시에 그 상태에서 11%의 수익이 나야 원금이 됩니다. 손실 20%는 25%의 수익이 나야 하지요. 뭐 이때까지는 그럴 수 있다 칩시다. 그러나 손실 30% 발생 시에는 43%의 수익이 나야

원금이 됩니다. 과연 1년에 43% 수익을 낸다는 것이 쉬운 일일까요? 이건 굉장히 어려운 일입니다. 그럼 반대로 손실 30%는 어려운 일일까요? 이건 의외로 굉장히 쉽게 발생합니다. 그래서 손실을 막는 것이 중요한 것입니다.

주식시장의 구조는 투자자에게 불리한 구조입니다. 상승의 길은 길고 천천히 올라가지만, 하락의 속도는 빠르고 깊습니다. 아무 생각 없이 가만히 놔두는 순간, 총알 같은 손실의 속도를 경험하게 됩니다. 결국 손실 관리가 되지 않으면 결코 수익을 낼 수 없는 것이 주식시장입니다. 9번을 성공하더라도 1번의 위험 관리 실패가 9번의 성공을 무의미하게 만들게 된다는 것을 잊으면 안 됩니다. 투자의 세계에서 손실 관리는 기본 중의 기본입니다.

5. 펀드를 고르는 요령이나 공식이 있나요?

네, 있습니다. 아마 '가성비'라는 말을 들어보셨을 겁니다. 가격대비 성능이 우수할 때 사용하는 단어입니다. 펀드에서의 가성비는 무엇을 통해 알 수 있을까요? 바로 '위험대비 수익률'입니다.

펀드에서의 위험을 나타내는 지표는 다음과 같습니다.

⑴ 베타(민감도), ⑵ 표준편차, ⑶ 트레킹 에러

수익을 나타내는 지표는 다음과 같습니다.

⑴ 샤프지수, ⑵ 젠센의 알파, ⑶ 정보비율, ⑷ 트레이너 지수

위험지표는 낮을수록 좋고, 수익지표는 높을수록 좋습니다. 기준은 1입니다만, 동일한 유형의 펀드와 비교하면서 보는 것이 좋습니다. 기본적으로 외우지는 못하더라도 이 정도의 펀드지수에는 익숙해지는 투자자가 되시길 바랍니다. 펀드는 조금의 기술적 이해만으로도 노력 대비 괜찮은 수익을 낼 수 있는 좋은 금융상품입니다.

10장

—

터지기 일보 직전, 부채

There is no freedom nor justice in family life depending
on debt and liabilities.
- Ibsen

빛과 부채에 의존하고 있는 가정생활에는
아무런 자유도 정의도 없다.
- 입센

아빠!
나는
별나?

가계 부채의
현 주소

대한민국의 빚잔치

부채 문제를 상론하기에 앞서, 과도한 빚으로 고통받는 분들을 위해 꼭 권해주고 싶은 책이 한 권 있습니다. 뭐냐? 파이낸셜 피스 대학의 설립자인 데이브 램지가 쓴 『절박할 때 시작하는 돈관리 비법』(2010, 물병자리)입니다. 이 책은 '아빠 얼마 벌어' 팟캐스트 방송에서도 직접 언급한 바 있는데, 군이 절박한 분이 아니라 다소 널널한 분일지라도, 읽어 보면 도움이 많이 되는 책입니다. 금융회사들이 만들어낸 이른바 '금융상식'이라는 것이 얼마나 근거 없는 낭설이 많은지 속 시원하게 풀어줄 것입니다. 그리고 가계운영에서 중요한 건 소위 전문가라는 사람들이 TV에 나와서 어려운 말로 쌀라쌀라하는 재테크 기법과 공식에 있는 것이 아니라, 우리가 생활하는 현장에서의 구체적인 행동 하나하나, 그 원칙 속에 있다는 단순명쾌한 진리를 새삼 일깨워줄 것입니다.

이 책은 쉬운 얘기를 괜히 어렵고 있어 보이게 잘하는 사람들이 금융전문가 중에 많다고 일갈합니다. 세상사, 명쾌한 진실은 미국이나 한국이나 크게 다를 바가 없나 봅니다. 사실, 뭐 원래 자본주의 사회라는 게 여기 가나 저기 가나 도긴개긴이긴 하지만요. 여하튼 데이브 램지의 해법은 정말 유쾌 상쾌 통쾌합니다. 그리고 그것은 전혀 이해하기 어려운 것도 아니며, 오히려 너무 단순해서 따분하게 느껴질 정도로 쉽다고 말합니다. 하지만 그것이 이해하기 쉽고 단순하다고 해서 실천해 내기도 쉬운 것은 아닙니다. 결국 결론은 어려운 재테크 기법과 공식을 아느냐 모르느냐에 있다기보다, 단순한 방법을 지속할 수 있는 강력한 실천력, 이를 뒷받침하는 마음속의 동기부여에 있다고 아주 피를 토하며 주장하죠. 정말 지당하신 말씀입니다. 하여튼 강추하니, 일독을 권합니다.

일단 우리나라의 가계부채가 얼마나 많은지 한번 알아봅시다. 현재 우리나라의 가계 부채 규모는 990조 원 대로, 1,000조 원에서 1% 빠집니다. 이게 얼마큼 많은 금액인지 감이 오시는 분? 사실 이 글을 쓰고 있는 필자 역시, 너무 무지막지하게 큰 숫자라 감이 잘 오지 않습니다. 이 금액을 우리나라 예산에 빗대어 보죠. 앞에서도 이야기했듯이 우리나라 2013년 한 해 예산이 342조 원입니다. 이 돈으로 일 년 동안 정부가 하는 모든 일을 다 한다는 얘기지요. 그럼 나라 빚이 1,000조 원이니 계산상 국가 한 해 예산의 세 배가 됩니다. 즉, 우리나라 국민들이 지고 있는 빚으로만 돈 한 푼 안 쓰고 나라 살림을 3년 동안 꾸릴 수 있다는 이야기입니다. 그런데 사실, 이렇게 얘기해도 별로 감이 오질 않습니다.

좀 더 잘게 쪼개 볼까요? 서울시를 기준으로 다시 얘기해 봅시다. 서울시의 2014년 예산이 24조 원입니다. 그럼 가계부채가 약 1,000조 원이니까, 대한민국 사람들이 빚지고 있는 돈으로 서울시 살림을 40년 넘게 할 수 있다는 얘깁니다. 이 글을 쓰고 있는 필자가 죽을 때까지 서울시가 시정을 펼 수 있는 돈이네요. 완전 후덜덜합니다. 그래도 이렇게 얘기하니까 어느 정도 감이 옵니다. 감이 오면 올수록 장난이 아닙니다. 부동산에 빗대 보면 강남구에 10억 원짜리 아파트를 100만 채 살 수 있는 돈이니, 이건 뭐 어떻게 말로 표현할 수 있는 규모가 아닙니다. 국민 일인당으로는 모두가 2,000만 원씩 빚을 지고 있는 꼴이라니, 무슨 나라 전체가 대출 못 받아 환장한 사람들도 아니고, 어쩌다 이 지경이 됐나 하는 생각에 그저 한심할 뿐입니다.

단순히 규모만 크다고 해서 문제인 것이 아닙니다. 사실은 부채의 총 규모보다도 매월 들어오는 소득에서 매월 빚 갚는 데 얼마를 쓰고 있느냐가 더 중요합니다. 현금흐름이 중요하다는 얘깁니다. 이게 생활과 직결되는 문제이기 때문이죠. 민간 싱크탱크인 새사연(새로운 사회를 여는 연구원)의 보고에 따르면, 우리나라의 DSR(가계원리금상환부담률)은 OECD국가들의 두 배 이상 높은 수준으로, 하위소득계층의 경우 무려 22%대를 기록하고 있다고 합니다. 자영업자는 이보다도 더 높은 26%대를 기록하고 있고요. 쉽게 말해서 한 달 벌어 쓸 수 있는 돈 중에서 1/5~1/4은 빚 갚는 데 쓰고 있다는 말입니다. 월급 300만 원에 250만 원으로 한 달을 산다고 가정하면, 여기서 50~60만 원은 고스란히 대출이자나 원금상환에 쓰이고 있다는 말이죠. 이래서야 살맛이 나겠습니까? 그러니 내수경기가 죽고, 서민들이 살기 힘들다고 난리칠 수밖에 없는 건 당연한 귀결입니다.

빚 갚는 노하우

이 부분은 위에서도 언급한 바 있는 데이브 램지의 『절박할 때 시작하는 돈관리 비법』을 상당부분 인용 또는 참고한 내용입니다. 더 자세한 정보가 필요한 분들은 이 책의 일독을 다시 한 번 권합니다.

우선 빚에 허덕이며 사는 가정에 가장 필요한 자세는, 상환이 끝날 때까지 생활의 불편을 감수하겠다는 강력한 마음가짐입니다. 상담을 많이 하다 보면 이런 질문이 자주 들어옵니다. "집값이 떨어져서 팔기도 뭣하고, 그렇다고 부담스러운 대출이자를 계속 끌고 갈 수는 없고, 어떻게 해야 할까요?" 이런 질문 말입니다. 정말 어떻게 해야 할까요? 집은 팔기 싫고, 이자 내기도 싫고 말이죠. 답은 하납니다. 집을 팔기 싫으면 다른 걸 팔면 됩니다. 차도 팔고, TV도 팔고, 결혼예물도 팔고, 냉장고도 팔고 뭐든 다 팔아치워 빚 갚을 돈을 마련해야 합니다. 돈을 마련해야 빚을 갚을 수 있습니다. 당연한 소립니다. 이런 말을 하는 이유는, 정말로 모든 물건을 다 팔아치우라는 소리를 하기 위함이 아닙니다. 생활의 불편을 무언가 감수해야 한다는 걸 강조하기 위함입니다. 아무 불편 없이 스무스하게 빚 정리하는 비법은 세상에 없습니다. 있다고 하면 사기입니다.

대출상환으로 가계 운영에 심각한 문제가 생겼다는 것이 뜻하는 바는, 근본적으로 현재 본인이, 자기가 벌어들이는 소득에 걸맞지 않는 사치스런 생활을 영위하고 있다는 사실입니다. 소득보다 초과되는 생활의 부족분을 빚으로 해결하고 있는 것입니다. 그런데 이 자명하고 군건한 사실을 과도한 빚에 고생하는 많은 사람들이 외면하고, 인정하기 싫어합니다. 어떻게든 생활은 그대로 그럭저럭 유지하면서, 뭐 좀 쉽게 빚을 갚거나 기가 막힌 상환 비법을 전수 받아 해결하고 싶어 합니다. 한마디로, 아직도 정신 못 차린 것입니다. '집값이 떨어져서 팔기도 뭣하고' 팔기가 뭣하긴 대체 뭐가 뭣하단 말입니까? 자기 마음만 뭣한 것이지, 뭣한 것 하나도 없습니다. 사실 이 말의 실제적인 함의는, 그래도 버티다 보면 언젠가는 집값이 오르지 않을까 하는 아직도 놓지 못한 기대심리이거나, 생활의 불편은 죽어도 감수하지 않으면서 요행수로 해결하고 싶어 하는 일종의 거지근성 이외에 아무것도 아닙니다. 빚에 허덕이며 숨이 꼴딱꼴딱 하는 주제에, 몇 년 뒤 집값이 혹여라도 오르면 어떡하지…… 하는 망상에 빠져 있는 것입니다. 이런 분들, 지금 현재 본인의 꼴에 주목해야 하겠습니다. 빚을 상환하기 위한 계획을 구체적으로 세우고 실천하기 시작하면, 처음에는 많은 생활의 불편이 따르게 되어 있습니다. 반드시 일시적인 병목현상이 생깁니다. 이 명확한 사실을 피해갈 수는 없습니다. 허리띠를 졸라매고 절약해야 하며, 줄여야 할 소비항목을 찾기 위해 한동안 기록과 평가를 꼼꼼히 하는 것이, 부채상환을 위한 첫걸음입니다. 가장 기본적이면서도 가장 넘기 어려운 관문입니다. 이쯤에서 훌륭하신 데이브 램지 선생의 말을 한번 들어봅시다.

바로 한데 뒤엉킨 나무더미에 다이너마이트를 던지는 것이다. 이렇게 하면 꽉 막혀 있던 나무들이 산산조각이 나고 공중에 붕 떠오르면서 나머지 나무들은 다시 순조롭게 강물을 따라 흘러내려가게 된다. 물론 산산조각이 난 목재는 시장에 내다 팔 수가 없어서 아깝지만 이런 상황이 오면 그 정도의 목재 손실은 감수해야 하는 것이다. 최악의 상황이 닥치면 어느 정도의 희생은 불가피하다. 빚을 청산하는 과정에 있어서도 마찬가지이다. 예산을 아무리 쥐어짜도 도저히 빚을 갚을 만한 여웃돈이 생기지 않는 경우에는 극단의 조치를 취해서라도 자금의 흐름을 원활하게 만들어야 한다.

빚을 청산하는 과정에 있어서 '다이너마이트'는 바로 물건을 내다 파는 것이다. 비싼 돈을 주고 사두었지만 평상시에는 잘 쓰지 않는 물건들을 우선적으로 벼룩시장이나 인터넷 중고시장에 내다 팔아야 한다. 그래도 해결이 안 된다면 평상시 보물처럼 아끼던 물건들을 꺼내 팔아서라도 빚 청산의 '병목현상'을 해결해야 한다. 당신 아이들이 '이러다가 나까지 내다 파는 거 아냐?'라고 겁을 먹고, 주변에서는 모두 당신에게 제정신이 아니라고 한마디씩 하겠지만 병목현상을 해결하기 위해서는 이 방법이 최선이다. (190~191 pp.)

미국이나 한국이나 상관없는 사람들이 남 가정사에 끼어들어 괜히 감놔라 배놔라 하는 건 똑같은가 봅니다. 다음으로 빚을 갚는 순서를 현명하게 정해야 합니다. 이에서도 대해 데이브 램지 선생 말을 한 번 들어봅시다.

빚을 청산하는 과정을 나는 '눈덩이 빚 없애기'라고 부른다. (중략) 이 과정은 보기에는 단순하지만 실천하기는 상당히 어렵다. '제대로 사는 것은 결코 복잡하지 않지만, 실천하기는 어렵다.'라고 말씀하신 목사님의 말씀이 다시 한 번 떠오른다. 부자가 되기 위해 필요한 것은 20%의 지식과 80%의 실천이다. 따라서 나는 '눈덩이 빚 없애기' 과정에서 복잡한 공식을 보여주고 계산하기보다는 동기를 부여하고 행동을 촉발시키는 방법을 택했다. 일단 이 방법대로 실천해 보면 내 말의 의미를 쉽게 이해할 것이다. 나도 뭔가를 시작하기에 앞서 수학적으로 셈을 해봐야만 속이 시원한 사람이다. 하지만 상황에 따라서는 확실하게 동기를 부여해서 행동을 끌어내는 것이 더 효과적일 경우가 있다. 그리고 빚을 청산하는 과정이야말로 그런 일 중 하나이다.

'눈덩이 빚 없애기'를 실천하기 위해서는 우선 주택담보대출금을 제외한 모든 빚을 미상환 잔액이 적은 순으로 적어보자. 주택담보대출금은 나중에 별도로 다루도록 하겠다. 카드 무이자 할부금이나 부모님에게 빌린 돈도 빠짐없이 적어야 한다. 이자율 25%의 부채이건, 아니면 4% 혹은 무이자의 부채이건 상관없이 모든 빚을 미상환 잔액이 적은 순으로 기입한다. 만약 당신이 이런 셈에 매우 뛰어난 사람이었다면 애당초 많은 빚을 지지도 않았을 것이다. 나를 믿고 내 방식대로 모든 빚을 순서대로 정리하라.

단, 먼저 해결하지 않으면 집을 당장 압류당할 상황이거나 신용불량자로 전락하게 될 위험이 있는 빚의 경우에는 예외이다. 이 경우에만 위험도가 높은 빚을 먼저 기재한다. 그렇지 않은 경우에는 어떤 예외도 없다. 모든 빚을 갚을 금액이 적은 순서대로 목록을 작성하라.

이렇게 하는 이유는 단기간에 성취감을 느끼도록 돕기 위해서다. 빚 청산과정에서는 수학적인 계산으로 정답을 백번 보여주는 것보다도, 당장 실천해야겠다는 동기를 한번 부여하는 것이 훨씬 더 효과적이기 때문이다. 예를 들어서 당신이 살을 빼기로 결심하고 식습관을 바꾸고 운동을 시작했다고 가정해보자. 다이어트를 시작한 지 일주일 만에 몸에 변화가 한눈에 보인다면 분명 당신은 탄력을 받아서 더 열심히 운동을 하고 음식을 조절하게 될 것이다. 하지만 다이어트를 했는데도 불구하고 일주일 후에 체중이 불어 있거나, 한두 달이 지나도 별 효과가 없다면 중도에 포기하게 될 가능성이 크다. 영업사원들을 교육시킬 때도 마찬가지이다. 최대한 빨리 그들이 한두 건의 성과를 낼 수 있도록 도와줘서 영업사원들의 의욕을 고취시키고 '불을 붙게' 만드는 것이 중요하다. 빚을 청산하기로 결심하고 얼마 지나지도 않아 한두 개의 빚을 목록에서 없애게 되면 당신도 분명히 '불붙게' 되고 더 열심히 노력하게 될 것이다. 당신이 최면술사이건 심리학박사이건 상관없다. '불이 붙어야' 사람이 더 열심히 노력하게 된다는 이 단순한 진리는 모든 사람에게 적용된다. (178~180pp.)

필자 역시 아주 수학적인 사람이지만, 이건 정말 지당하신 말씀입니다. 빚 진 사람들 심리 역시도 미국이나 한국이나 별반 다를 게 없나 봅니다. 빚을 갚을 때, 머리 굴린다고 이자율이 높은 것부터 갚기 시작하면, 이게 아무리 갚아도 티가 잘 안 납니다. 예를 들어서 이자율 10%의 빚 300만 원이 있고, 이자율 20%의 빚 3,000만 원이 있다고 칩시다. 수학적으로 머리를 굴리면 당근 20%짜리 빚을 먼저 갚아나가야 한다고 생각되지만, 이건 그리 현명한 일이 못됩니다. 당장 300만 원이 생기면 비록 이자율이 낮은 빚이라 할지라도 300만 원 빚을 전액 상환해 버리는 것이 훨씬 좋습니다. 3,000만 원짜리 빚은 300만 원 갚아봐야 아직도 2,700만 원이 남아 뭔가 피부에 와 닿는 '임팩트'를 주지 못합니다. 고지서는 똑같이 두 군데서 계속 날아오고, 독촉전화도 똑같이 두 군데서 오며, 원리금 상환액은 줄어든 티도 별로 안 납니다. 이래서는 동기부여가 되어 '불붙기'가 힘이 들죠. 그러나 300만 원짜리 빚을 해결하고 나면, 이야기가 다릅니다. 우선은 전액이 상환되었기 때문에 고지서와 독촉 전화가 두 군데서 오다가 한 군데서 오는 것으로 횟수가 반으로 줄어듭니다. 속이 아주 뻥 뚫린 기분을 누릴 것입니다. 돈은 300만 원밖에 안 돼도 생활 속에서 느끼는 스트레스의 강도가 절반으로 줄어든 셈이죠.

다음으로 빚을 상환하기에 앞서 반드시 비상자금 준비가 선행돼야 합니다. 빚을 갚는 도중에도 우리는 변화무쌍한 삶을 살고 있다는 점을 잊으면 안 됩니다. 빚을 갚는다고 인생의 안정이 찾아와 계획된 일 이외에 아무런 일도 안 일어나도록 우리를 돕는 게 아닙니다. 빚 갚다가 갑자기 부모님이 교통사고가 나서 몇백만 원 의료비가 들어가서 중단하게 되면, 완전 멘붕 상태가 옵니다. 자동차라도 고장 나서 수리비로 돈 백만 원이라도 나가게 되면 모든 의지가 한 번에 꺾입니다. 그리고 사람이란 게, 모아둔 돈 하나 없이 들어오는 돈의 100%를 몽땅 빚 갚는 데에만 쓰는 것은 마음으로도 아주 괴로운 일입니다. 눈덩이처럼 커진 빚은 결코 만만한 상대가 아닙니다. 무식하게 갚으면 되레 당하고 힘들어집니다. 반드시 똑똑하게 지혜롭게 갚아야 합니다. 데이브 램지 선생의 말을 또 들어봅시다.

내가 빚을 끔찍하게 싫어한다는 사실을 아는 사람들은 간혹 왜 빚을 청산하는 것을 1단계로 정하지 않았느냐고 묻는다. 사실 처음에 재무상담을 해주기 시작했을 때는 빚을 청산하는 것을 1단계로 시작하라고 권하고는 했다. 하지만 예기치 못한 긴급 상황이 발생하면 사람들이 쉽게 좌절했고 결국 돈의 주인이 되는 과정 자체를 포기해버리곤 했다. 그들은 긴급한 상황이 닥쳐서 다시 상황이 원점으로 돌아가 버린 데 쉽게 낙심하고 심지어는 스스로를 자책하기도 했다. 이는 마치 이제 막 운동을 시작한 사람이 달리다가 넘어져서 무릎에 피가 나자 '도저히 못해먹겠다'며 운동 자체를 그만두는 것과 같다. 이렇게 한번 하기 싫은 생각이 들어버리면 일반적으로 사람들은 어떤 핑계를 대서라도 그만두려고 하기 마련이다. 예를 들어 이제 막 걸음마 과정을 시작한 사람의 차가 갑자기 고장이 나서 3백 달러의 수리비용이 필요하게 된 경우를 생각해보자. 빚을 갚느라 수중에 돈이 한 푼도 없는 그 사람은 당연히 신용카드를 사용할 것이고 그러면 결국 또 빚만 늘리는 셈이 된다. 이렇게 상황이 돌아가자 좌절하게 된 그 사람은 중도에 포기하기 십상이고, 결국 겨우 3백 달러의 비상금이 없었던 탓에 진정한 부자로 다시 태어날 수 있는 일생일대의 기회는 놓치게 되는 것이다. 절대로 빚을 내지 않겠다고 다짐한 후에 이런 일이 발생해 다시 빚을 지게 되면 사람들은

'나는 안 되나 봐.'라고 생각하며 자포자기하게 된다. 당신이 일주일 동안 열심히 운동하고 식습관을 조절해서 2㎏을 겨우 뺐는데 주말 동안 잠시 방심했더니 3㎏이 다시 쪘다고 생각해보자. 울컥하는 마음에 다이어트 자체를 포기하기 십상이고, 그렇게 되면 그동안의 노력이 모두 물거품이 될 것이다.

따라서 빚 청산과정을 시작하기에 앞서 작은 긴급 상황들을 해결할 수 있는 비상금을 마련해야 한다. 이는 마치 근력운동을 시작하기 전에 단백질 쉐이크를 먹어 운동의 효과를 최대화시키는 것과 마찬가지이다. 비상자금은 머피의 접근을 차단하여 당신이 오로지 빚을 청산하는 일에만 집중할 수 있도록 도와줄 것이다. 예기치 못한 일이 생기면 모아둔 비상금을 꺼내 쓰면 되기 때문에 당신은 아무런 걱정도 할 필요가 없다. 명심할 것은 또 다시 신용카드를 꺼내 써서는 절대 안 된다는 사실이다. 그렇게 되면 다시 빚의 악순환이 시작될 뿐이다.

예산을 최대한 빡빡하게 짜든지, 초과근무를 하든지, 있는 물건을 팔든지 해서 최대한 빨리 천 달러를 모아야 한다. 보통 한 달이면 충분히 천 달러를 모을 수 있다. 만약 본인이 생각할 때 한 달 내에 천 달러를 모으기 어렵다는 생각이 든다면 무리를 하는 수밖에 없다. 피자배달을 하든지, 아르바이트를 하든지, 아끼던 물건이라도 가져다 팔아서라도 한 달 내에 이 과제를 끝내야 한다. 한 달 안에 천 달러를 모으기 어려운 사람일수록 돈 관리가 엉망으로 되고 있는 사람이 많을 테고 지금 빚의 늪으로 빠져들기 일보 직전일 것이다. 거듭 강조하지만 무리를 해서라도 한 달 안에 천 달러를 마련하라. 기억하는가? 주변사람들이 당신을 아주 '잘 나간다!'고 생각하면 지금 당신의 재무상황은 꼬여가고 있는 것이다. 아르바이트까지 해서 비상금을 마련하는 당신을 보고 '왜 저렇게까지 해?'라고 이상한 시선을 보낸다면 기뻐하라. 당신은 지금 제대로 걸음마 과정을 실천하고 있다. (169~171pp.)

그리고 무엇보다도 중요한건 이 비상자금을 정말 '비상시'에만 써야 한다는 사실입니다. 돈이란 건, 나도 모르는 사이에 시나브로 공기 중으로 휘발되어 어느샌가 다 날아가 버리는 성질이 있어서 자꾸 쳐다보고 뚜껑을 열어보기 시작하면 쉽게 사라지고 맙니다. 그렇기 때문에 비상금이 진정 비상금이 되려면 말 그대로 비상스러운 곳에 돈을 담아두어야 합니다. 자꾸 손이 가고 쳐다보게 되면, 비상금은 비상금이 아닌 외식비가 될지도 모릅니다. 데이브 램지가 소개하는 다음과 같은 기발한 사례를 하나 들어봅시다.

여러 가지 기발한 아이디어를 활용할 수 있다. 파이낸셜 피스 대학 프로그램을 듣고 있는 마리아라는 여성은 월마트에 가서 작은 유리액자를 하나 사서 거기에 천 달러 비상금을 넣은 뒤 코트가 잔뜩 걸린 옷장의 벽면 쪽에 못 박아 두었다고 했다. 코트를 들춰서 옷장

벽면을 보면 유리 액자 안에 '비상시에만 유리를 깰 것!'이라는 그녀가 자기 자신에게 보내는 메시지가 보인다고 한다. 설사 도둑이 든다고 해도 그 안을 뒤질 리 없었고, 정말 긴급한 일이 생긴 경우가 아니라면 그녀가 굳이 액자유리를 깨고 그 돈을 꺼내 쓰지도 않을 것이니 좋은 아이디어 같다. 꽤나 창의적이지 않은가? 당신이 쉽게 꺼내 쓸 수 없는 계좌에 돈을 넣어두든지, 아니면 마리아처럼 액자를 이용하든지 그건 당신 자유다. 중요한 건 그 비상금을 당신에게서 꼭꼭 숨겨야 한다는 점이다.

정말 비상스러운 곳에 잘 담아두지 않았나요? 한번 따라 불러봅시다. "비상금아 꼭꼭 숨어라, 머리카락 보일라."

빚으로 빚을
잃어가는 세대

학자금 대출 단상

학자금 대출은 양날의 칼입니다. 돈 없는 학생들, 공부시켜 준다고 무조건 좋은 것이 아니라는 이야기입니다. 저금리로 대출받아 잘만 갚으면야 좋겠지만, 굳이 일찍 졸업해야 할 이유가 없는 어려운 학생들도 굳이 빚을 지게 하여, 빚쟁이 만들어 졸업시키는 것이 학자금 대출입니다. 졸업 1~2년 늦어진다고 인생 사는 데 별로 문제되지 않는데도 말입니다. 학자금 대출 금액이 몇 학기에 걸쳐 쌓이고 쌓이면, 졸업 이후 진로 변경이나 자기계발에 대한 투자가 어려워집니다. 빚 갚는 데 1순위로 노력을 해야 하기 때문입니다. 사회생활 시작부터 빚쟁이로 출발하는 것이죠. 이런 사정 때문에 사회초년생들이 중요한 인생의 변화를 주어야 할 시기를 놓치는 일들이 자주 생기기도 합니다. 사회에 나와 직장생활을 해보니, 적성에 맞지 않아 진로를 변경하려 해도 소득이 끊기면 빚을 못 갚으니 울며 겨자 먹기로 젊은 시절의 황금 같은 시기를 다 보내고 마는 것입니다. 안타까운 일이죠. 현재 20대의 어린 파산자가 늘어나는 것도 사실 학자금 대출과 관련이 깊습니다.

얼마 전, 김용 세계은행 총재는 한 대학교에서 열린 '교육과 경쟁력과 혁신'을 주제로 한 대담 자리에서 미국에서 겪은 불행한 경험 중 하나는 사립학교를 다니는 많은 학생들이 매우 많은 빚을 지고 나온다는 것이라며, 어떤 증권분석가는 다음 금융버블 붕괴 땐 학자금 대출이 도화선이 될 것이라 할 정도라고 말했다고 합니다. 그러면서 기업이 학생들에게 장학금을 대주는 것이 하나의 해결책임을 제시했습니다. 장학금을 받기 위해 더 높은 학점을 받으려고 노력할 것이고, 그만큼 대학생활에 충실해질 테니까 말입니다. 사교육에 대해서도 김용 총재는 핵심을 찔러주었습니다. 스위스와 독일 같은 곳은 20% 정도만 대학에 가고, 60% 정도는 기술을 가르친다고 하는데, 우리나라는 OECD 평균보다 대학에 가기 위해 사교육에 15%나 더 쓰고 있다고 말이죠. 정말 우리나라의 사교육 어떻습니까? 대학에 가기 위해 태어날 때부터 성인이 될 때까지 묻지도 않고 따지지도 않고 줄곧 달리고 있는 것처럼 보입니다. 대학 졸업장이 있어도 취업난에 전전긍긍하는 일이 태반인 세대가 되었는데도 말이죠. 저는 이 날 대담에서 전 기획재정부 장관이 했던 말에 과히 충격을 받았습니다. 김 총재가 왜 교육 시스템을 바꾸지 못하느냐는 질문에 대뜸 '능력부족'이라고 답변을 한 것입니다. 순간 강의장은 웃음바다가 되었습니다. 근데 이게 웃을 일이 아닙니다. 학자금이든 부동산 담보든 국민들 빚지게 만드는 일에는 기상천외한 방법을 다 동원해 특출한 능력을 보여주는 정부 관료가, 교육시스템을 바꾸고 학생들이 빚지지 않고 정상적으로 사회생활을 시작하도록 하는 일에서는 능력 부족이라며 저렇게 당당하게 대답을 하니, 오히려 환장할 노릇입니다. 그만큼 우리 사회가 학자금 대출 문제와 20대 청년들이 고통 받는 부채문제에 대해 아직도 심각성을 인지하지 못하고 있다는 반증입니다.

얼마 전, 개인워크아웃(채무조정)을 신청한 20대 신청자가 1년 전보다 300명 가까이 증가했다는 기사를 본 적이 있습니다. 29세 이하가 전체 워크아웃 신청 건수에서 차지하는 비중이 8.5%에서 9.5%로 증가했다고 하니, 보통 문제가 아닙니다. 신용회복위원회는 20대 채무 조정 신청자 증가의 배경으로 비싼 등록금과 취업난을 들었는데, 연간 1,000만 원에 육박하는 등록금 때문에 금융기관의 돈을 빌리는 대학생은 많지만, 취업 문턱이 높아 부채상환 능력을 갖추는 데는 오랜 시간이 걸린다는 분석이었습니다.

정말 심각한 일입니다. 젊은이들이 제대로 꿈도 펼쳐보지 못하고, 대학 공부하느라 빚지고 취업이 안 돼 파산한다는 소립니다. 이유는 비싼 학자금 때문이고, 더 직접적인 이유는 비싼 등록금을 충당하기 위해 받은 학자금 대출 때문입니다. 빚으로 압박받는 고통의 시간을 보내본 사람은 압니다. 빚이라는 것이 사람의 정신을 얼마나 답답하고 피폐하게 만드는지를 말입니다. 한창 열정을 가지고 좌충우돌 경험하고 도전해야 할 시기에, 20대 청년들이 다름 아닌 빚으로 고통받고 파산한다는 현실은 반드시 우리 사회가 심각하게 고민하고 해결해야 할 사회문제입니다.

부채 불감증

사실 우리나라는 가계 부채뿐만 아니라 공공 부채 문제 역시 심각한 상황입니다. 지난 정부 5년 동안에 정부 채무는 142조 원이나 증가했습니다. 게다가 공기업 등의 공채는 214조 원이 증가해서, 합치면 무려 356조 원이나 폭증했습니다. 헌데 이번 정부는 한 술 더 뜨고 있습니다. 출범한 지 1년도 안 되어(2013년 11월 말 기준) 정부채 46조 원, 공채 45조 원이 증가해 합산 91조 원이 증가한 것입니다(김광수경제연구소, 경제단신 13-45). 지난 정부보다도 증가속도가 훨씬 더 빠릅니다.

아빠 엄마 돈 얘기하는 책에서 굳이 나라 빚까지 들먹인 이유는, 현재 대한민국은 정부든 가계든 가릴 것 없이 모두가 다 부채 불감증에 걸려 있다는 사실을 지적하기 위함입니다. 너나 할 것 없이 모두가 빚잔치를 벌이고 있는데, 어떻게든 잘 되겠지라는 허황된 기대 속에 착각들을 하면서 살고 있습니다. 빚 때문에 세계경제가 휘청거리면서 세계 모든 경제권이 다 폭삭 망하니 마니 했던 게 불과 5년 전입니다. 그런데도 우리나라는, 아직도 빚잔치를 끝낼 생각이 없습니다. 더군다나 세계 모든 국가들이 허리띠 졸라매고 국가 부채를 줄이기 위해 온 힘을 다 쓰는 가운데서도 우리나라는 오히려 부채가 큰 폭으로 증가하고 있는 실정입니다. 이건 쉬이 생각할 일이 아니며 정말 위험한 지경입니다.

어떻든, 정부는 뭐 그렇다 칩시다. 개인들이라도 이런 분위기에서 정말 정신 똑바로 차리지 않으면 더욱 더 살기 어려워질 수 있다는 사실을 명심합시다. 반드시 부채에 관한 한 불감증에 걸린 현 시류에 휩쓸려가서는 안 되겠습니다. 모든 독자들께서 진정한 돈의 주인이 되어 가정의 행복과 평화를 이루시기를 간절히 기도합니다. 마지막으로 러시아 속담을 인용하는 것으로 마무리하겠습니다.

"남의 돈에는 날카로운 이빨이 숨겨져 있다."

'부채로 고생하는 아빠'를 위한 핵심 메시지

1. 부채를 갚는 방법은 정해져 있습니다. 반드시 위의 방식을 따라 부채를 정리하세요.
2. 학자금 대출이 무조건 좋은 것이 아닙니다. 빚을 지고 사회생활을 시작한다는 것에 대해서 쉽게 생각해서는 안 됩니다.
3. 정부, 개인 할 것 없이 전 국민이 부채불감증에 빠져 있습니다. 빚을 진다는 것을 쉬이 여기면 경제적 여유는 기약 없는 환상에 불과합니다.

학업도… 졸업도… "이 죽일놈의 학자금 대출"
학자금 '대출의 덫' 가압류·강제집행 속출
청춘들은 고달프다

경기일보 신동민 기자

"학자금 대출 탓에 학업은커녕 졸업하기가 두렵습니다."

인천의 한 대학 2학년에 재학 중인 A씨(20·여)는 매일 오후 6시면 아르바이트 장소인 호프집으로 향한다. 자정 무렵이 돼서야 퇴근하기 때문에 집에 와서는 공부보단 잠을 자기 바쁘다. 이 같은 피곤한 생활의 반복은 지난해 입학한 후 3학기 동안 받은 900만 원의 학자금 대출 때문이다. 졸업한 뒤 원금을 갚는다는 원리금 상환 조건이 있지만, 매달 이자 3만 원은 큰 부담이 아닐 수 없다.

대출 학자금 갚기 위해 알바전선 고된 하루하루

신용 유의자 될까 걱정 휴학까지 내몰리는 현실

최근 5년간 장기연체 인천 300명 신불자 추락

인천의 한 대학 4학년 B씨(25)는 내년 졸업을 앞두고 휴학을 고려하고 있다. 취업준비가 덜 된 것도 있지만, 그동안 3차례에 걸쳐 받은 1천140만 원의 학자금 대출이 큰 걸림돌로 작용했기 때문이다. 졸업 후 바로 취업이 된다면 상관없겠지만, 그렇지 못하면 대출금 상환을 못해 결국 신용 유의자가 될 수 있다는 두려움에 일단 학생신분을 유지하자는 쪽으로 가닥을 잡고 있다. B씨는 "학과생 열의 셋 정도는 학자금 대출을 받고 이자에 시달리고 있다."면서, "취업 성공에 확신이 없는데다 대출금 상환 때문에 무작정 졸업을 할 수도 없는 처지"라고 말했다. 이처럼 학자금 대출로 인해 대학생들의 본분인 학업과 졸업에 악영향을 미치고 있다.

이와 함께 신용 유의자 대학생도 상당수에 달해 대책 마련이 시급하다는 지적이다. 25일 한국장학재단에 따르면 최근까지 전국 대학생 140여만 명이 11조 6천억 원의 학자금 대출 빚을 지고 있다. 이 중 6개월 이상 연체한 신용 유의자는 4만 1천여 명(인천 2천800여 명)으로 연체금액만 2천500억 원에 달한다. 특히 최근 5년간 장기연체로 인해 가압류와 강제집행 등 법적 조치를 받은 학생이 인천에만 300여 명이다.

국회 교육문화체육관광위원회 유기홍 의원은 "평균 730만 원대의 높은 등록금이 대학생들이 빚에 허덕이는 근본적인 이유"라며

"10~12%에 달하는 연체금리를 하향조정하는 등 대학생을 위한 정부차원의 구제 방안 마련이 시급하다."라고 말했다.

　내 자녀가 나중에 이런 일을 겪게 된다면 마음이 어떨까요? 과연 10년, 20년 후에 사립대학 등록금은 얼마가 될지 자못 궁금해집니다. 정부정책이 더 문제지만, 부모의 현명한 경제적 마인드 확립도 절실히 요구됩니다.

맺음말

"돈은 최선의 종이요, 최악의 주인이다."

근대 경험론의 선구자 프란시스 베이컨은 일찍이 이런 말을 남긴 바 있습니다. 말 참 멋있죠? 비록 자본주의가 꽃 피던 시대는 아니었지만, 세계적인 학자가 벌써 오래 전에 저런 말을 한 것을 보면, 예나 지금이나 돈 때문에 벌어지는 인간사의 천태만상은 동서고금을 막론하고 별반 다를 바가 없나 봅니다.

집필의 처음부터 끝까지 일관되게 독자들과 나누고 공감하고 싶었던 것은, 돈을 잘 벌거나 돈을 잘 쓰거나 돈을 잘 투자하자는 것만은 아니었습니다. 다소 철학적으로 이야기하자면, 돈과 함께 가되 돈을 넘어서는, 돈에 가려 잘 보이지 않는 진정한 행복과 여유, 또 다른 삶의 지평을 이야기하고 싶었습니다. 돈은 반드시 필요하지만, 또한 반드시 극복해야 할 어떤 것이라 생각하기 때문입니다. 베이컨의 말이 사실이라면, 돈을 극복하지 못하면 우리는 평생 최악의 주인을 따르는 종으로 살 것입니다.

소위 인간다운 삶을 위해서는 돈에 초연하고 돈 욕심을 내서는 안 된다는 식의 윤리적 훈계는 하기 싫었습니다. 이 글을 쓰는 필자 본인 역시 돈을 좋아하고, 넉넉한 경제적 부를 가지고 싶어 부단한 노력하며 살고 있기 때문입니다. 다만 그 욕심을 효과적으로 다스리고, 욕심이 나를 부리지 않게 중심을 잘 잡을 수 있도록, 부족하지만 나름대로 터득하고 있던 자그마한 지혜를 전달하고 싶었습니다. 이를테면 과속도 아니고 거북이 운전도 아닌, 경제속도를 잘 지키는 현명한 돈의 운전법을 그려보고 싶었습니다. 그러나 목적한 바가 잘 전달되었는지는 잘 모르겠습니다. 그것은 이제 독자의 몫입니다. 허나 분명한 것은, 이 책을 쓰는 필자 본인에게는, 집필의 과정이 돈에 관해 어떤 기준과 철학을 가지고 살아야 할지를 다시 한 번 깊게 반추하게 하는 좋은 계기가 되었다는 것입니다. 이 책을 통해 이런 필자의 생각과 조금이나마 비슷한 돌아봄의 시간을 가지게 된 독자가 있다면, 필자는 그것으로 충분히 만족합니다.

우리나라는 가면 갈수록 정직하게 사는 서민과 중산층이 더 살기 어려운 사회로 변하고 있습니다. 사회구조적인 문제가 너무나 많고, 상류층의 자산가 그룹이 형성한 진입장벽은 점점 더 정직한 노력으로 성공하려는 사람들을 힘들게 하고 있는 게 사실입니다. 필자는 이런 부분에 관해 강한 문제의식을 가지고 있습니다. 그러나 그렇다고 해서 자기 자신의 불행과 가난에 대해 모든 책임이 사회에 있는 것은 아닙니다. 일체유심조, 모든 일의 근본은 자신의 마음과 생각 안에 있다는 사실은 어떠한 경우에도 변하지 않습니다.

어떻든 이제 돈에 관한 수다스러운 경영학 수업은 모두 끝이 났습니다. 이 수업이 독자들에게 재미있고 유익한 시간이었기를 희망합니다. 독자들 모두 돈의 진정한 주인이 되어, 그리 거창하진 않더라도 알곡 같은 경제적 여유를 당신 삶에 깊이 뿌리내릴 수 있기를 두 손 모아 기도합니다.

마지막으로 집필의 처음과 끝을 지켜보며 응원해준 우리 회사, DNY머니코칭의 모든 분들께 진심으로 감사드립니다. 또 다양한 사례를 통해 소중한 글로 도움을 주신, DNY 머니코칭 조대연 대표, 정효수 이사, 전기용 PB, 김형진 PB, 정반석 PB와 고든리얼티파트너스의 김동원 이사님, 전 삼성증권 애널리스트 박노현님께 감사의 인사를 드립니다. 그리고 '아빠 얼마 벌어' 팟캐스트 방송을 잘 이끌어준

이코노미저널 강수경 작가님과 부동산 영역에서 아낌없이 많은 조언을 주신 김동원 이사님께 다시 한 번 깊은 감사를 드립니다.

한 해를 보내고 맞이하는 겨울
역삼동 사무실에서
저자 김 대 영